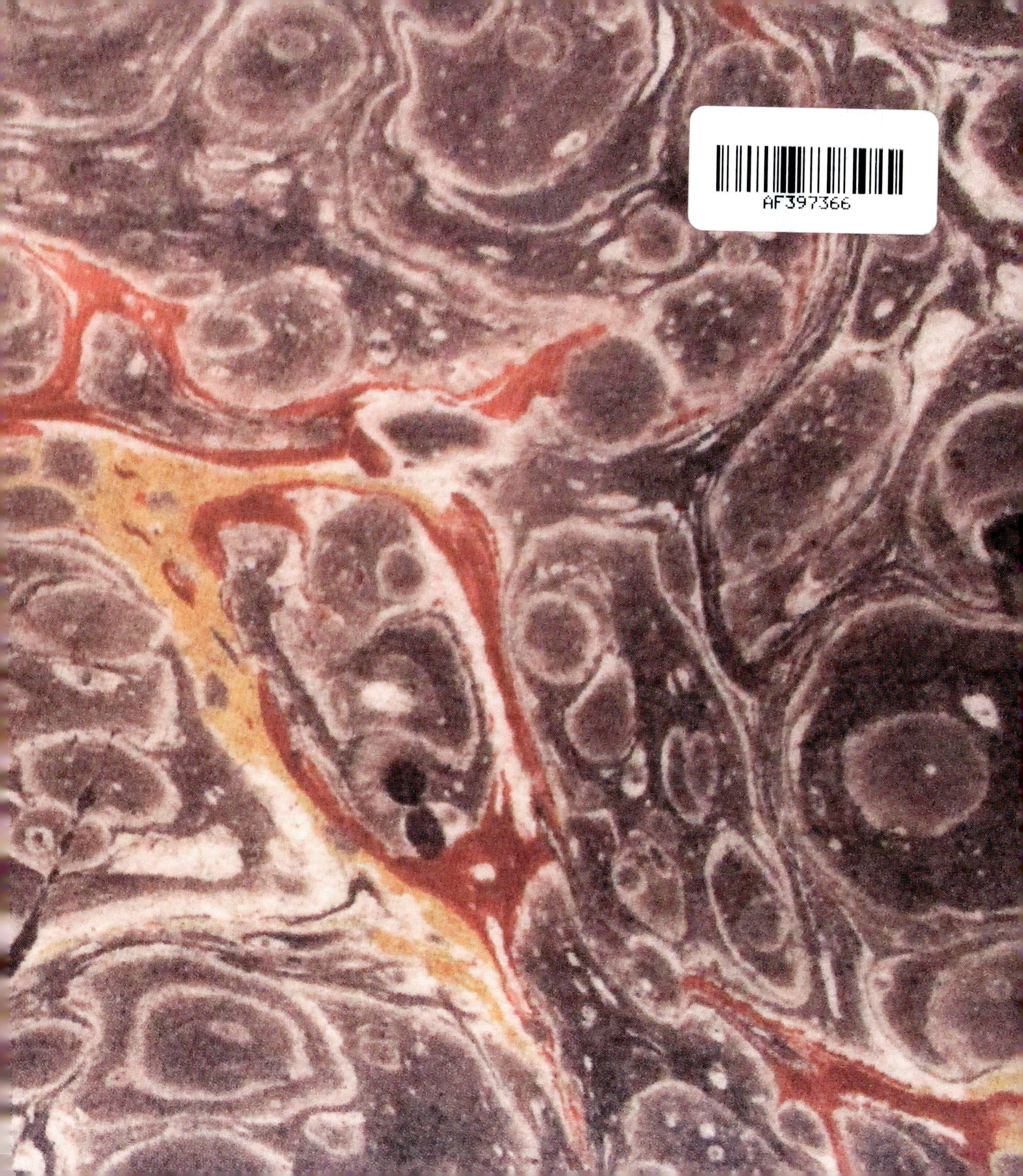
AF397366

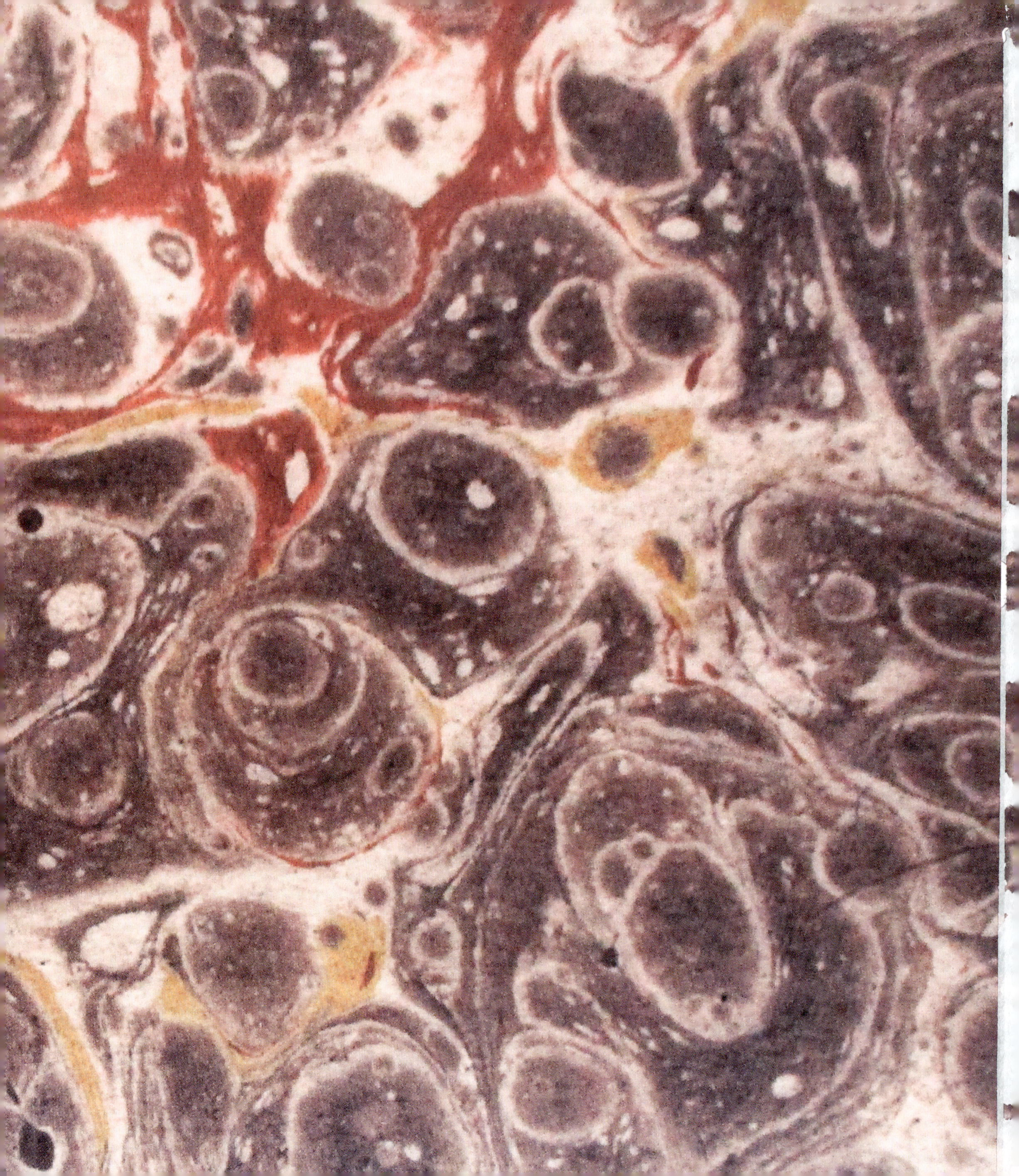

SCÈNES LIBERTINES

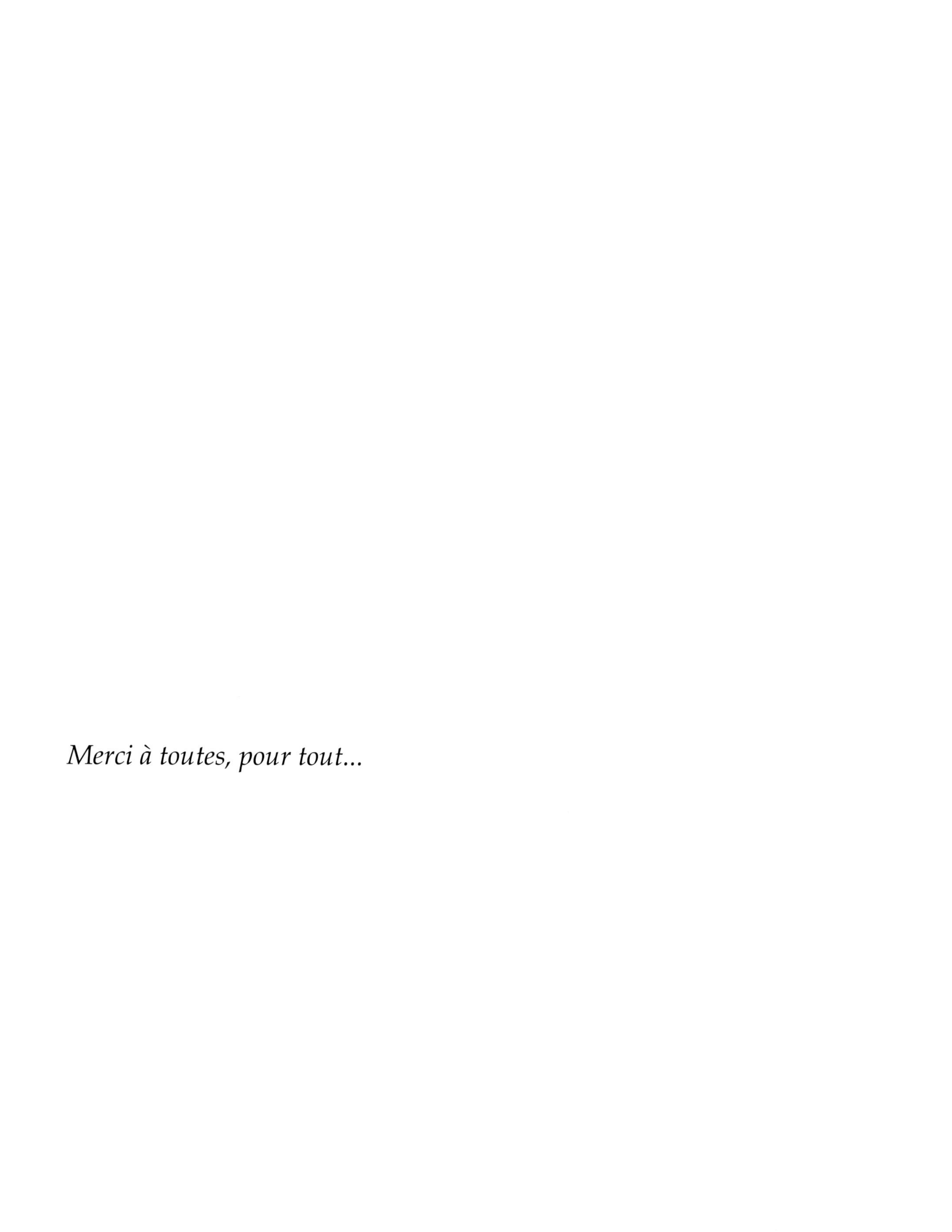

Merci à toutes, pour tout...

ALEXANDRE DUPOUY
SCÈNES LIBERTINES

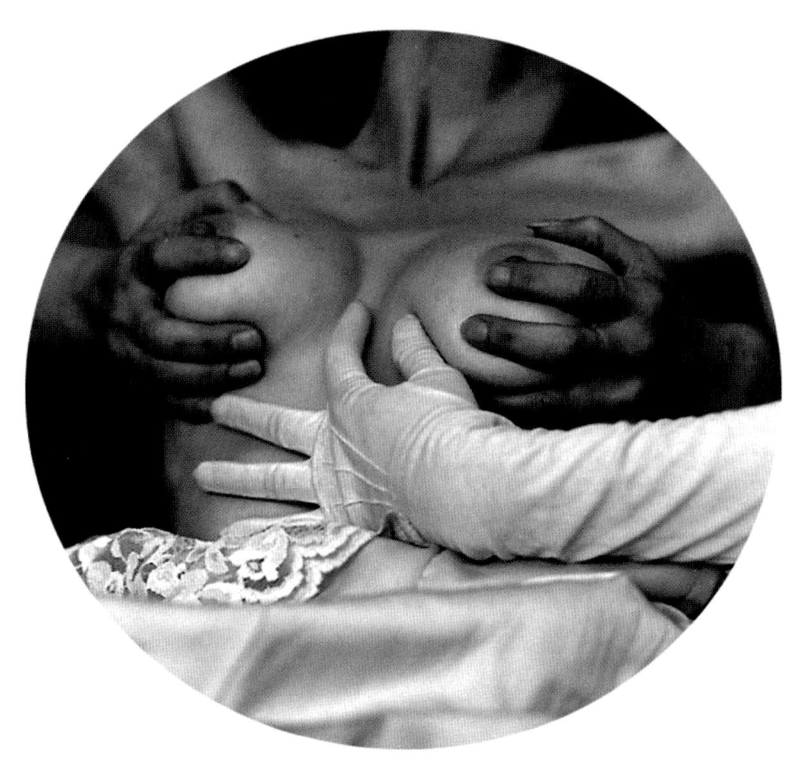

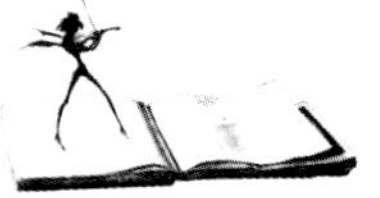

KONKURSBUCH
VERLAG CLAUDIA GEHRKE

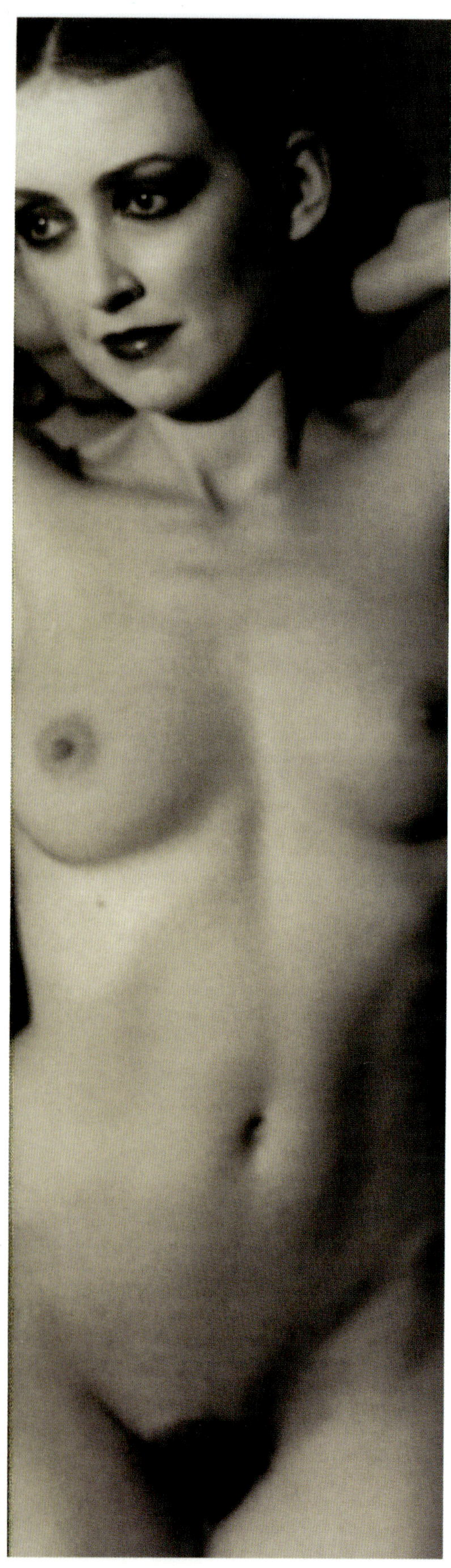

Le libertinage

Les Scènes libertines de Dupouy nous renvoient tout naturellement au XVIIIe siècle français, époque marquée par une licence des mœurs qui s'est attribué le nom de libertinage. Le Siècle des Lumières ne s'attache pas seulement à libérer la raison humaine en secouant le joug des dogmes, mais cherche en même temps, ce qu'on a tendance à laisser de côté, à dégager la part de sensualité de l'être humain, en particulier sa sensibilité érotique. Et il se produit au fond quelque chose d'extraordinaire, car la philosophie des Lumières se présente quasiment comme une émancipation sexuelle, sous forme d'une éducation érotique dont Thérèse philosophe, écrit paru en 1748 et best-seller du siècle, peut être considéré comme le paradigme. La jeune héroïne de cette œuvre - attribuée à Jean-Baptiste de Boyer, marquis d'Argens, mais où souffle manifestement l'esprit de Diderot - est initiée à la fois à une conception naturaliste du monde et à la satisfaction de ses désirs érotiques " naturels ". C'est précisément ce double aspect qui caractérise le libertinage : une liberté dans les choix érotiques conjuguée à une libre pensée matérialiste et athée. Car le synonyme de libertin est " libre penseur ", autrement dit celui qui s'est affranchi de tout dogme moral et religieux. Et c'est de ce double aspect dont il est question lorsque Diderot parle du " libertinage de l'esprit " ou Sade de " l'école du libertinage ". La particularité de l'érotisme, tel qu'il est appréhendé au XVIIIe siècle, est celle d'une conception qui le dégage d'une sensualité brute pour l'intégrer dans une interprétation globale du monde sensible. Sade a défini cet horizon du libertinage de la manière la plus marquante en faisant, selon son expression, " entrer la philosophie dans le boudoir ", ce qui désigne le boudoir comme une éventuelle propédeutique de l'accès au monde.

Par ailleurs, on peut s'étonner des proportions que prend le libertinage érotique chez les grands esprits du siècle : Voltaire, Diderot, Mirabeau, Sade nous en fournissent chacun quantité de preuves. D'un autre côté, on ne peut bien entendu attendre de chaque adepte de l'érotisme qu'il soit aussi un philosophe : par conséquent, il est logique qu'au cours même du Siècle des Lumières le libertinage se soit de plus en plus réduit à la seule débauche des sens. Si l'on considère toutefois les trois plus grands noms du roman libertin que sont Crébillon, Restif de la Bretonne et Andrea de Nerciat, on ne manquera pas de découvrir chez chacun des éléments portant l'empreinte de l'esprit de ce siècle " philosophique ". Etudié sous l'angle du libertinage, ce siècle s'étend de la Régence (1715-1723), qui, pour la première fois, a laissé le champ libre aux grands débauchés, jusqu'à la Révolution (1789-1794), au cours de laquelle la Terreur et le " culte de la vertu " ont signé l'arrêt de mort du libertinage féodal.

Autrefois, on qualifiait volontiers cette période, qui, dans le domaine de l'histoire de l'art, coïncide très exactement avec le style rococo, d'" époque galante ". Aujourd'hui, on se rend de plus en plus compte que ce terme ne suffit pas pour dépeindre véritablement les spécificités de l'époque. Si aimable, si char-mante la galanterie puisse-t-elle être en tant que telle, il n'en reste pas moins que le libertinage ne trouve pas sa place en elle et que, dans une certaine mesure, il la fait même voler en éclats. C'est précisément pour cette raison que nous nous félicitons que Dupouy n'ait pas parlé de Scènes galantes, mais de Scènes libertines.

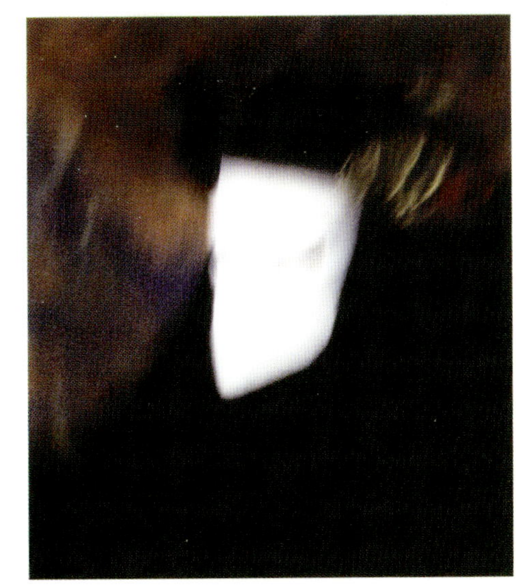

Les séquences d'illustrations érotiques de Dupouy rappellent opportunément que l'érotisme est pur théâtre, pure mise en scène de stimulations sensuelles. C'est justement en cela qu'elles vont à la rencontre du libertinage du XVIIIᵉ siècle, lequel a représenté une sorte de fête permanente, tel un spectacle où la société féodale se fêtait elle-même. Nombreuses sont d'ailleurs les œuvres érotiques de ce temps qui ont été construites comme des pièces de théâtre : elles sont rédigées d'un bout à l'autre sur le mode du dialogue, ainsi que le mon-trent notamment les Tableaux des mœurs du temps, attribués à Crébillon ou encore Les Aphrodites d'Andrea de Nerciat (1793). Toutes deux sont à tel point théâtrales que des extraits intitulés " Spieltexte französischer Geheimbühnen aus dem 18. Jahrhundert (Thalia Priapeia) " (que l'on pourrait traduire par " textes joués sur les scènes secrètes françaises du XVIIIᵉ siècle – Thalia Priapeia ") ont pu être publiés. Même si rien ne permet d'affirmer que les textes en question ont été effectivement mis en scène, on sait en revanche de sources sûres que ces scènes secrètes ont véritablement existé. De même, les clubs érotiques, ces sociétés secrètes réunissant les adeptes du libertinage telles que les décrivent Andrea de Nerciat et Sade, ne sauraient être des produits de l'imagination. S'ils sont certes un autre moyen d'expression, les textes érotiques font pour ainsi dire fonction de modèles aux tableaux érotiques. C'est d'ailleurs en tant que tels qu'ils ont déjà été utilisés par Borel et Elluin et d'autres illustra-teurs du XVIIIᵉ siècle. Les photographies d'Alexandre Dupouy s'appuient ainsi sur une tradition authentique. Une tradition que l'artiste ne renie pas, mais qu'il renouvelle magistralement pour apporter la preuve irréfutable que le libertinage ne peut mourir.

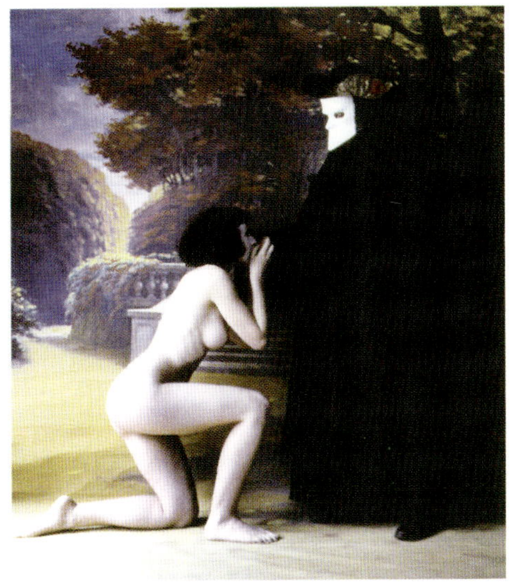

Gerd Bergfleth

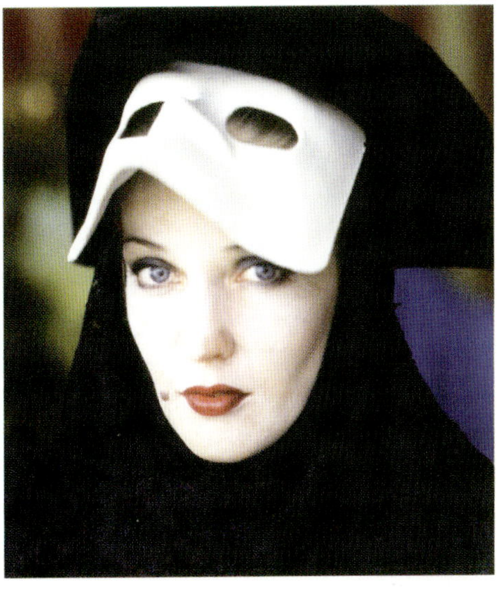

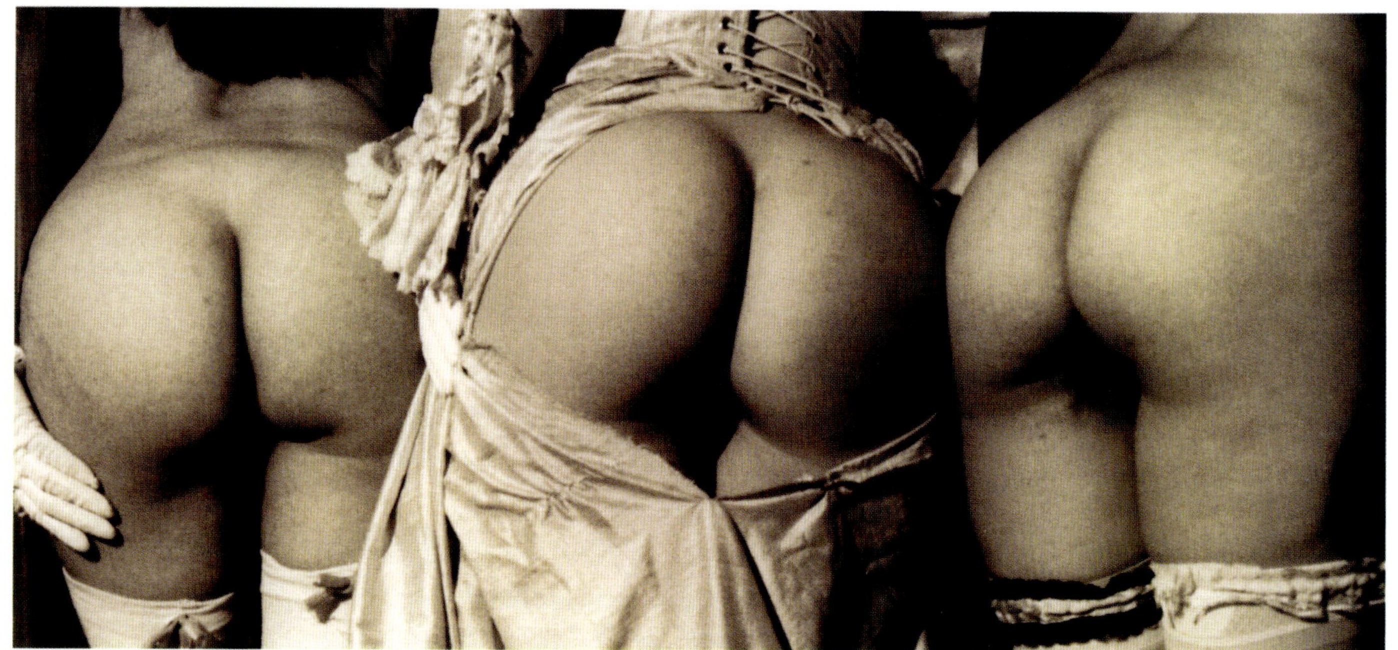

The Libertinage

Dupouy's *Scènes libertines* informally refer us to the French 18th century, the height of a dissipation which gave itself the name the Libertinage. This century of the Enlightenment does not only try to liberate mankind's reasoning from its dogmatic servitude but at the same time, which often likes to be forgotten, to search for its sensuality and especially for its erotic sensitivity. And fundamentally something wonderful takes place for the philosophical Enlightenment appears as sexual emancipation in the form of an erotic schooling and the bestseller of the century, the *Thérèse philosophe* of 1748 can be seen as its paradigm. The young heroine of *Thérèse philosophe*, of which the authorship is attributed to the Marquis d´Argens although it is written in the spirit of Diderot in every respect, becomes acquainted with a naturalistic worldview and the satisfaction of her "natural" erotic desires all at the same time. And exactly this duality marks the Libertinage: an erotic permissiveness coupled with materialistic or atheistic freethinking. Since the "Libertin" is a synonym for the "Libre penseur", that is to say for the freethinker who has emancipated himself from every moral-religious dogma. It is this double aspect which is meant by Diderot when he speaks of the "Libertinage of the mind" or by Sade when speaking of the "School of the Libertinage". The specialty of the eroticism of the 18th century is to be found in its spiritual orientation which is included in its general interpretation of the world; so it does not amount to mere mental sensuality at all. It was Sade who expressed this horizon of the Libertinage the most concisely by moving philosophy into the boudoir, so in other words the boudoir can become a preparation for the world.

In addition to this, it is surprising to what extent the great minds of the century have devoted themselves to the erotic Libertinage: Voltaire, Diderot, Mirabeau, Sade – each one with a large repertoire. But on the other hand, one cannot expect that every eroticist can be a philosopher and therefore it is only consistent to say that the main meaning of the Libertinage was already progressively reduced to the pure erotic excess in the course of the century. But if one takes a closer look at the three greatest eroticists: Crébillon, Restif de la Bretonne and Andrea de Nerciat, one will discover something in each one of them that connects him with the spirit of the "philosophical" century. Looking at it from the point of view of the Libertinage, this particular century began with the Régence (1715-1723), which released the great lecherous men for the first time, and ended with the Revolution (1789-1794), in which the feudal Libertinage was ruined by the bourgeois mania for virtue. In the past, this epoch, which, seen from the point of view of art history, coincides with the Rococo period, liked to be called the "gallant period". Today, it is easy to recognize that this term is not sufficient to clearly identify the individuality of this period of time. However kind and charming the gallantry may be, the Libertinage does not have any room for it. That is why we are glad that Dupouy did not speak of the *Scènes galantes* but of the *Scènes libertines*. Dupouy's libidinal sequences of pictures live on the knowledge that eroticism is dramaturgy, a presentation of attractions and this is where the resemblance to the Libertinage of the 18th century lies, which is so to speak a continuous celebration: a performance in which the feudal society celebrates itself. Many of the great erotica of the time are virtually set up as theatrical productions by generally being written in dialogue form, like Crébillon's *Tableaux des moeurs du temps* (Genre *pictures of our time*) and *Les Aphrodites* from Andrea de Nerciat (1793). Both are so theater-like that it was possible to publish excerpts out of them as "18th century scripts from French secret stages". It has been proven that such secret stages really existed but not that they actually performed these exact plays. Also the erotic clubs, the secret societies for the supporters of the Libertinage, which are depicted by Andrea de Nerciat and also by Sade, are quite certainly not make-believe. It is true that the erotic texts are a different medium but they function so to say as a model for erotic genre pictures and this is how they were already used by Borel & Elluin and other illustrators of the 18th century. What Dupouy has created with his photographs has become part of a great tradition, a tradition which he doesn't at all negate but caringly renews as a sign to show that the Libertinage will go on forever.

Gerd Bergfleth

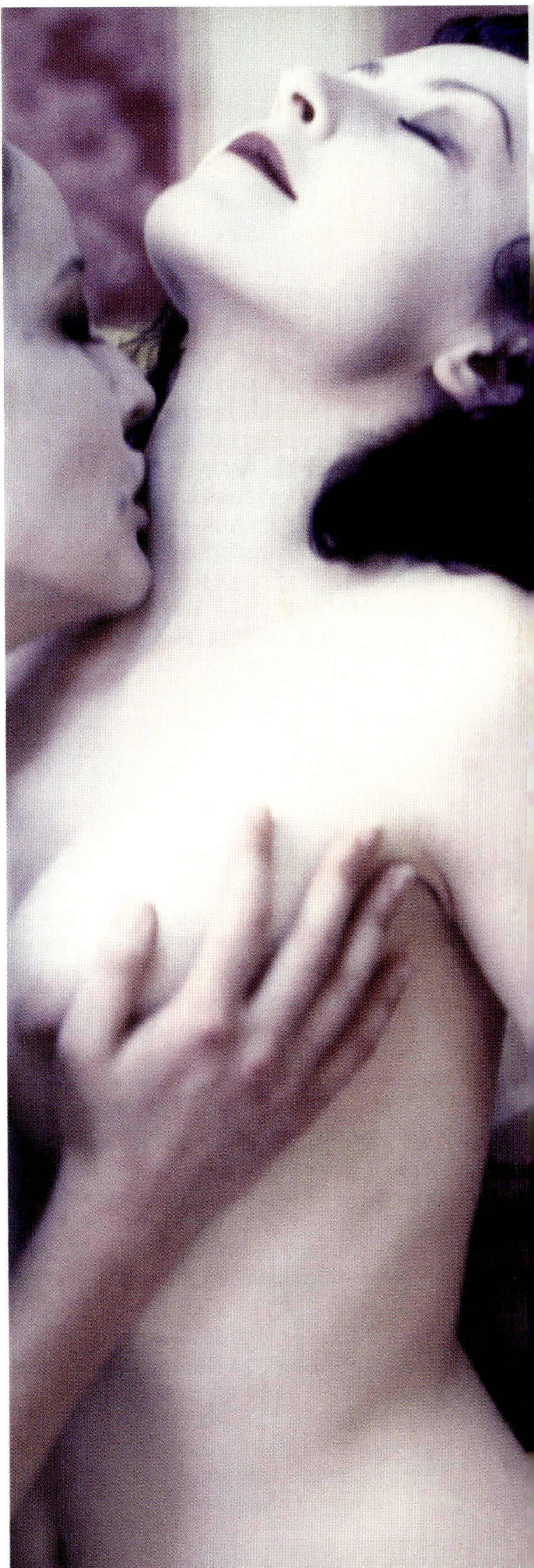

Die Libertinage

Dupouys Scènes libertines verweisen uns zwanglos auf das französische 18. Jahrhundert, das die hohe Zeit einer Ausschweifung war, die sich den Namen der Libertinage gegeben hat. Dieses Jahrhundert der Aufklärung sucht nicht nur die Vernunft des Menschen aus ihrer dogmatischen Knechtschaft zu befreien, sondern zugleich, was gern vergessen wird, seine Sinnlichkeit, und insbesondere seine erotische Sensibilität. Und es begibt sich im Grunde etwas Wunderbares, denn die philosophische Aufklärung tritt als sexuelle Emanzipation auf, in Gestalt einer erotischen Erziehung, als deren Paradigma der Bestseller des Jahrhunderts, die Thérèse philosophe von 1748 betrachtet werden kann. Die junge Heldin der Philosophischen Therese, deren Verfasserschaft dem Marquis d'Argens zugeschrieben wird, die aber durchweg Diderotschen Geist atmet, lernt in einem Zug eine naturalistische Weltsicht und die Befriedigung ihrer ‚naturgegebenen' erotischen Wünsche kennen. Und genau dieses Doppelte bezeichnet die Libertinage: eine erotische Freizügigkeit gepaart mit einer materialistischen oder atheistischen Freigeisterei. Denn der Libertin ist ein Synonym des "Libre penseur", d.h. des Freigeistes, der sich von jedem moralisch-religiösen Dogma emanzipiert hat. Es ist dieser doppelte Aspekt gemeint, wenn Diderot von der "Libertinage des Geistes" spricht oder Sade von der "Schule der Libertinage". Das Besondere der Erotik des 18. Jahrhunderts ist in ihrer geistigen Ausrichtung zu erblicken, die sie einbezieht in eine Gesamtdeutung der Welt; sie läuft also keineswegs auf eine bloße Gehirnsinnlichkeit hinaus. Sade hat diesen Horizont der Libertinage am prägnantesten gefaßt, indem er die Philosophie ins Boudoir überführt hat, worin zugleich liegt, daß das Boudoir zum Propädeutikum der Welt werden kann.

Es ist darüber hinaus staunenswert, in welchem Ausmaß die großen Geister des Jahrhunderts sich der erotischen Libertinage zugewandt haben: Voltaire, Diderot, Mirabeau, Sade - ein jeder mit einer Fülle von Zeugnissen. Auf der anderen Seite ist natürlich nicht zu erwarten, daß jeder Erotiker ein Philosoph ist, und so ist es konsequent, daß die Hauptbedeutung der Libertinage sich bereits im Lauf des Jahrhunderts mehr und mehr auf die rein erotische Débauche reduziert. Nimmt man aber die drei größten Erotiker ins Visier: Crébillon, Restif de la Bretonne und Andrea de Nerciat, so wird man bei jedem etwas entdecken, mit dem er am Geist des "philosophischen" Jahrhunderts teilhat. Unter dem Aspekt der Libertinage betrachtet, erstreckt sich dieses Jahrhundert von der Régence (1715-1723), die zum ersten Mal die großen Wüstlinge freiließ, bis zur Revolution (1789-1794), in der die feudale Libertinage am bürgerlichen Tugendterror zugrunde ging. Man hat diese Epoche, die kunstgeschichtlich mit dem Rokoko zusammenfällt, früher gern als "galante Zeit" bezeichnet. Heute sieht man immer deutlicher, daß dieser Terminus nicht zureicht, um die Eigenart des Zeitalters kenntlich zu machen. So liebenswürdig, so charmant die Galanterie auch sein kann, die Libertinage hat keinen Platz in ihr und sprengt sie gewissermaßen auseinander. Darum freuen wir uns, daß Dupouy nicht von Scènes galantes, sondern von Scènes libertines gesprochen hat.

Dupouys libidinöse Bildsequenzen leben aus dem Wissen, daß Erotik Theater ist, eine Inszenierung von Reizen, und gerade darin kommen sie der Libertinage des 18. Jahrhunderts entgegen, die gewissermaßen ein Fest in Permanenz ist: ein Schauspiel, in dem die feudale Gesellschaft sich selber feiert. Viele der großen Erotika der Zeit sind geradezu als Theaterstücke angelegt, indem sie durchgängig in Dialogform geschrieben sind, so vor allem die Crébillon zugeschriebenen Tableaux des mœurs du temps (Sittenbilder unserer Zeit) und Les Aphrodites von

Andrea de Nerciat (1793). Beide sind so theatergemäß, daß man Auszüge daraus als "Spieltexte französischer Geheimbühnen aus dem 18. Jahrhundert" veröffentlichen konnte. Daß es solche Geheimbühnen wirklich gegeben hat, ist gesichert, wenn auch nicht, daß gerade diese Stücke aufgeführt worden sind. Auch die erotischen Klubs, die Geheimgesellschaften für die Freunde der Libertinage, die Andrea de Nerciat oder auch Sade darstellen, dürften keineswegs ihrer Imagination entsprungen sein. Die erotischen Texte sind zwar ein anderes Medium, aber sie fungieren sozusagen als Vorlagen für erotische Tableaux, und so sind sie schon von Borel & Elluin und anderen Illustratoren des 18. Jahrhunderts benutzt worden. Was Dupouy mit seinen Fotografien geschaffen hat, rückt so in eine große Tradition, die er keineswegs negiert, sondern kongenial erneuert, zum Zeichen dessen, daß die Libertinage nicht totzukriegen ist.

Gerd Bergfleth

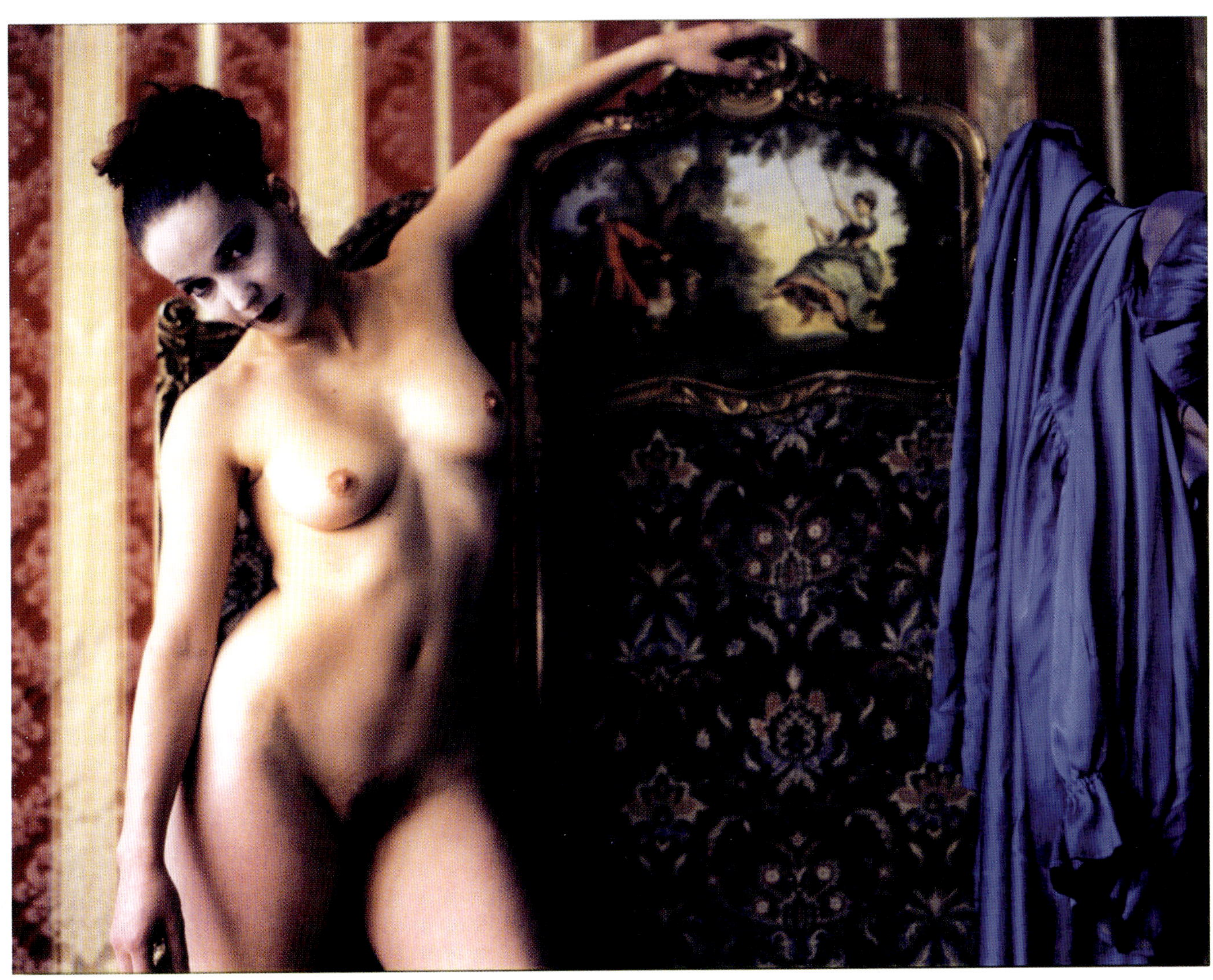

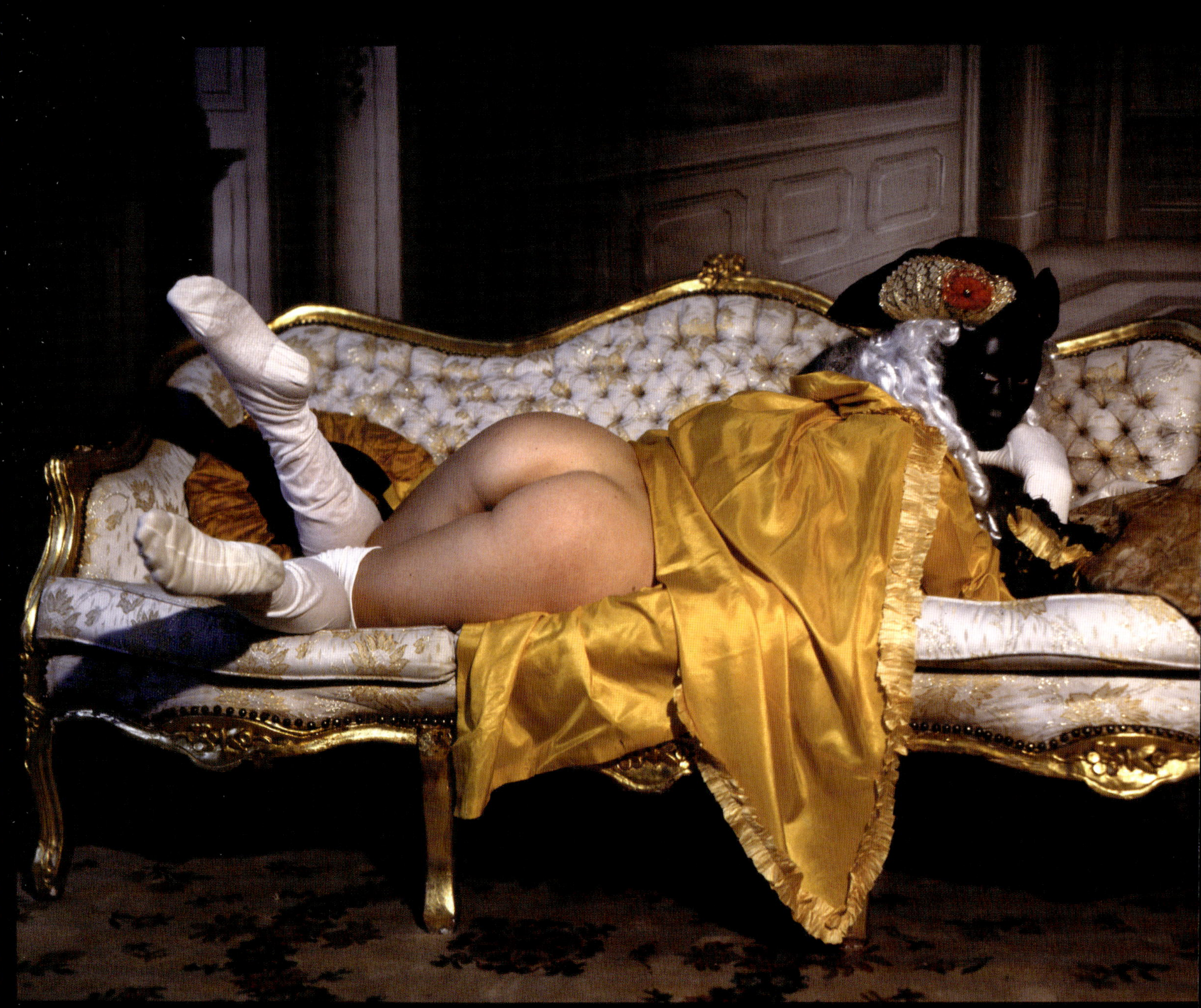

*J'entendis prononcer distinctement, quoique à demi bas, et, avec un soupir, " Ô Dieu que d'appas ! ".
Ces paroles me surprirent, et, quittant mon livre, je tâchai, malgré la frayeur qui commençait à me sai-
sir, de prêter une oreille attentive.*
Claude de Crébillon, *Le Sylphe*

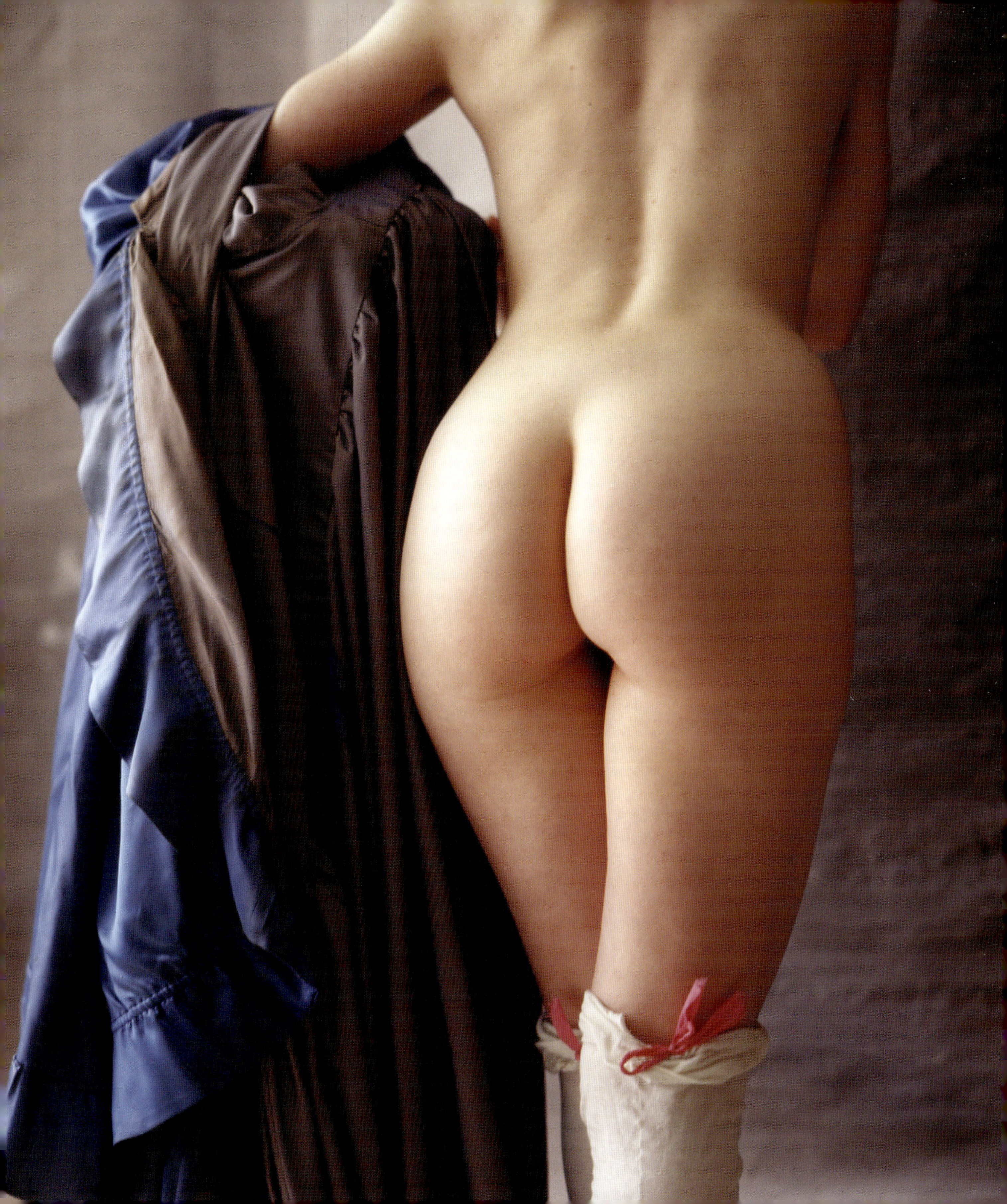

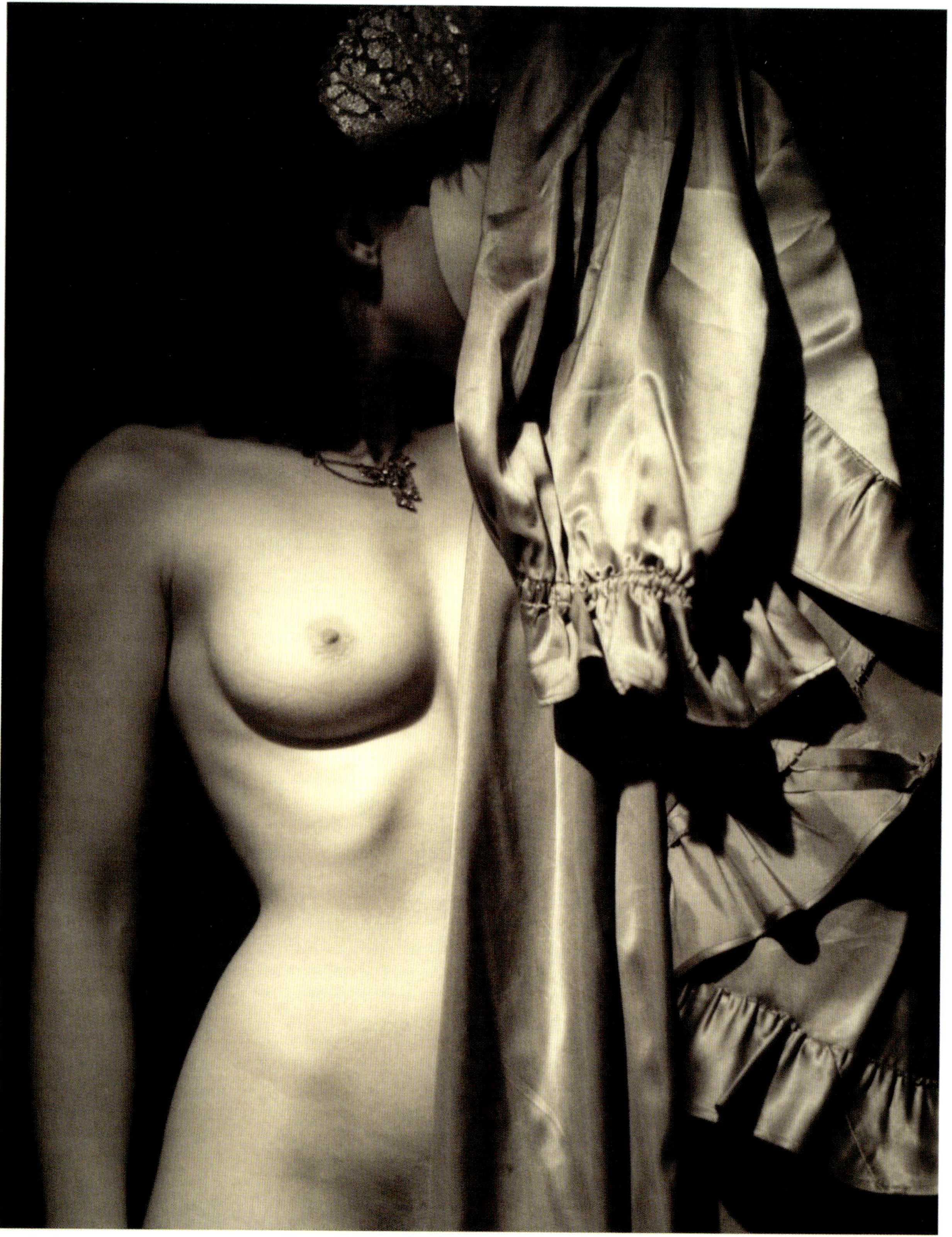

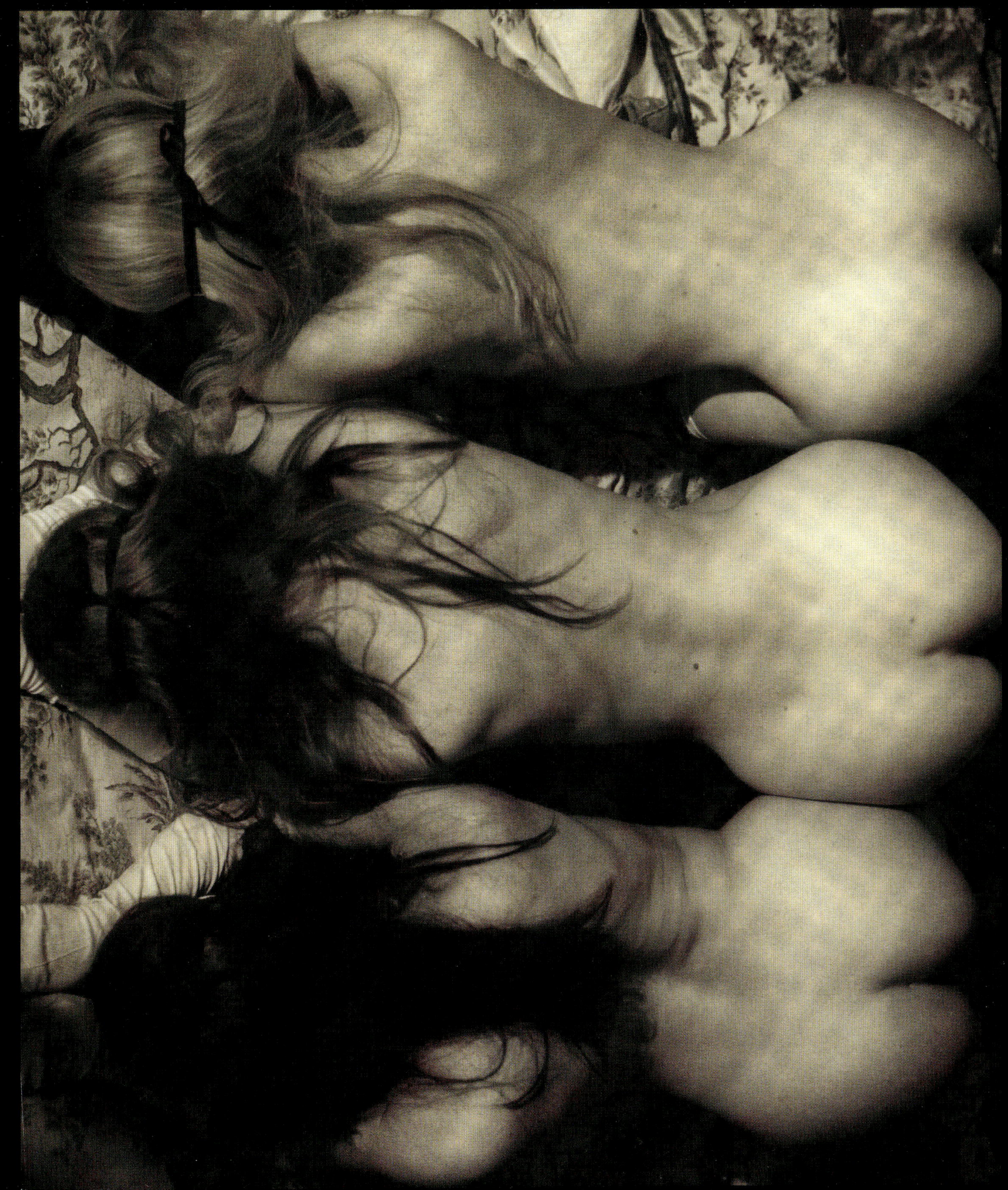

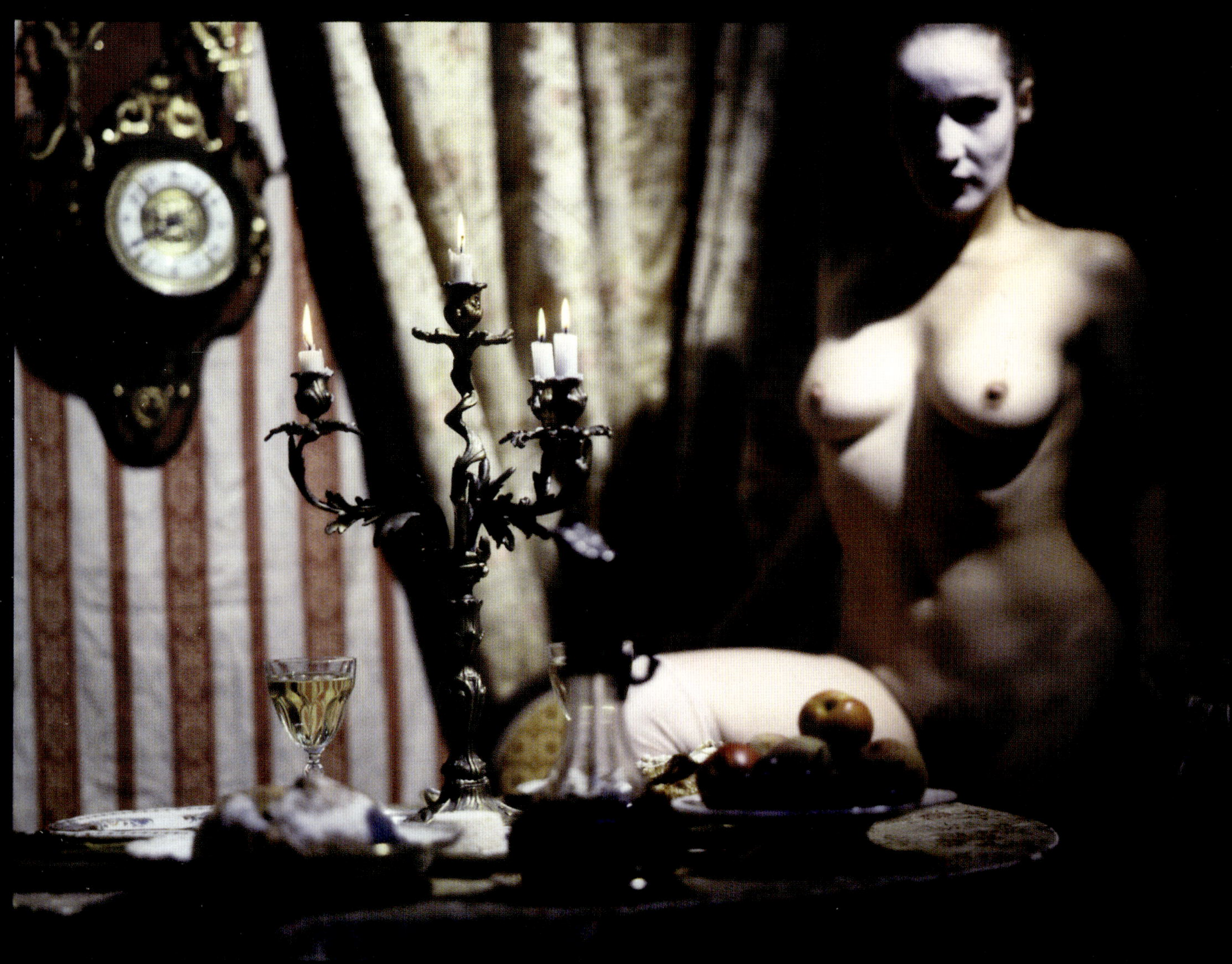

Ce fut ici que la malheureuse Juliette oubliant tous les sentiments de sa naissance et de sa bonne éducation ; pervertie par de mauvais conseils et des livres dangereux ; pressée de jouir seule, d'avoir un nom et point de chaînes, osa se livrer à la coupable idée d'abréger les jours de son mari.
Donatien-Alphonse-François, marquis de Sade, *Justine ou les malheurs de la vertu*, 1791

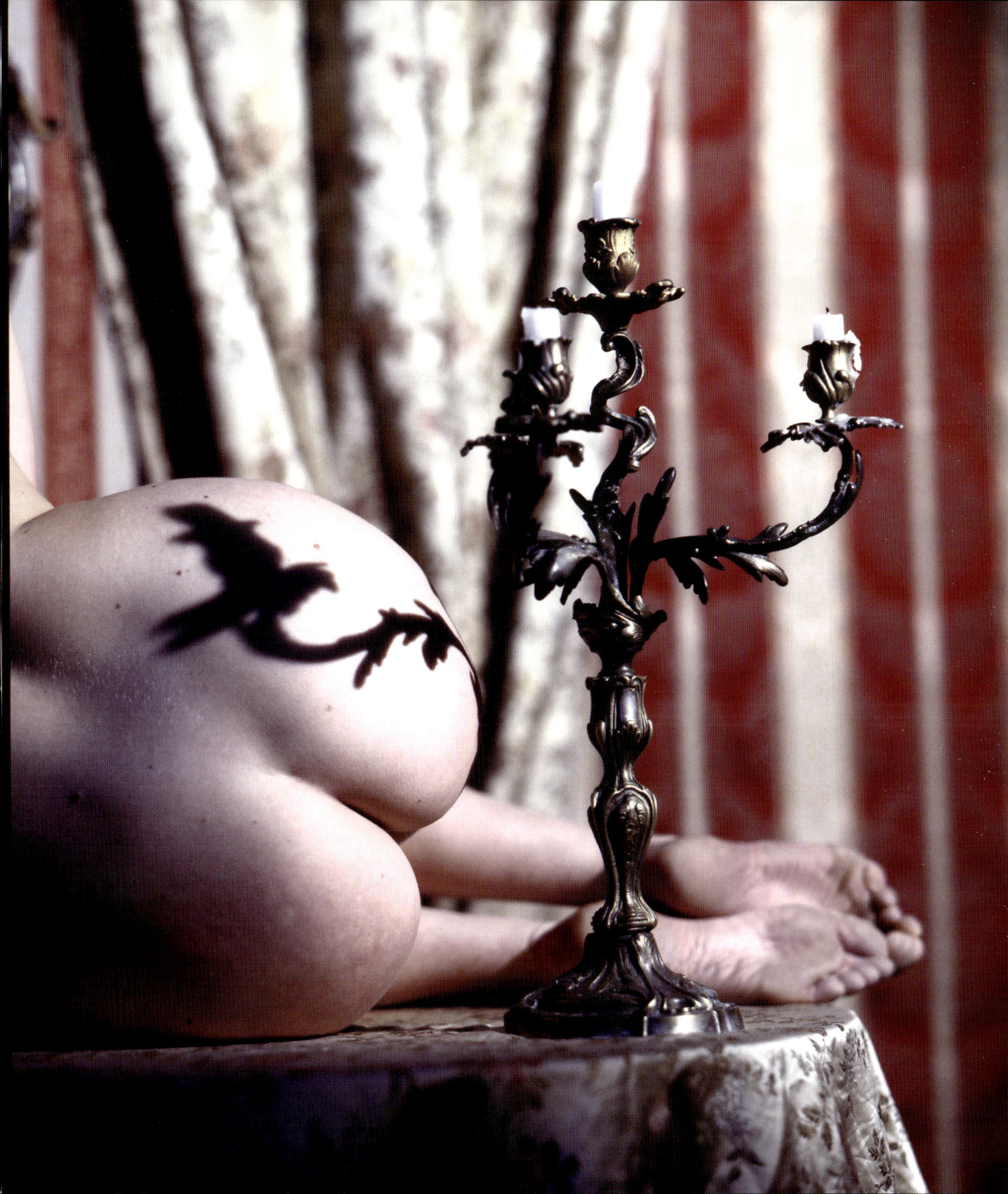

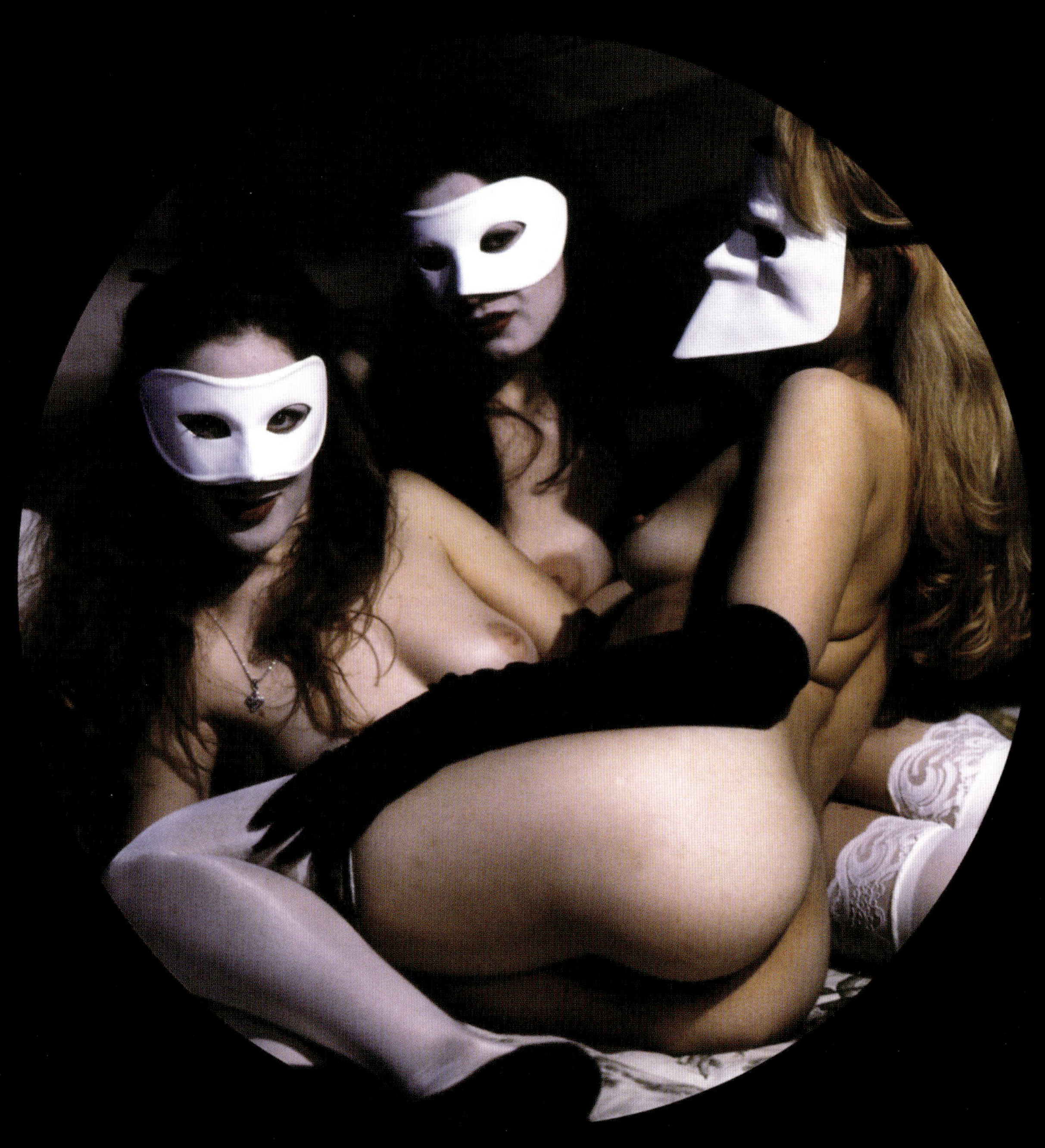

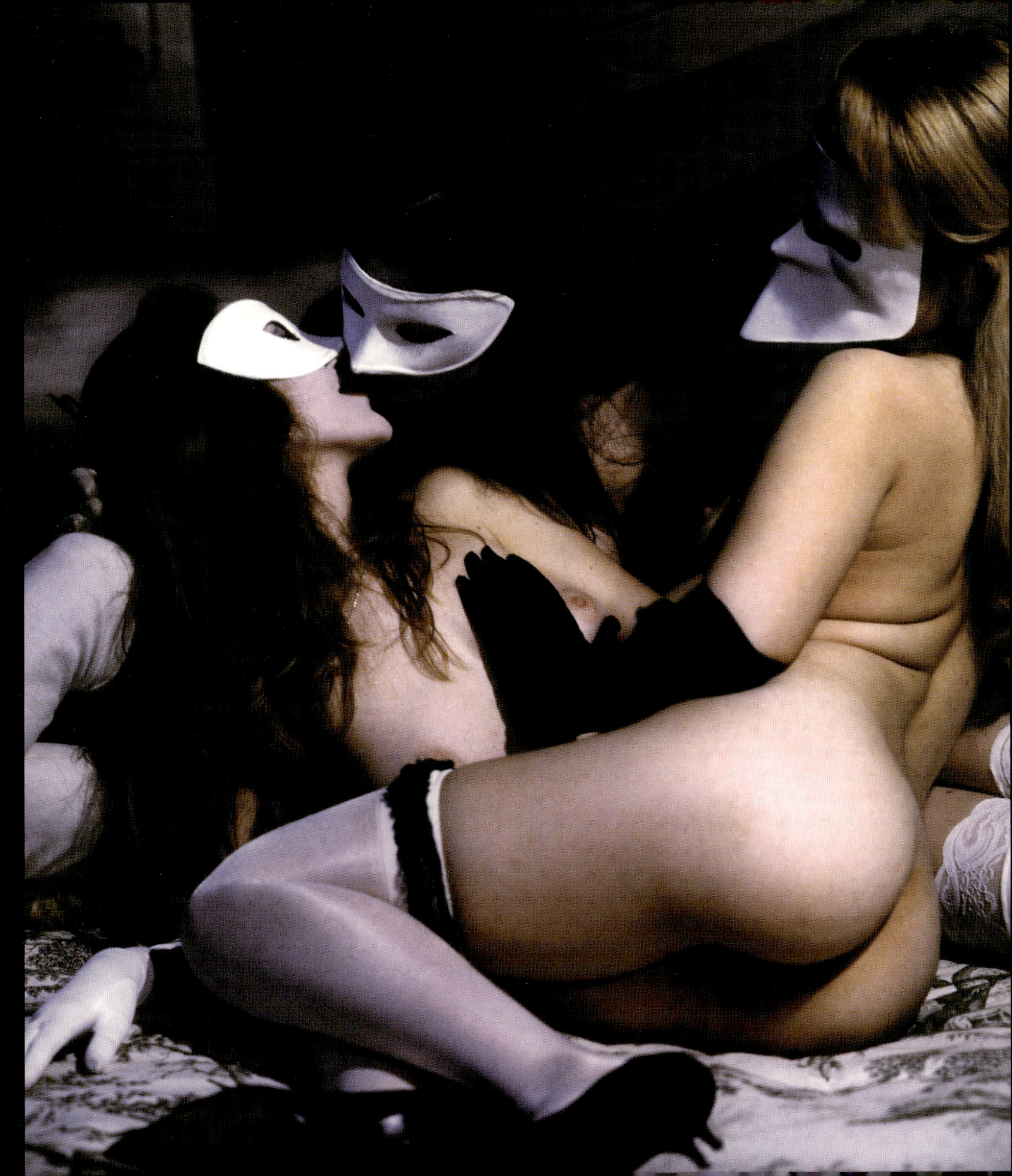

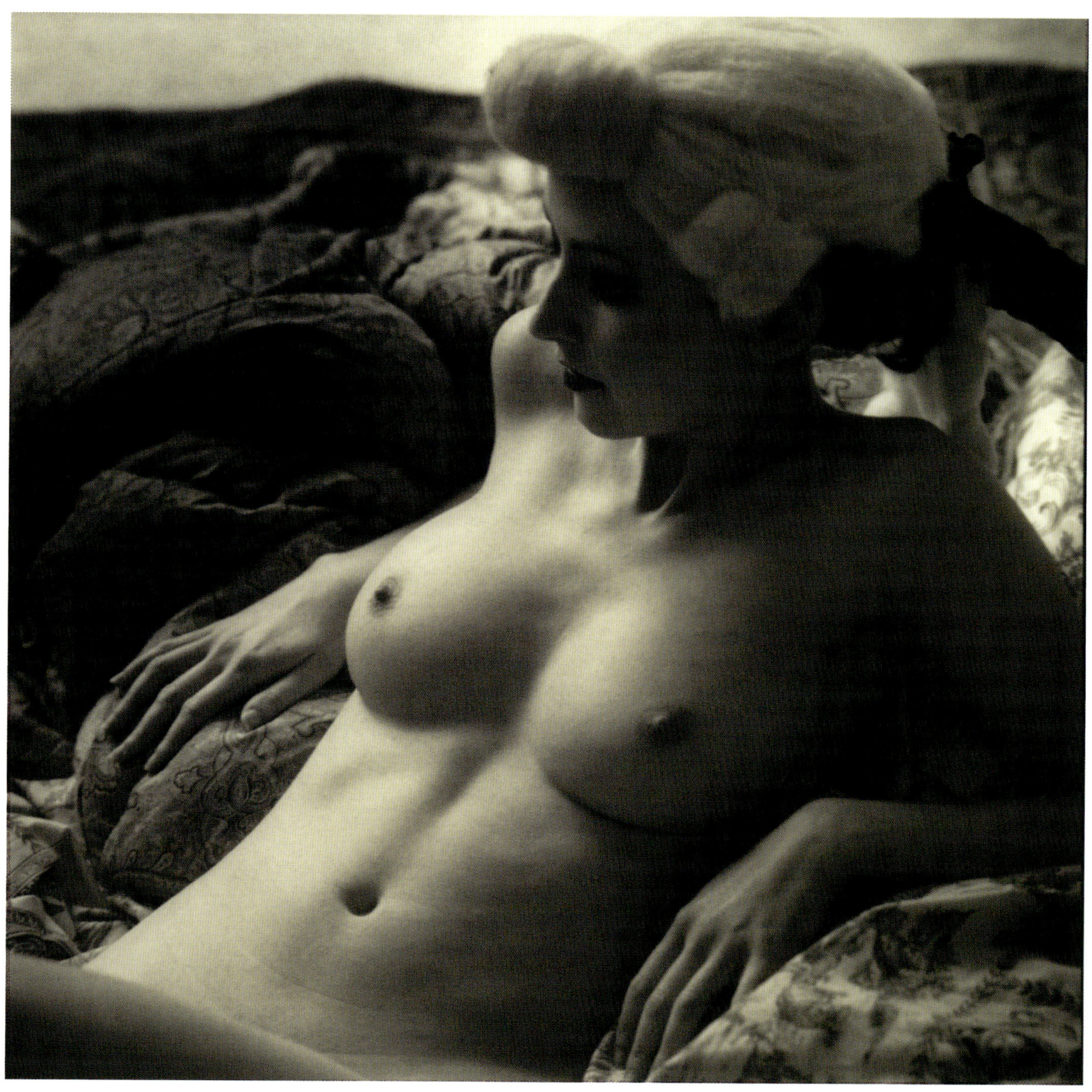

Tétins de lait et de fromage mou,
Petits pâtés qui excitez ma verve
Pommes d'api, la joie de l'existence,
Bonnes petites friandises au sucre
Baffo, *Éloge des Tétins*

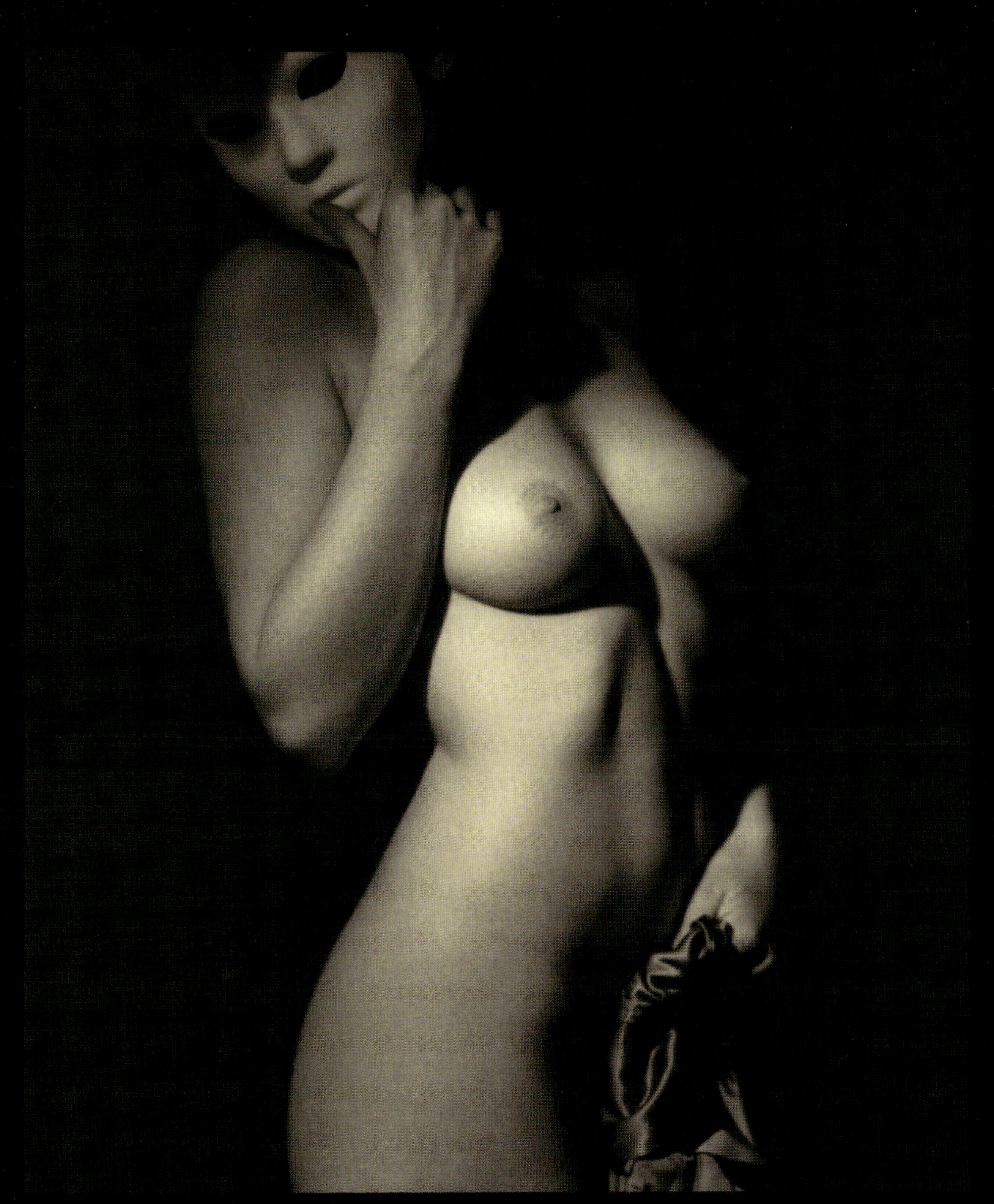

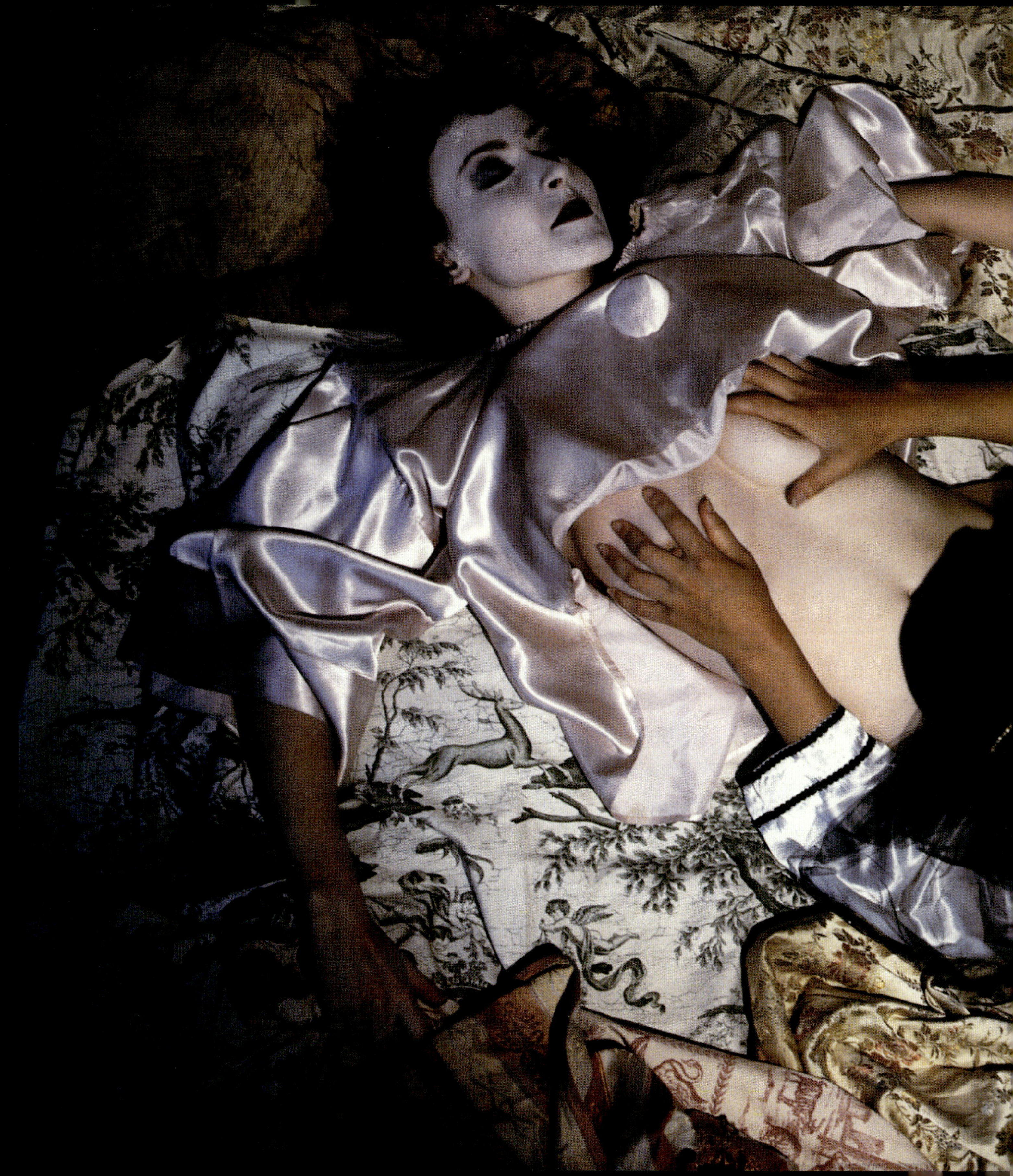

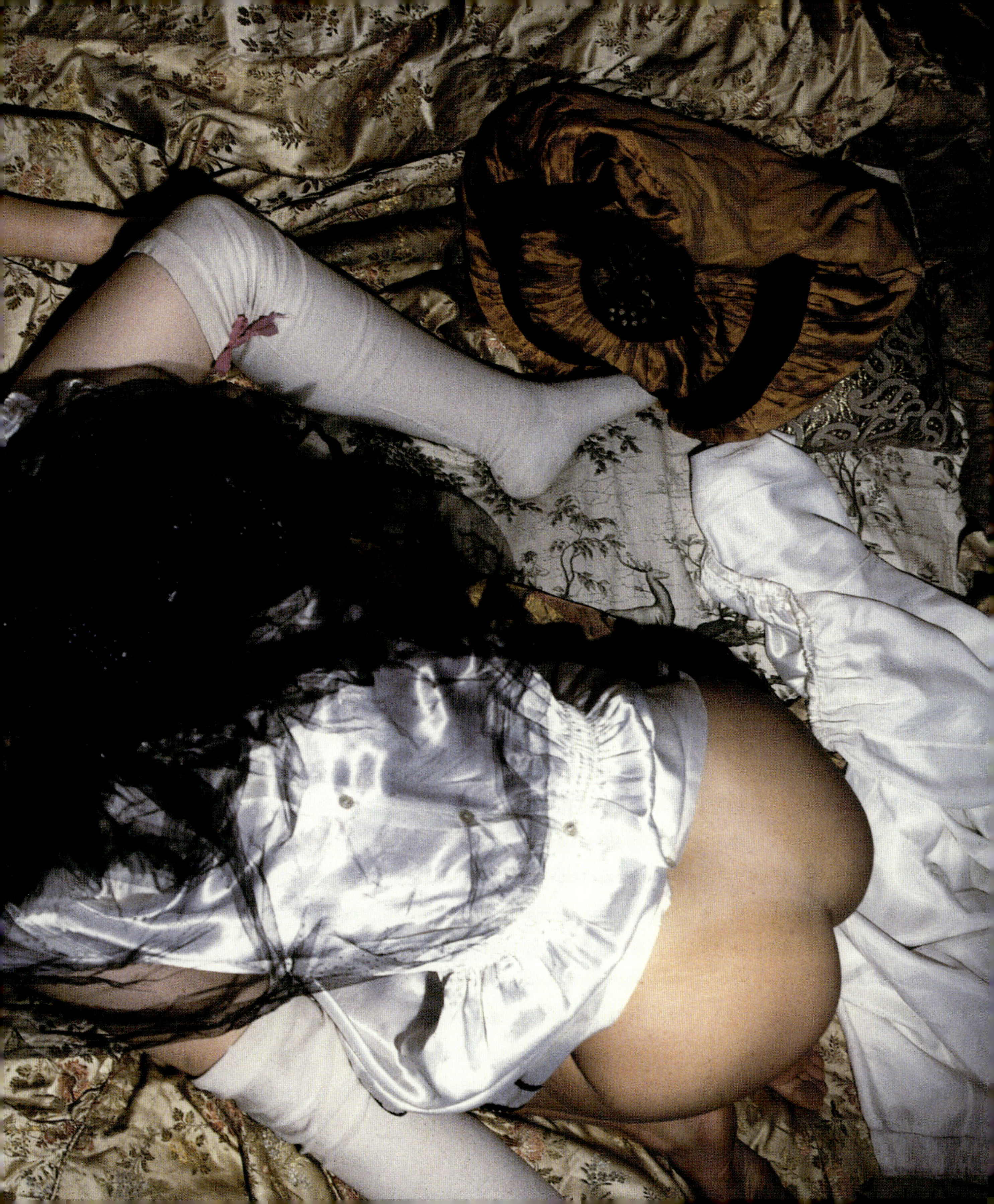

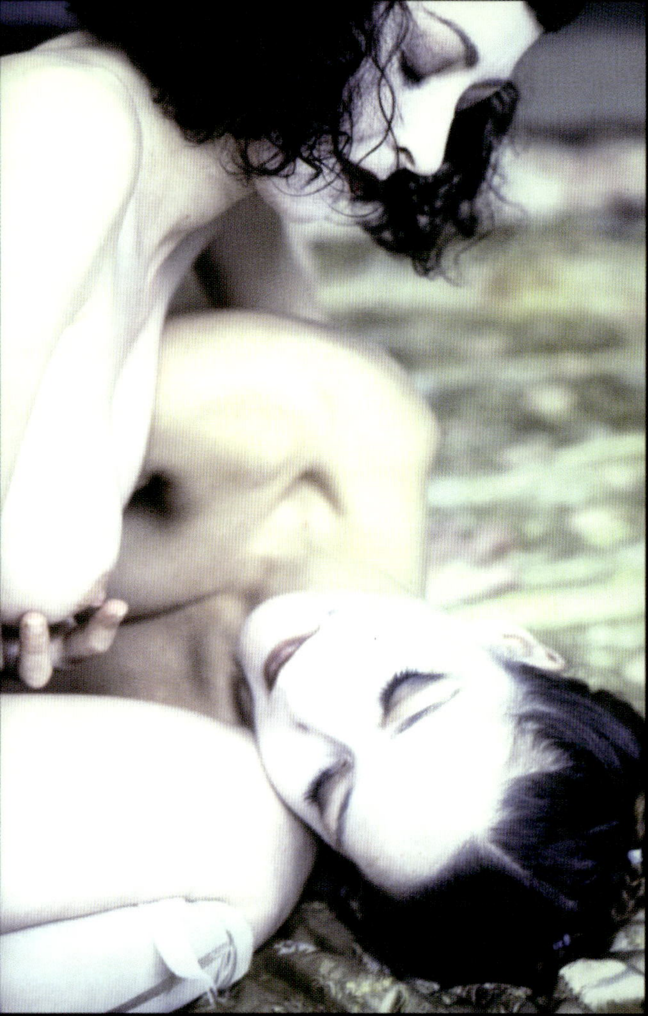

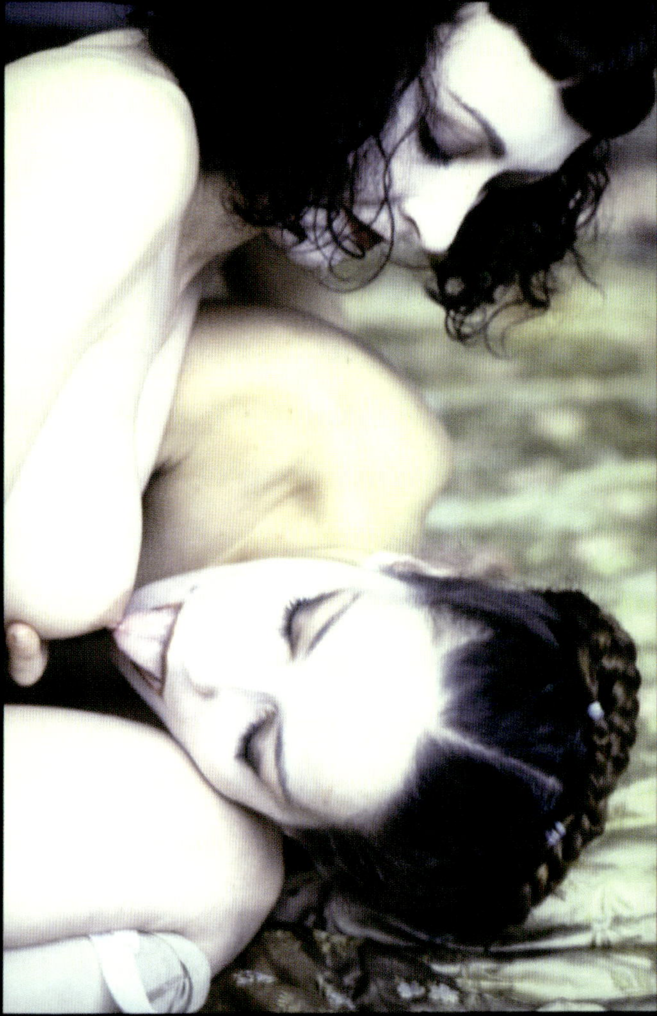

Ce feu, l'experte comtesse vient de l'allumer à la fois partout, ayant détourné d'abord, avec toute la délicatesse d'un respectueux amant, la triple gaze des fichus, et chatouillant d'un tact léger comme le pas d'une mouche les sommets irritables des deux montagnes dont le lait a converti en dureté la consistance ci-devant élastique.
Andrea de Nerciat, *Les Aphrodites*, 1793

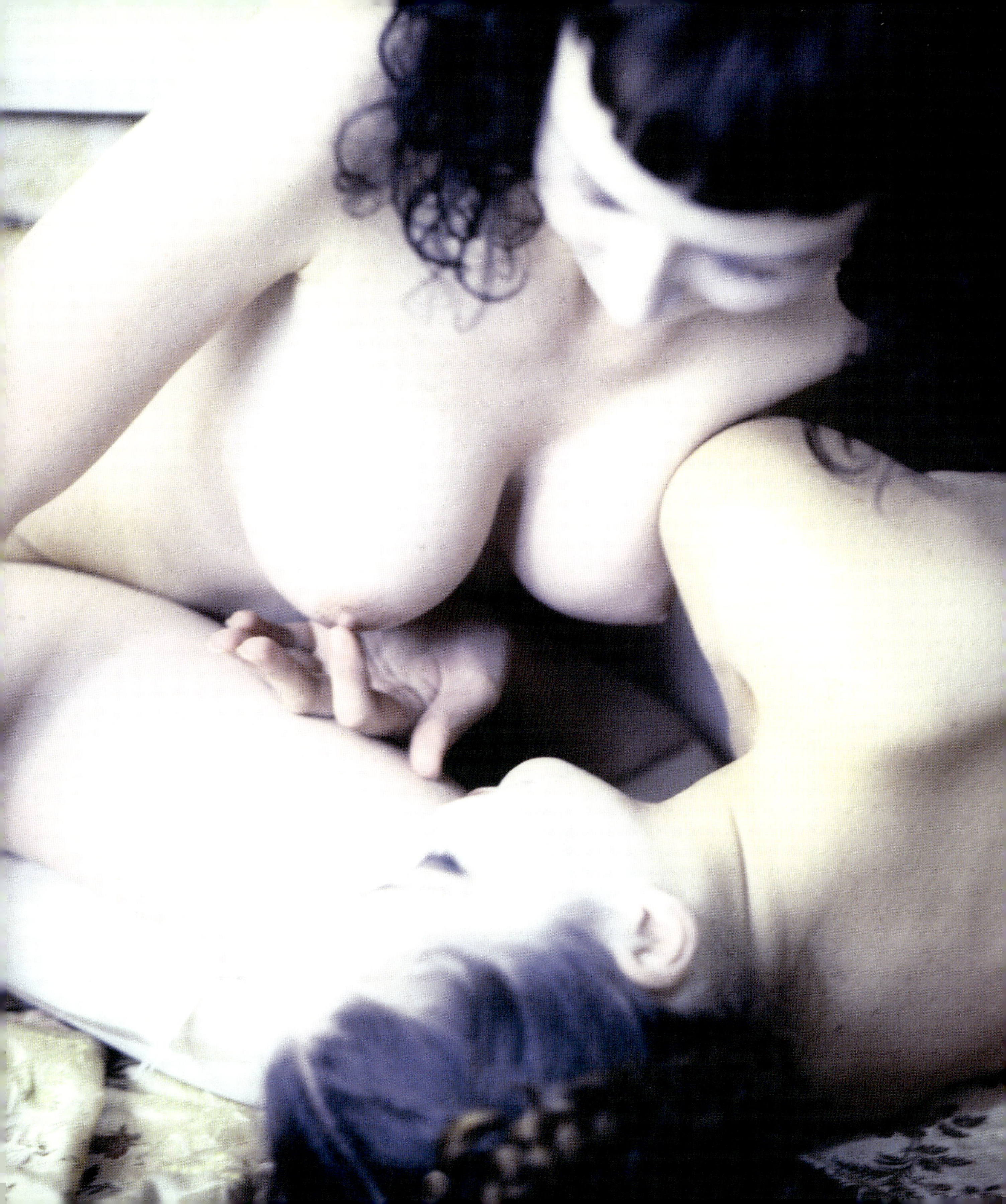

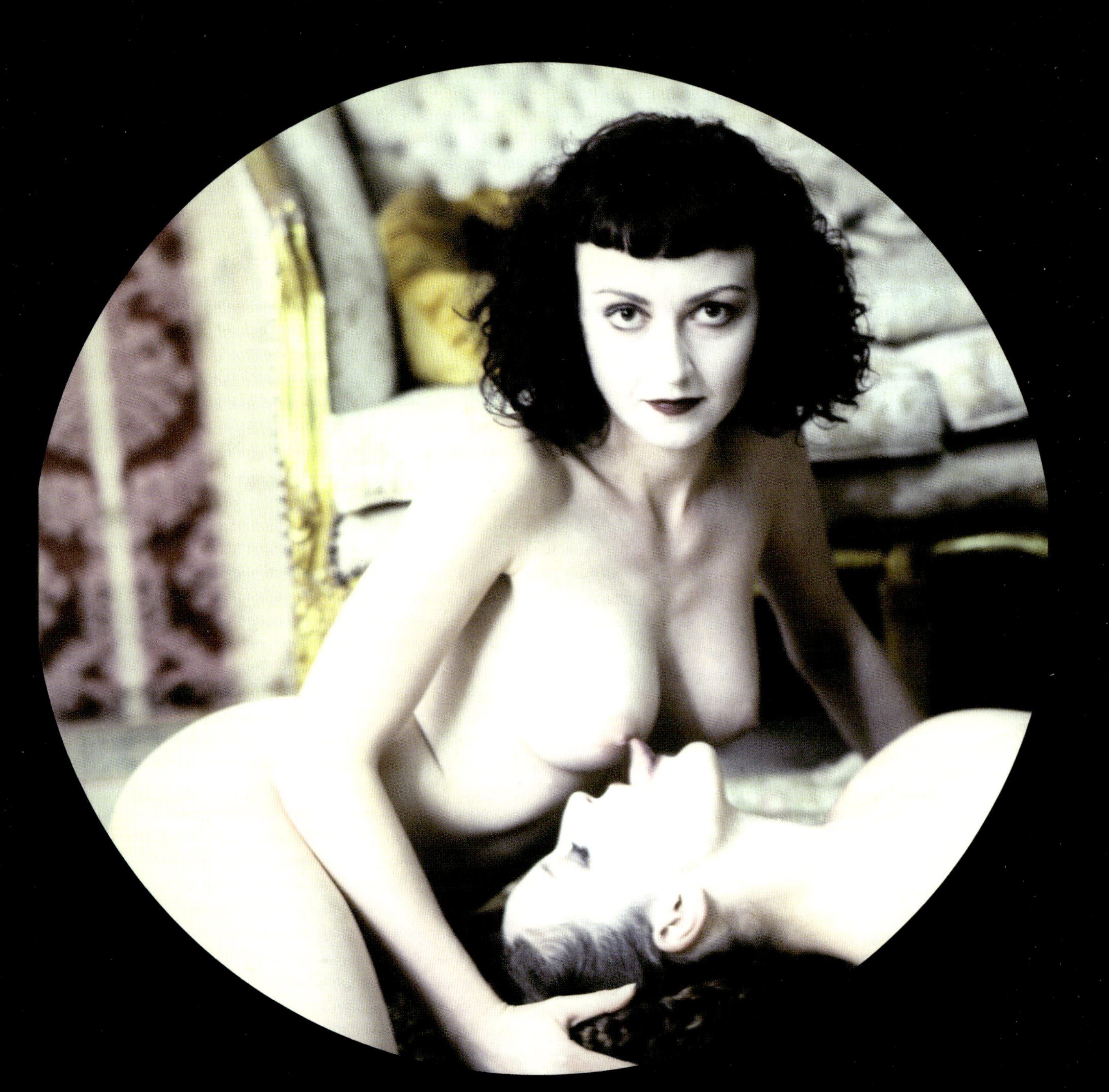

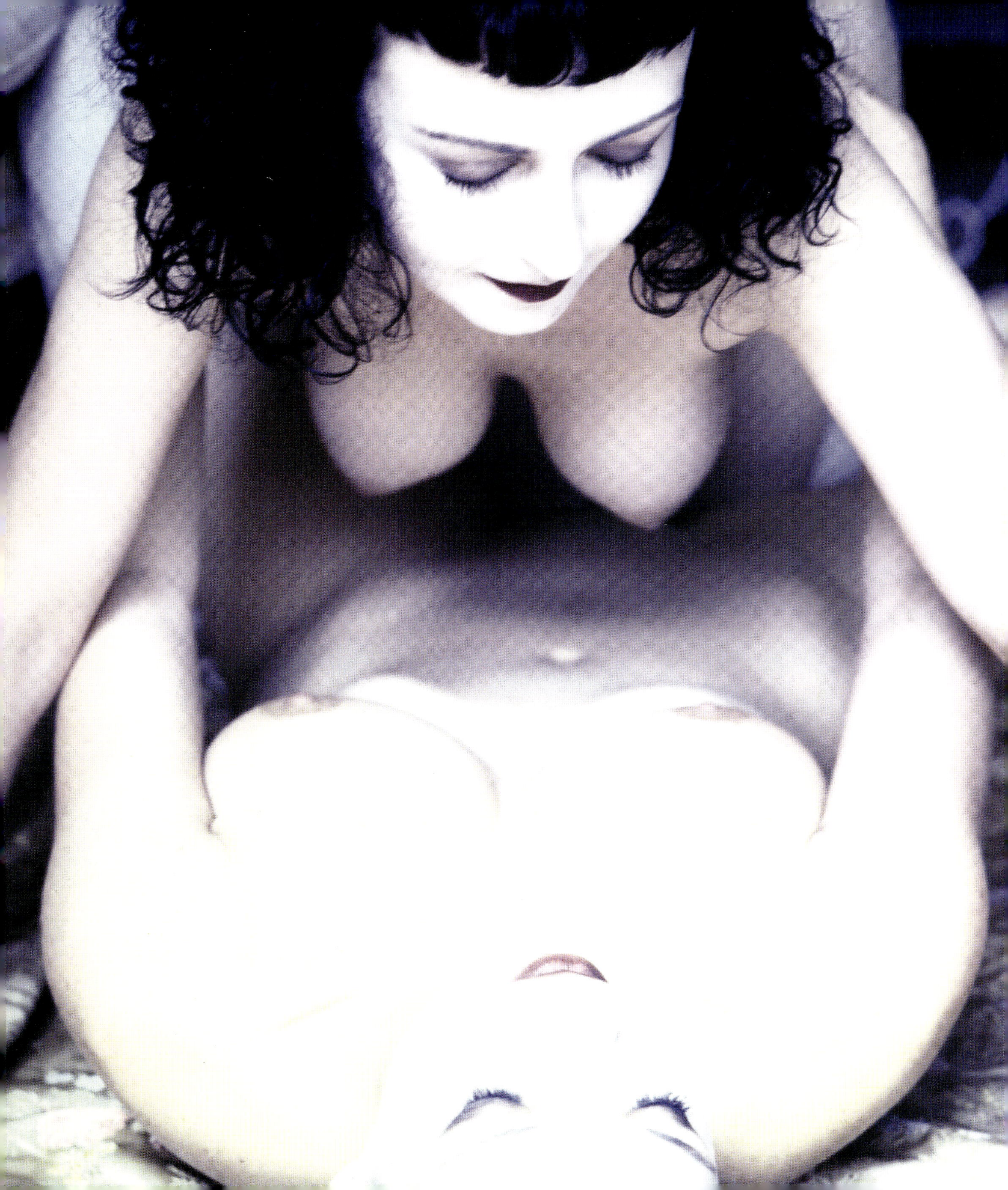

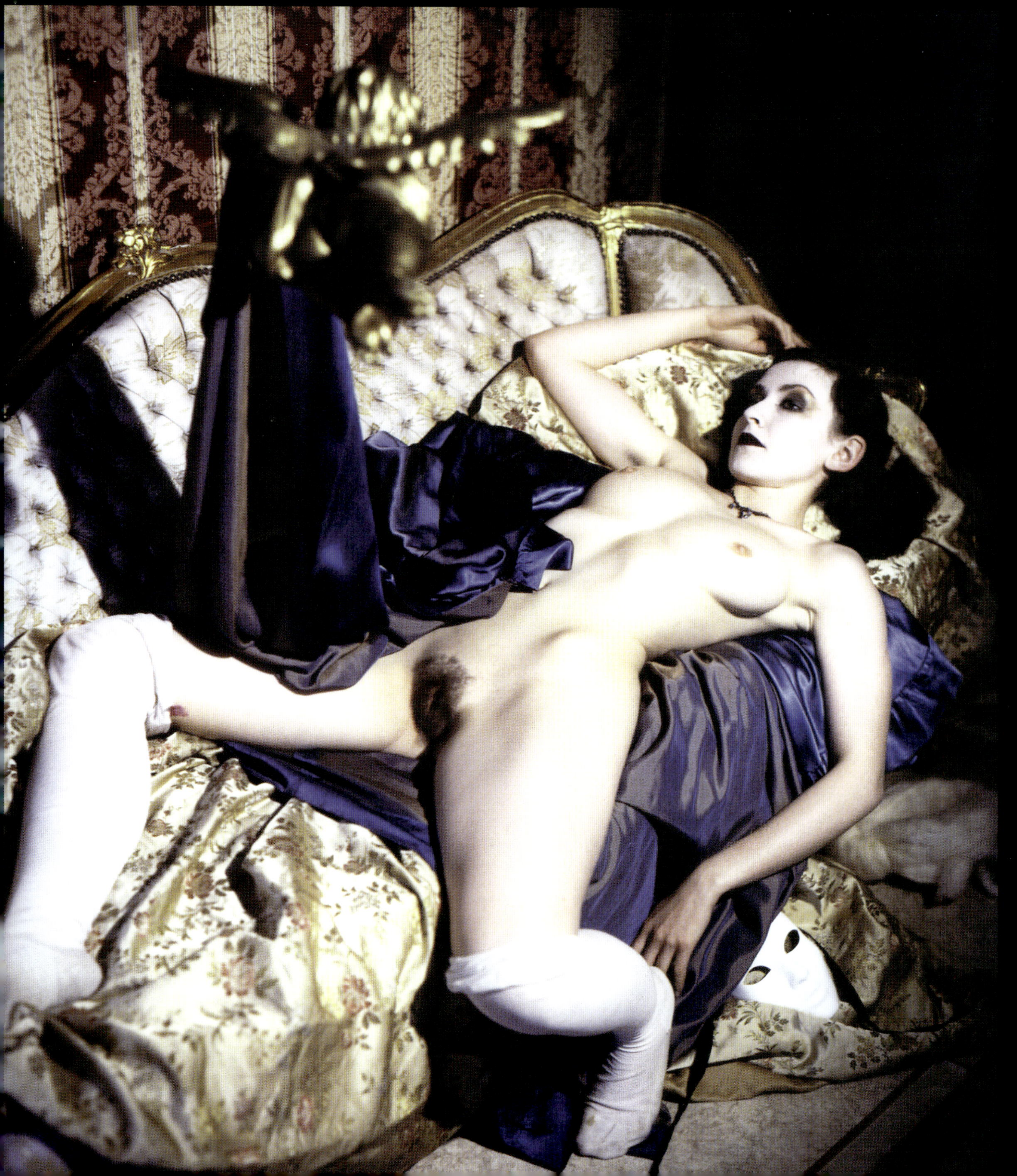

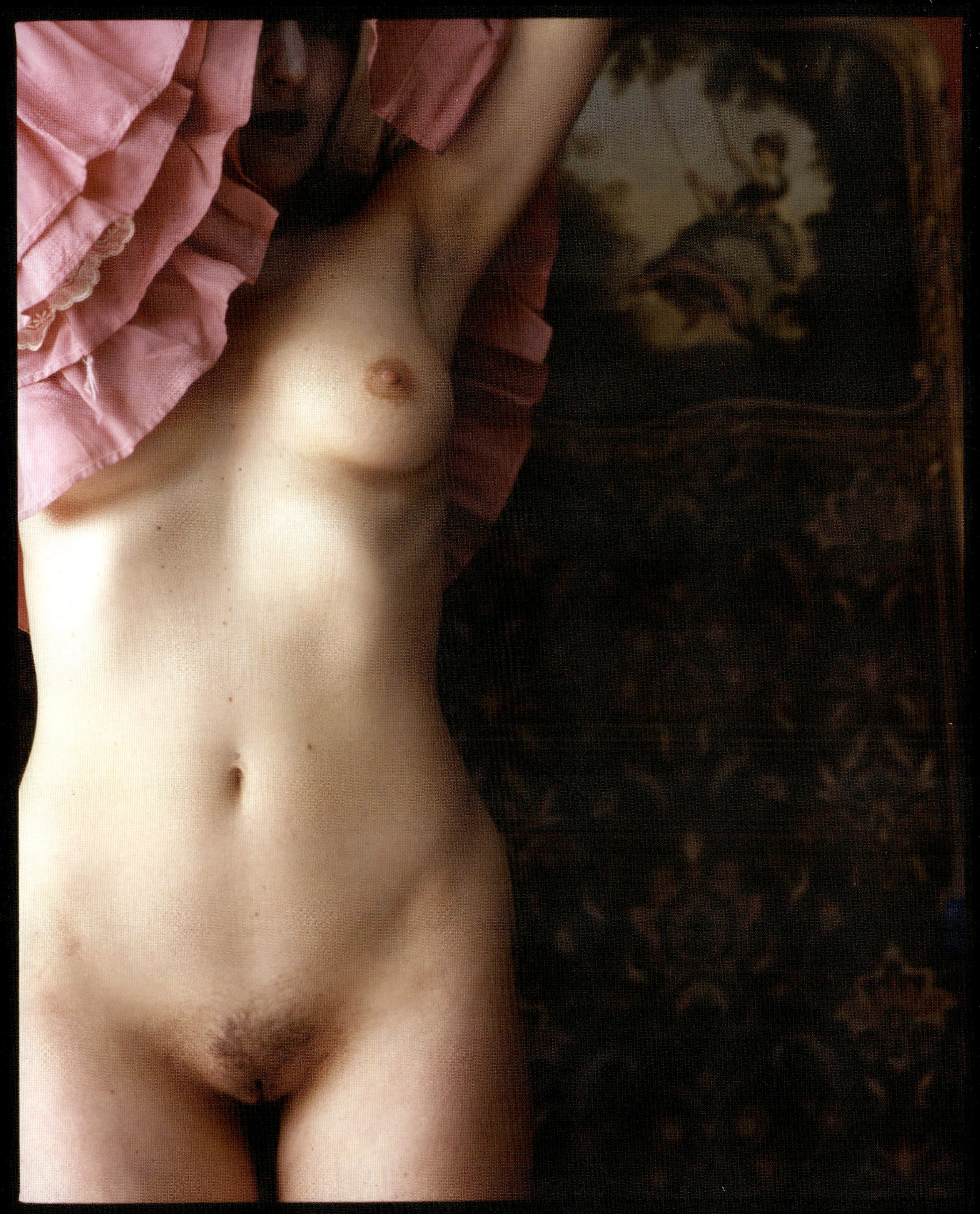

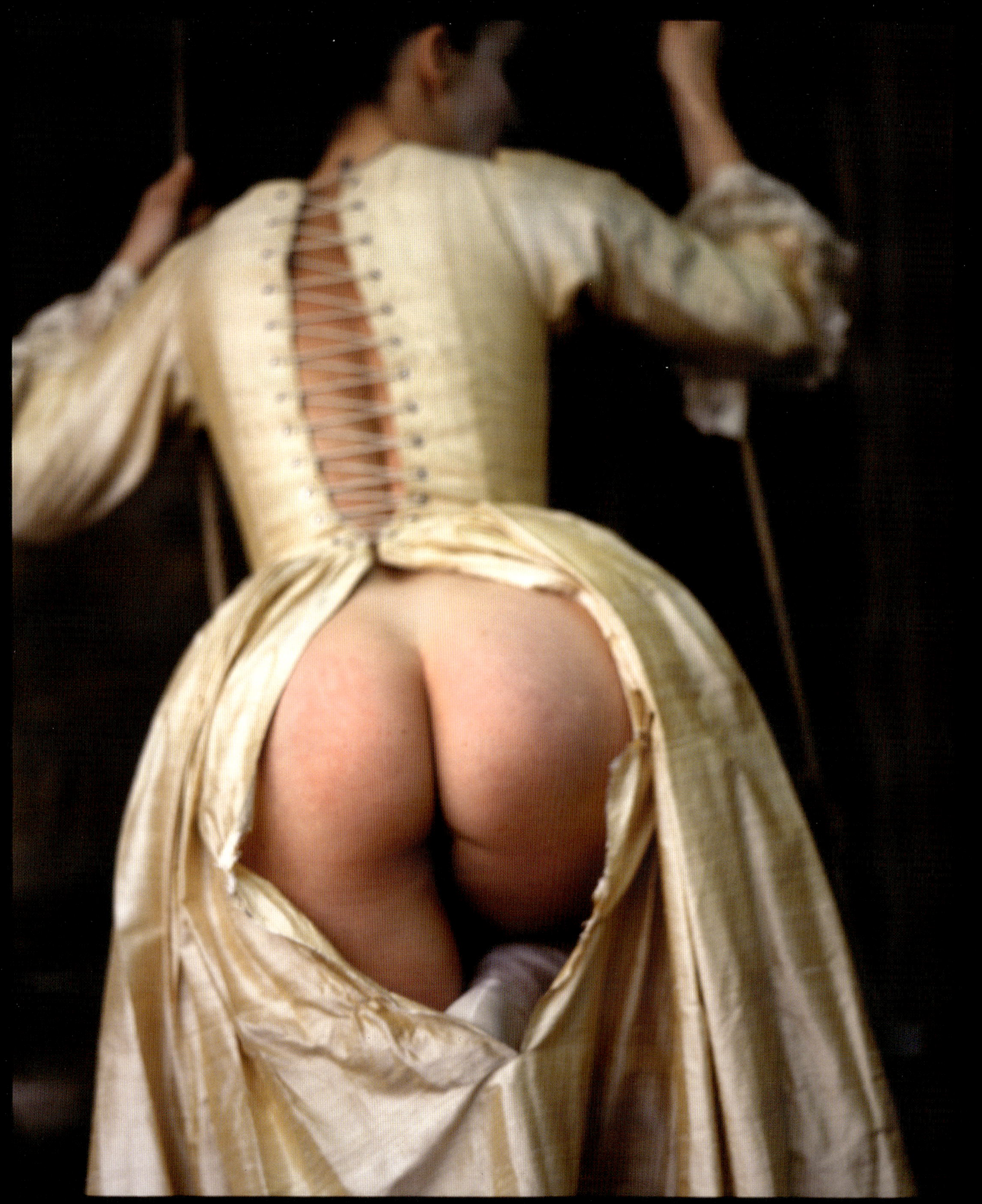

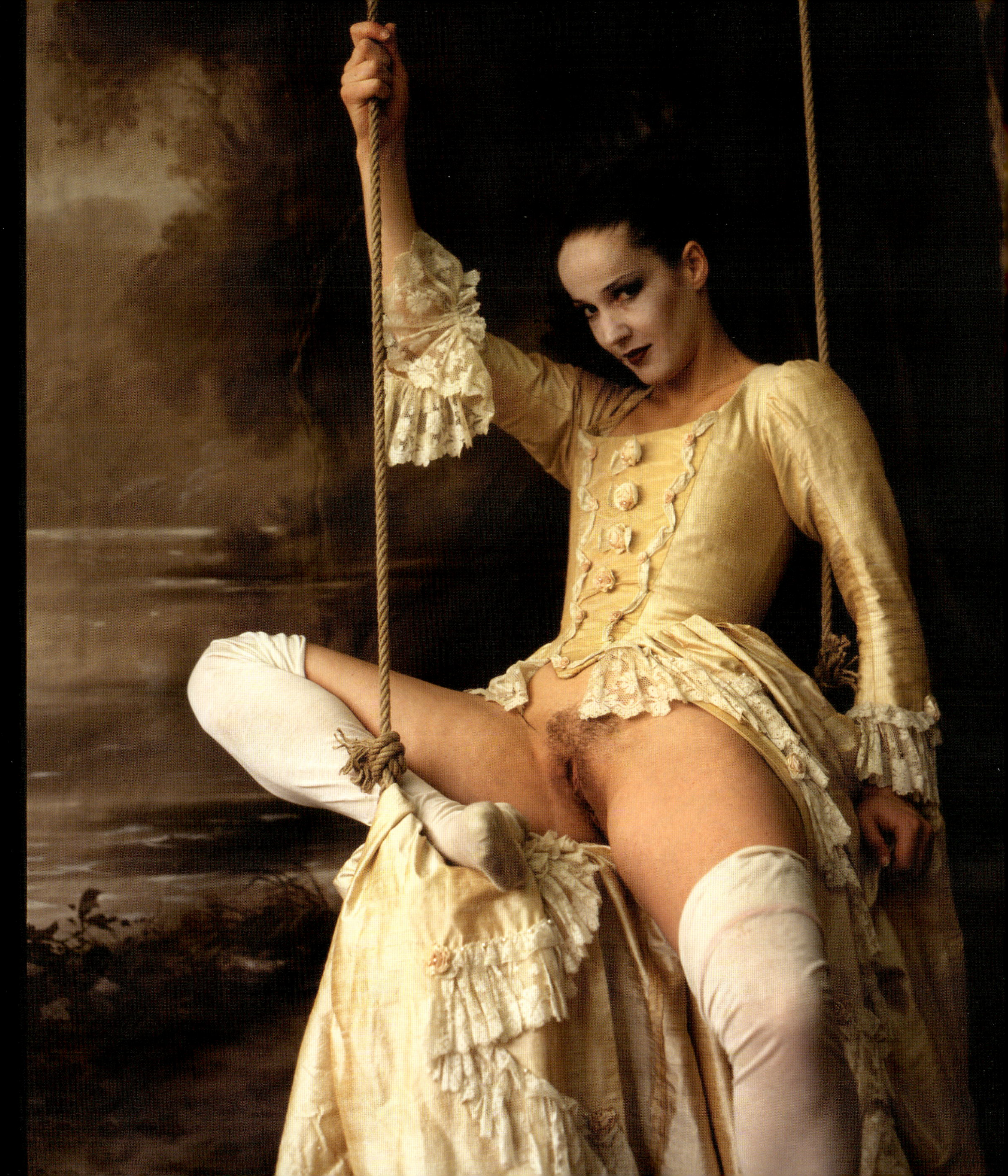

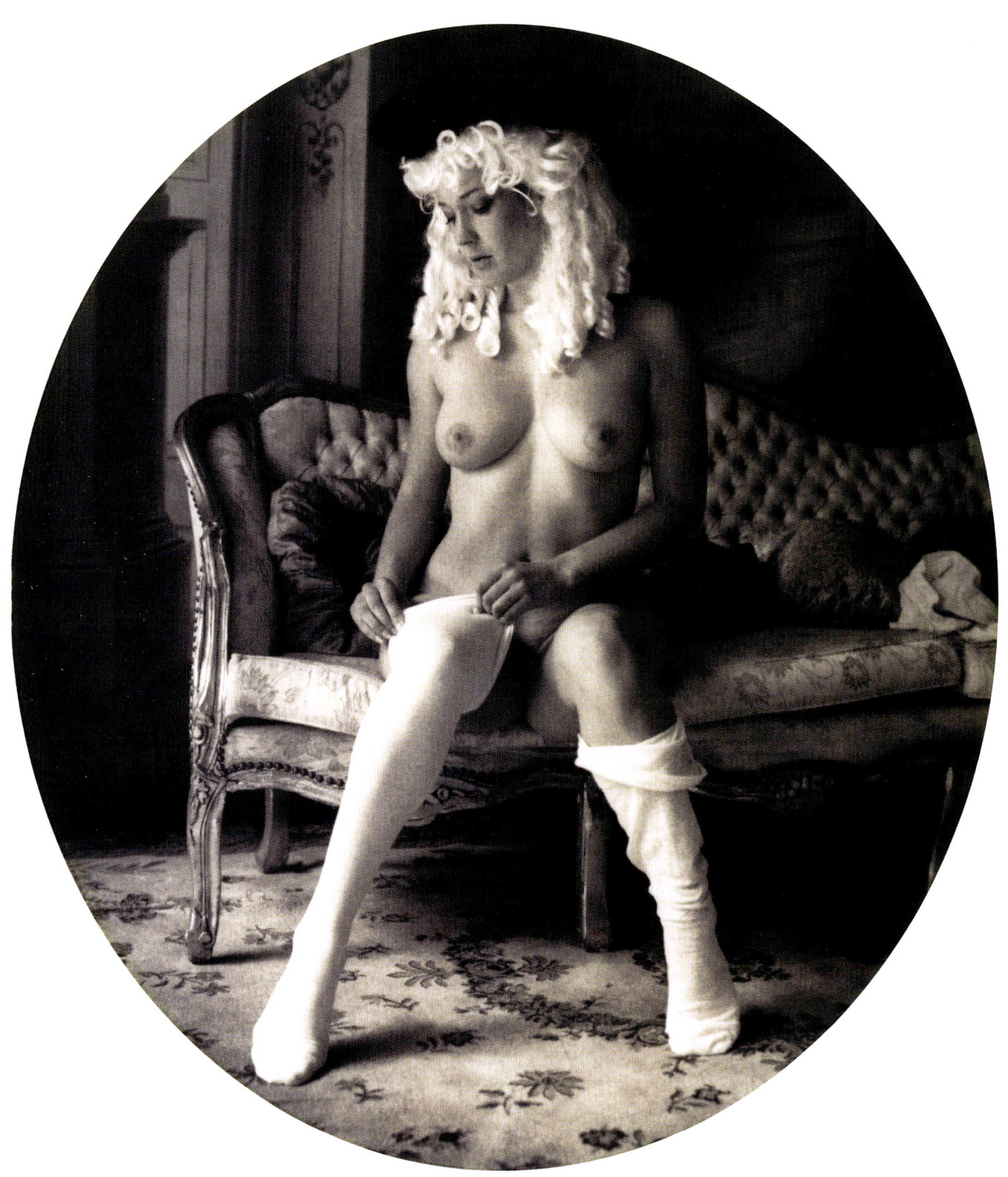

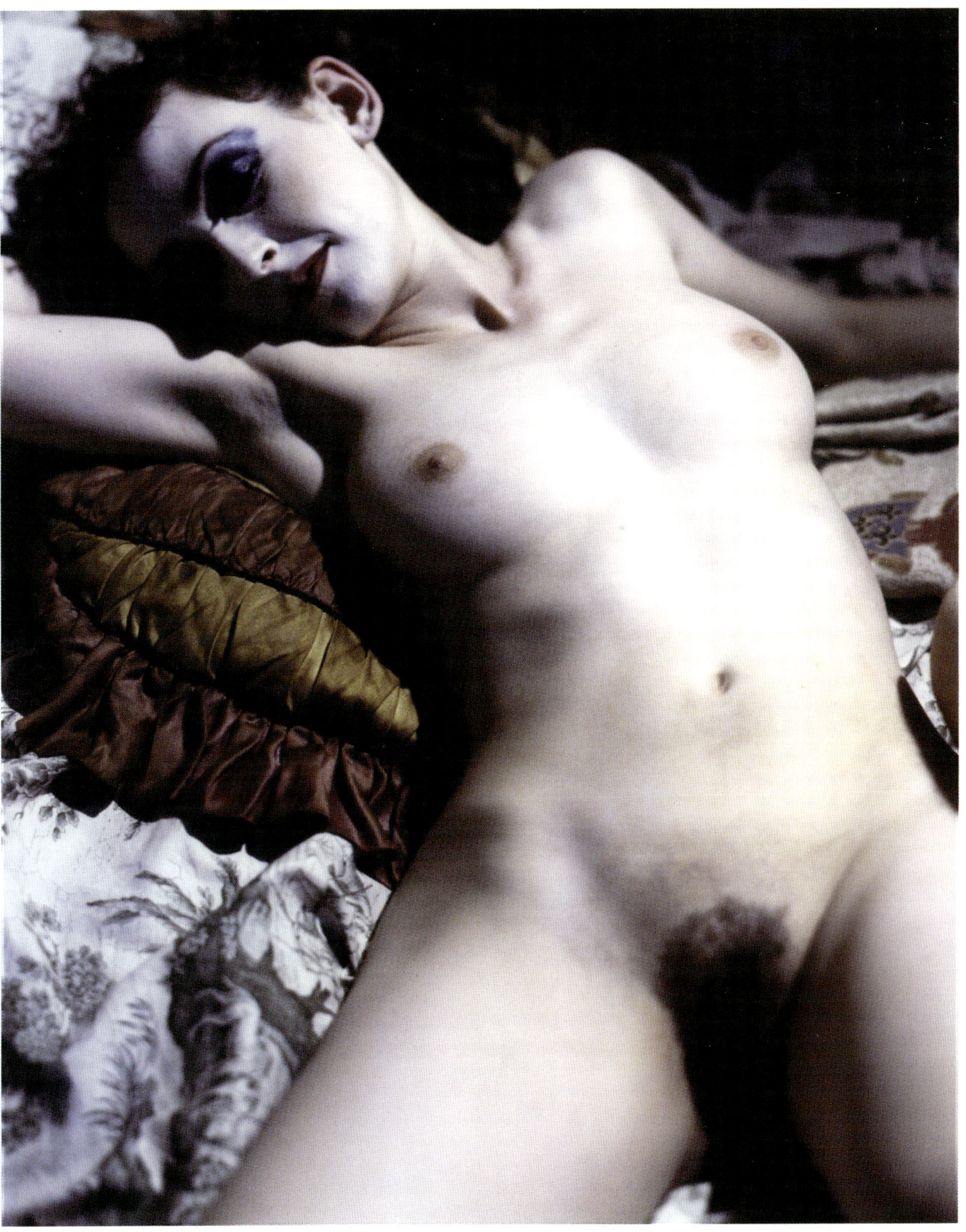

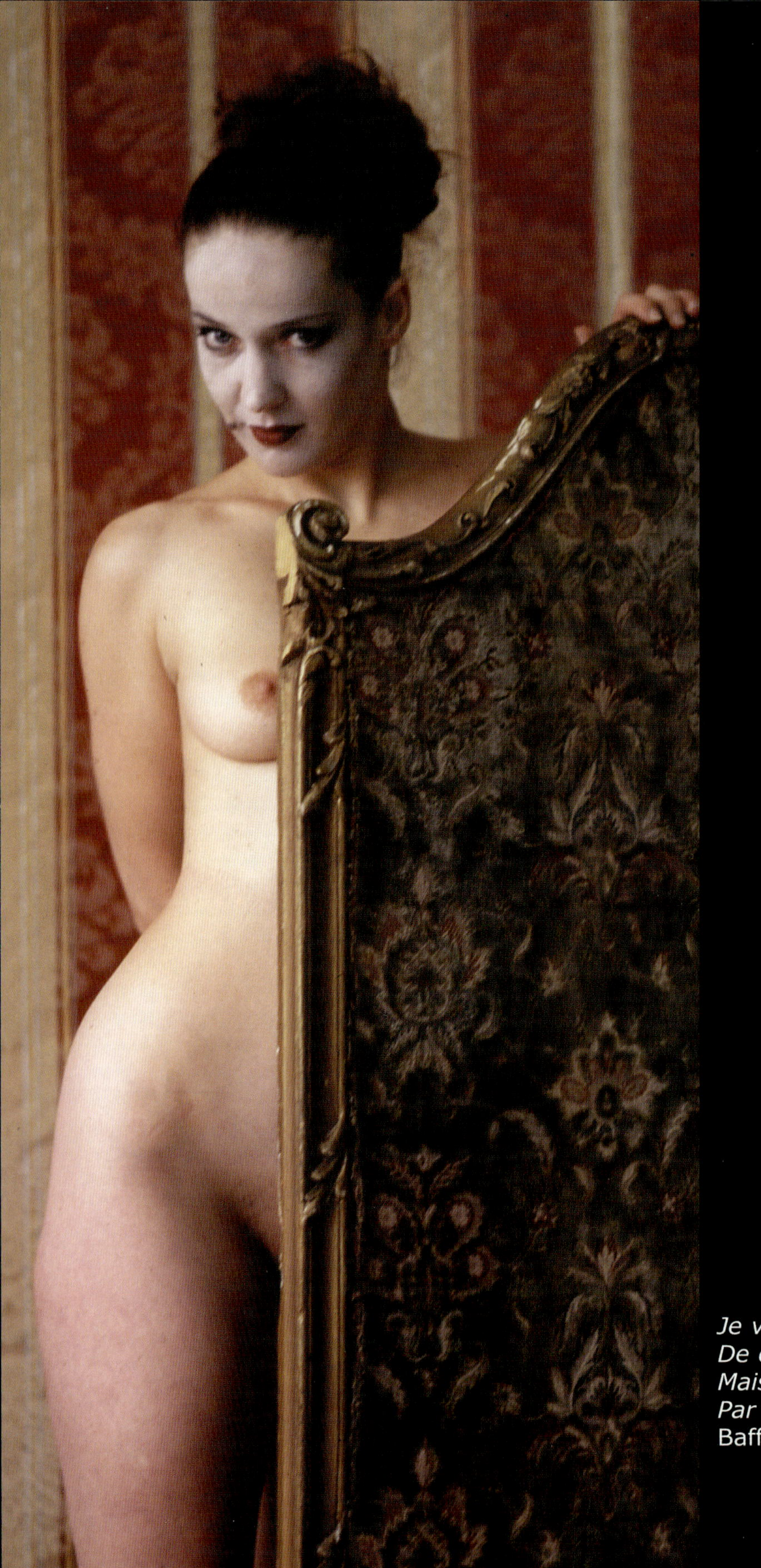

Je voudrais faire l'éloge d'une beauté,
De celles qu'on peut appeler du plus beau blond
Mais je ne sais par quel bout commencer,
Par le nez, par le corsage ou par les fesses.
Baffo

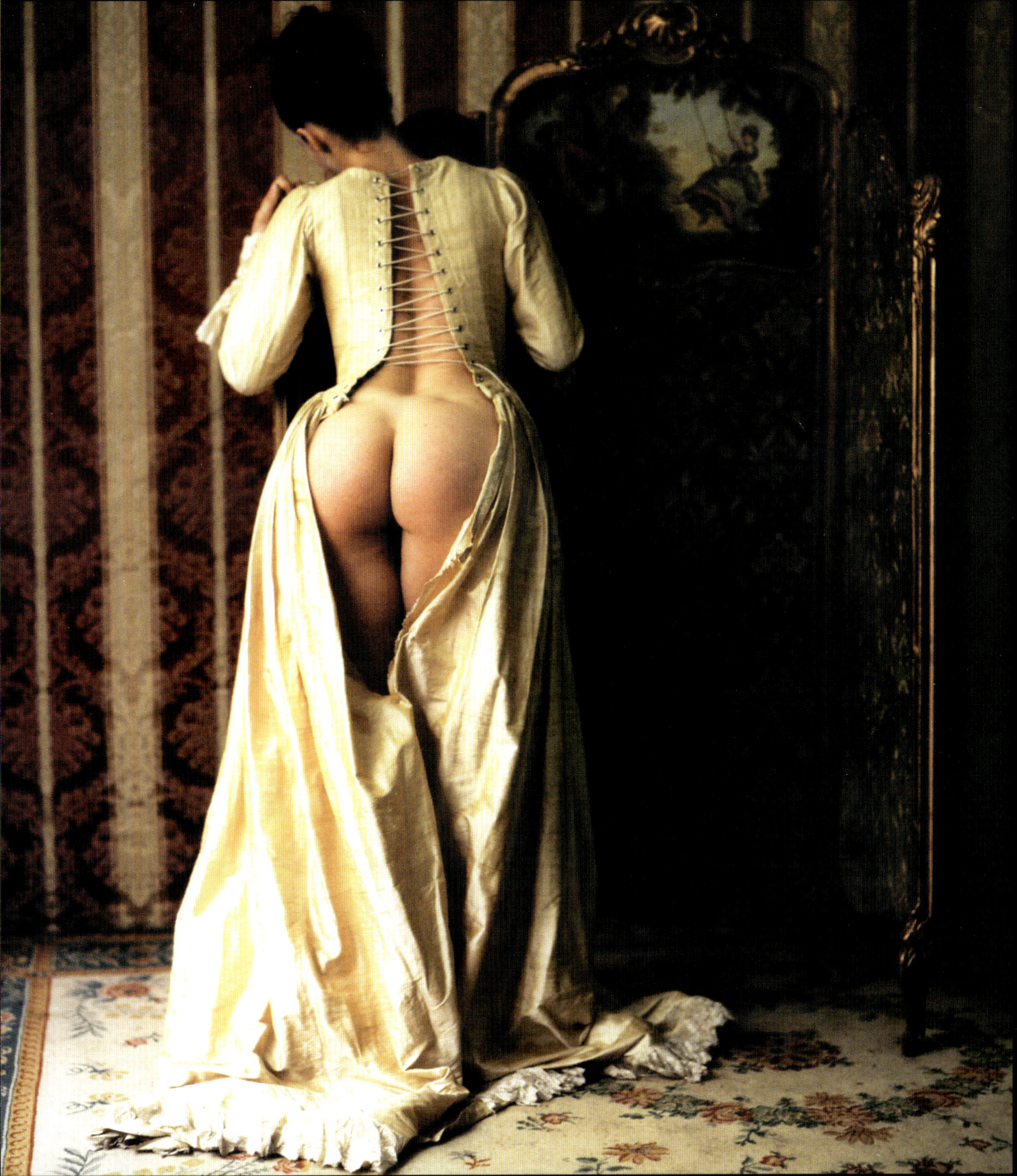

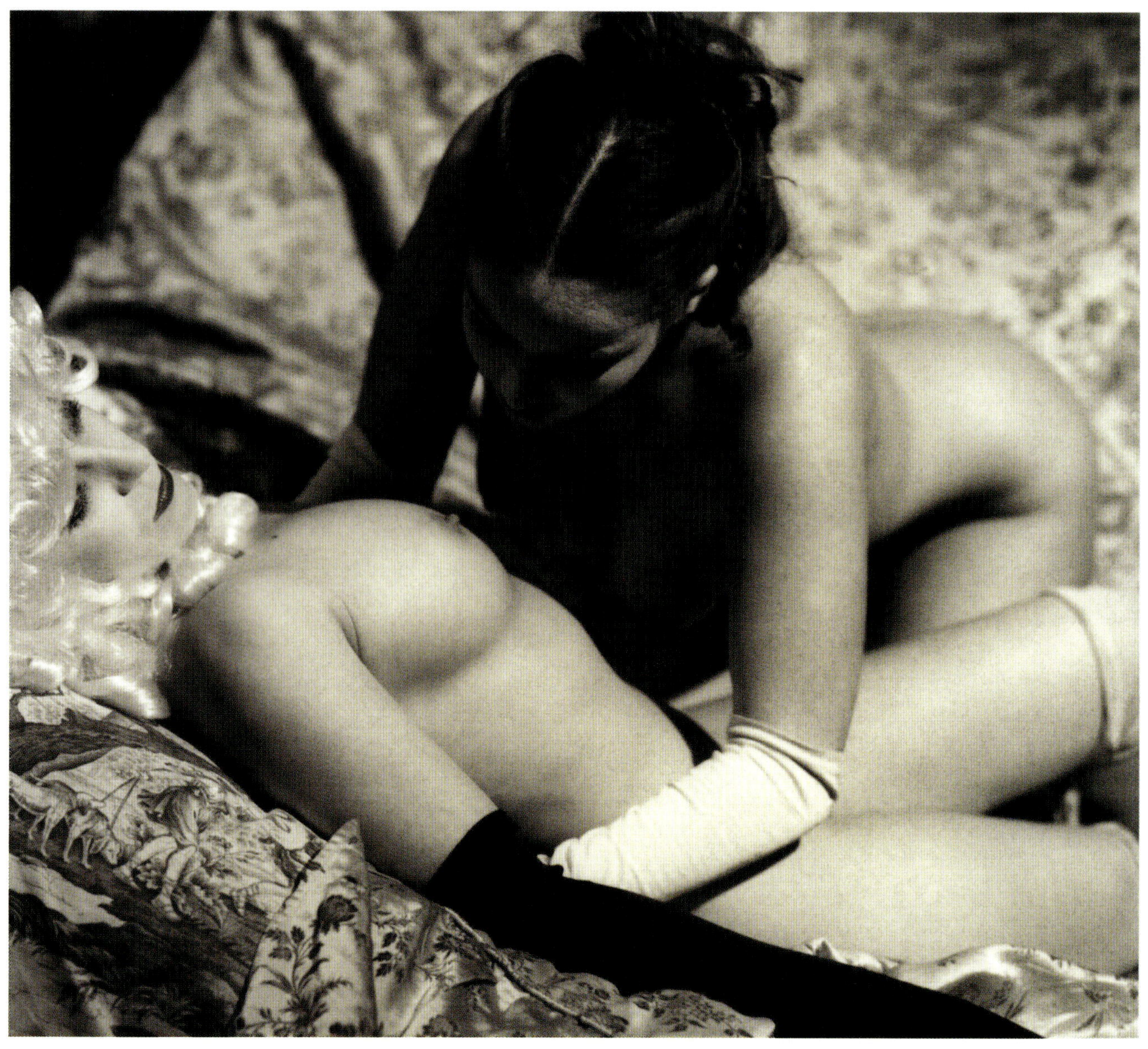

C'était pour observer de plus près la chose du monde la plus intéressante et que j'aime le mieux voir : deux jolies femmes se faisant des caresses.
Andrea de Nerciat, Les Aphrodites, *1793*

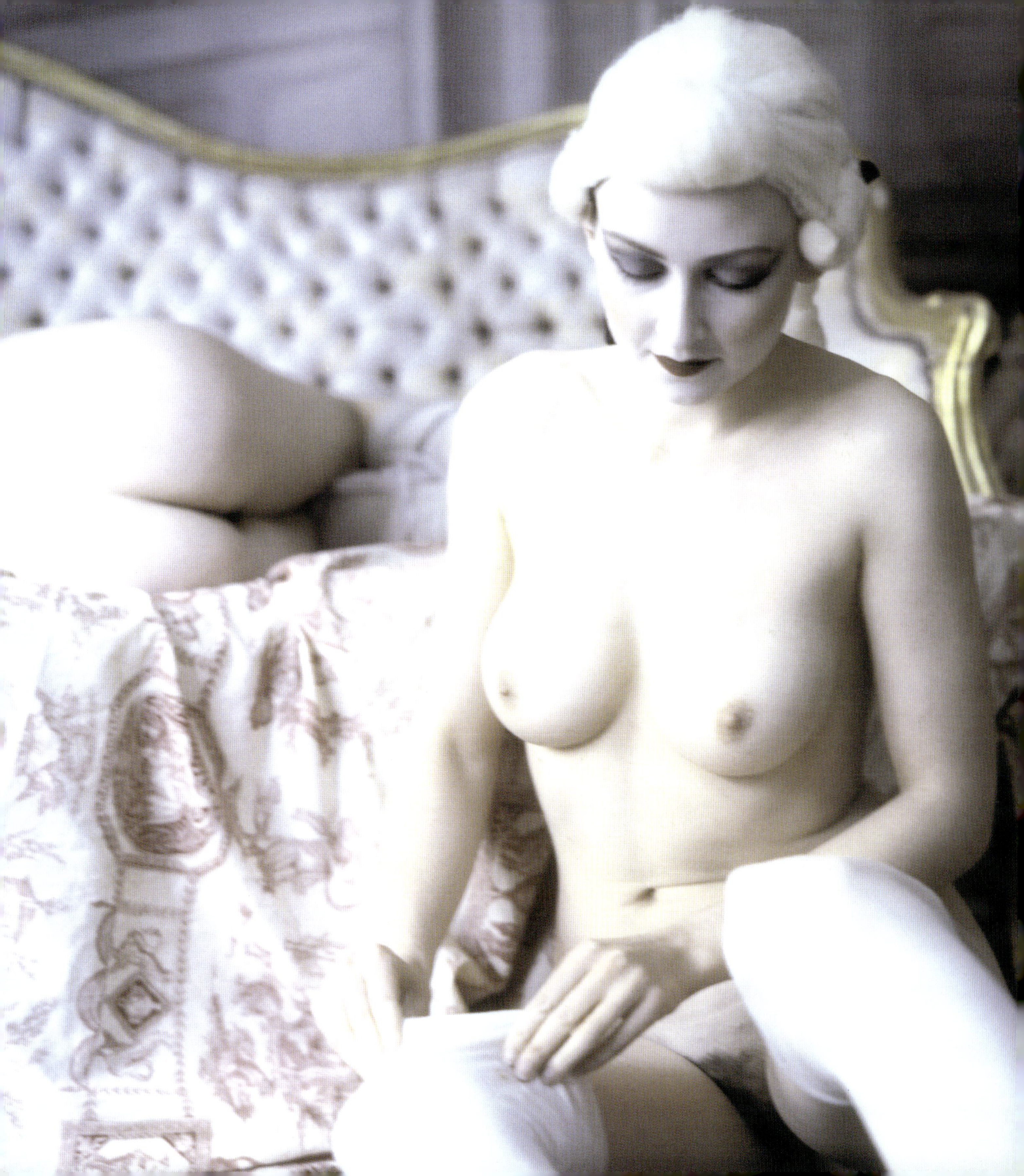

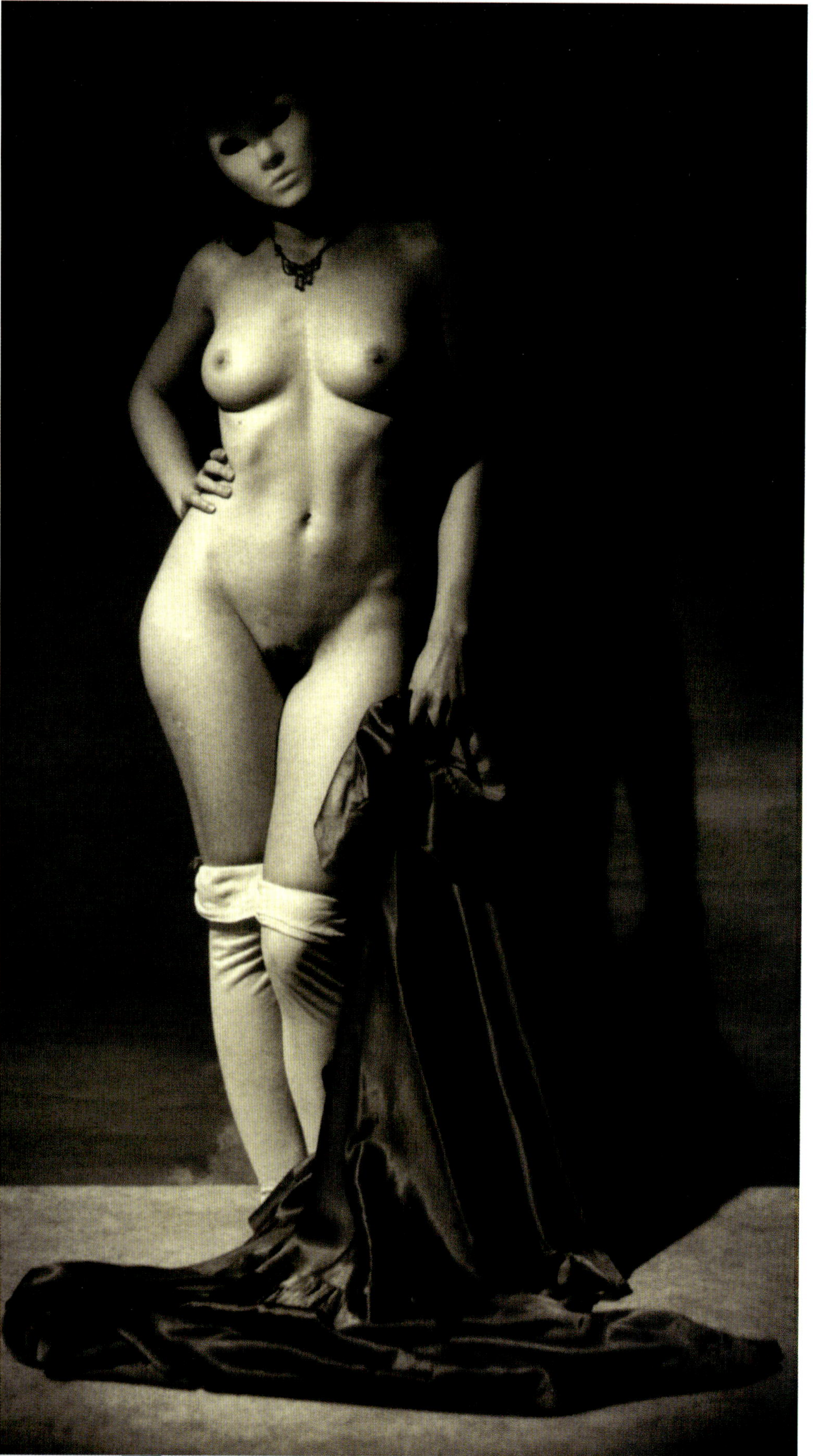

Avoir la jeunesse, la beauté, les grâces, tous les dons que peut répandre la nature, et jouir de toutes les voluptés imaginables, n'est-ce pas exister surhumainement.
Andrea de Nerciat, Les Aphrodites, 1793

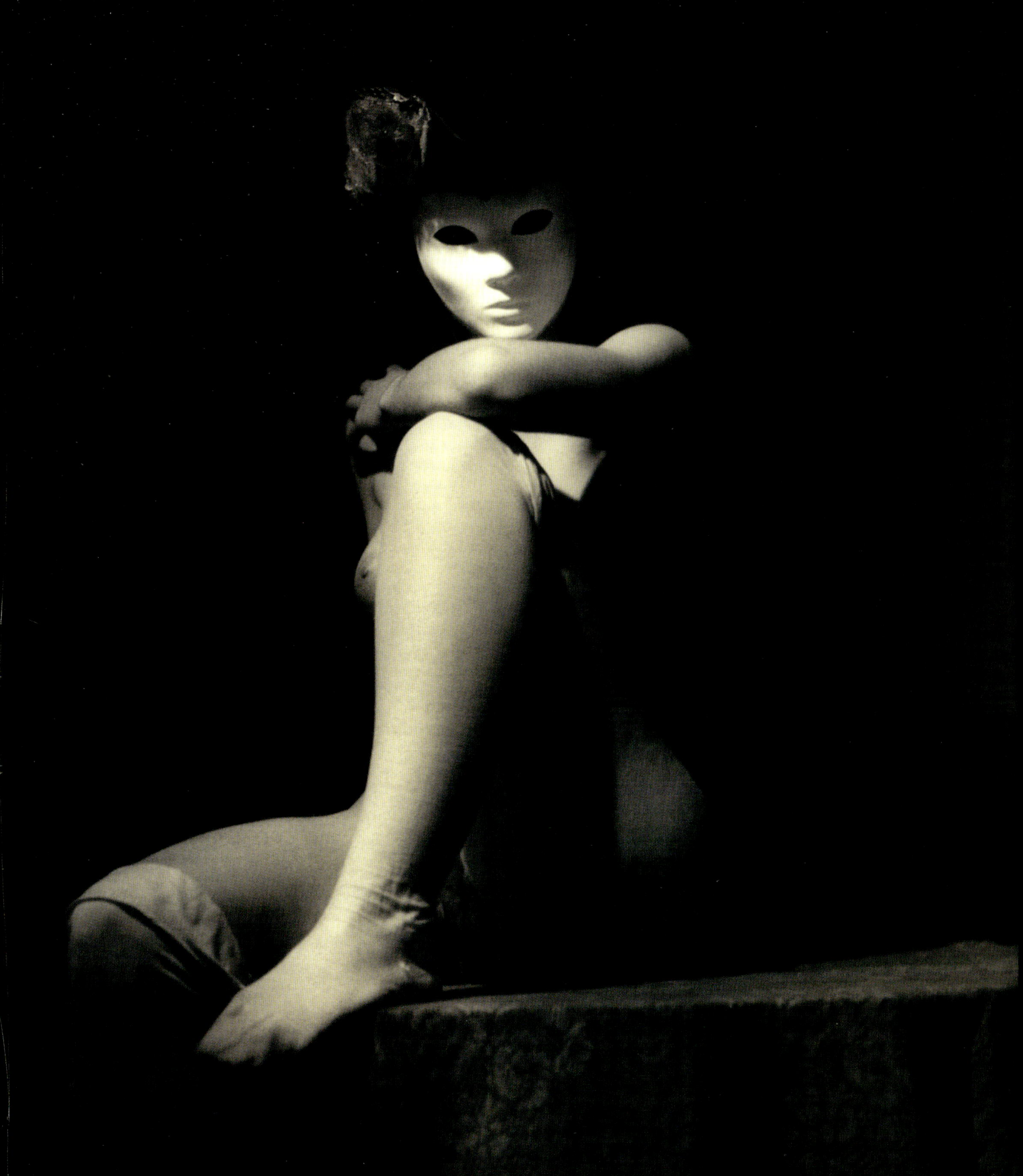

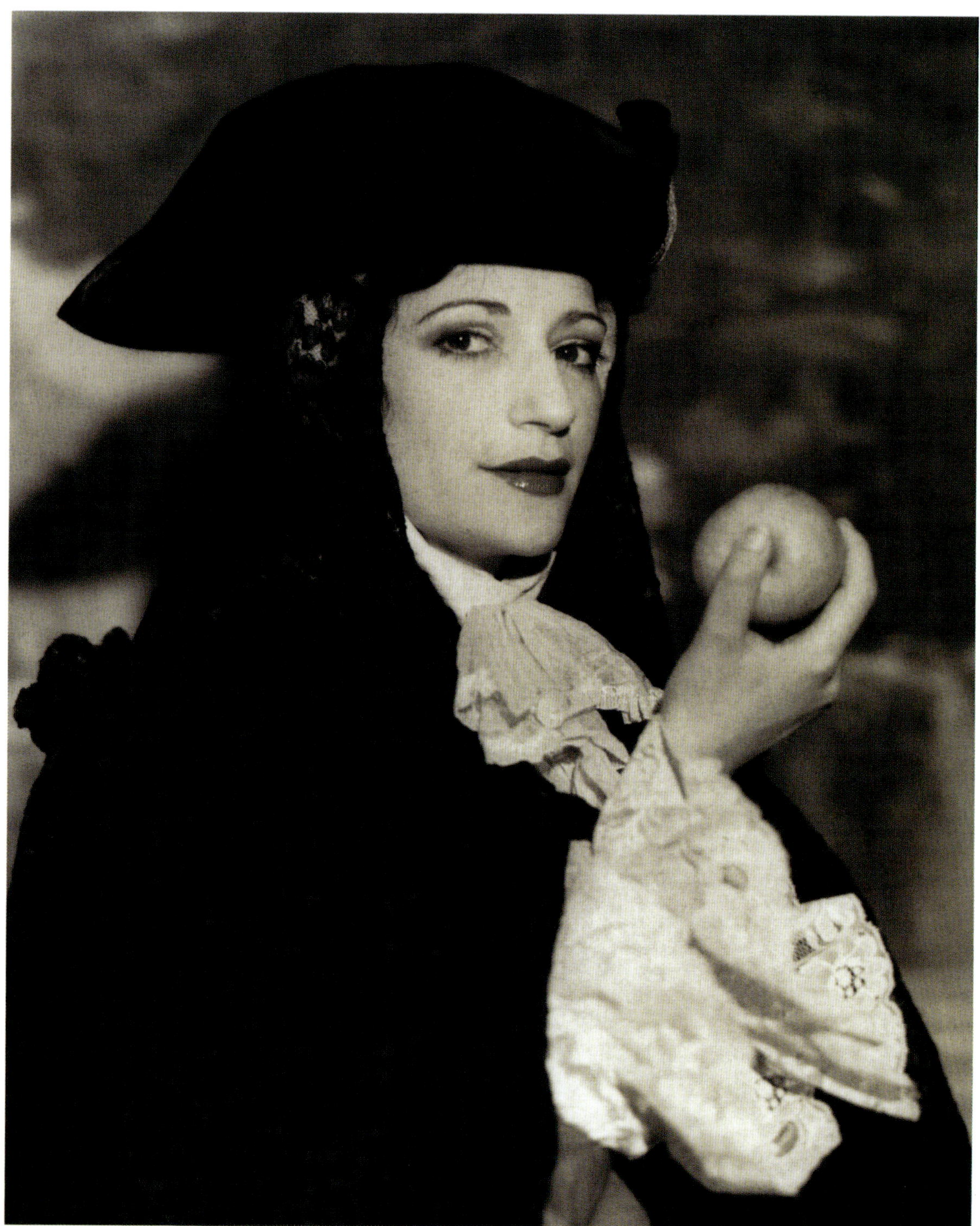

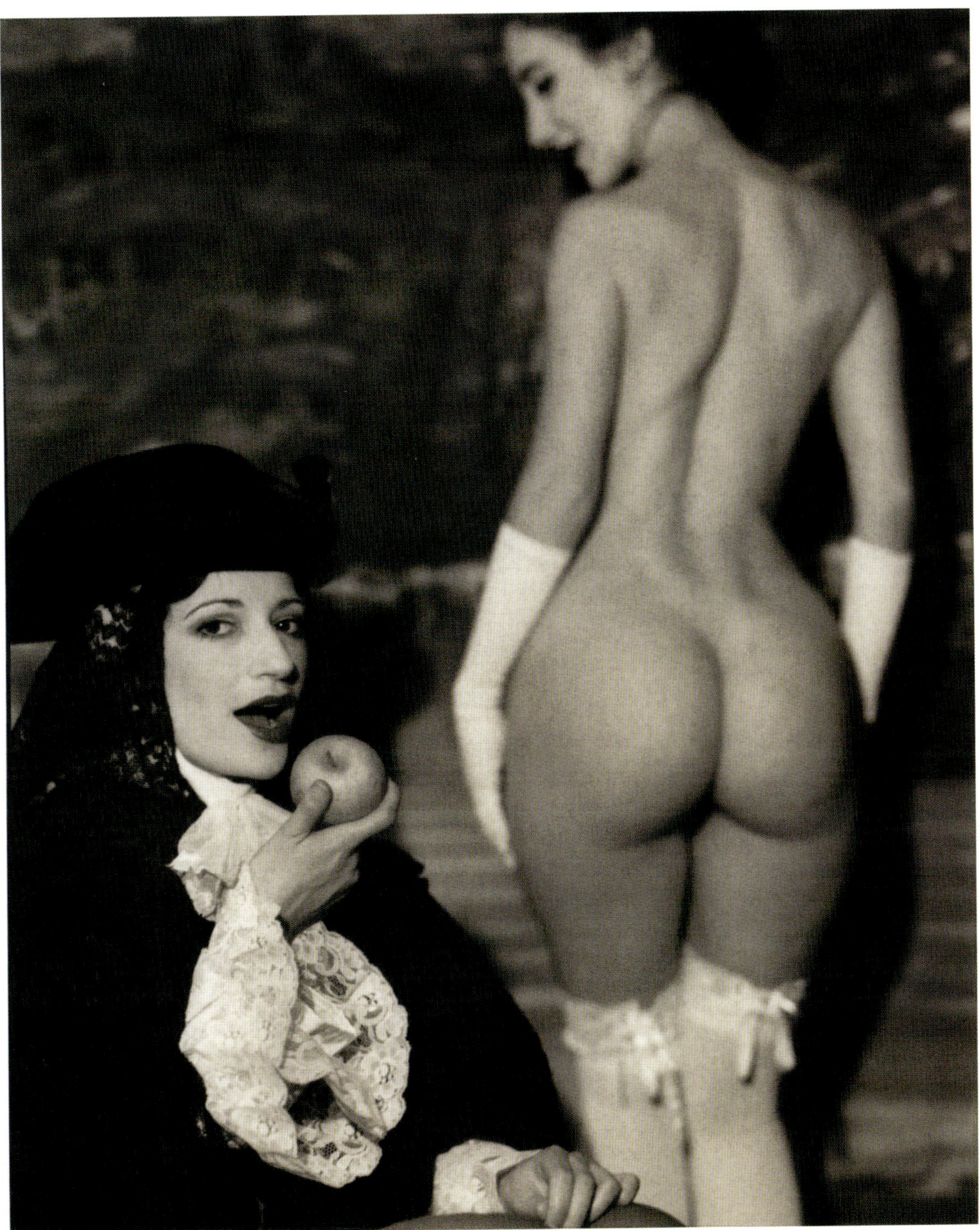

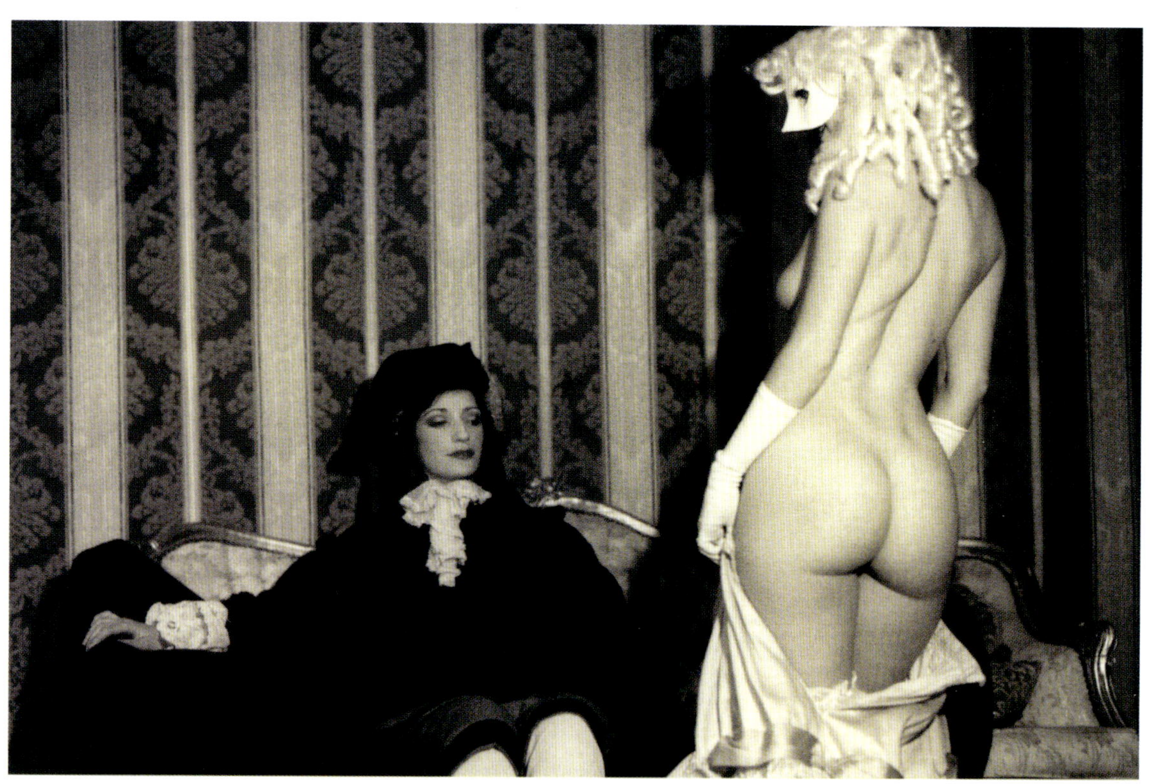

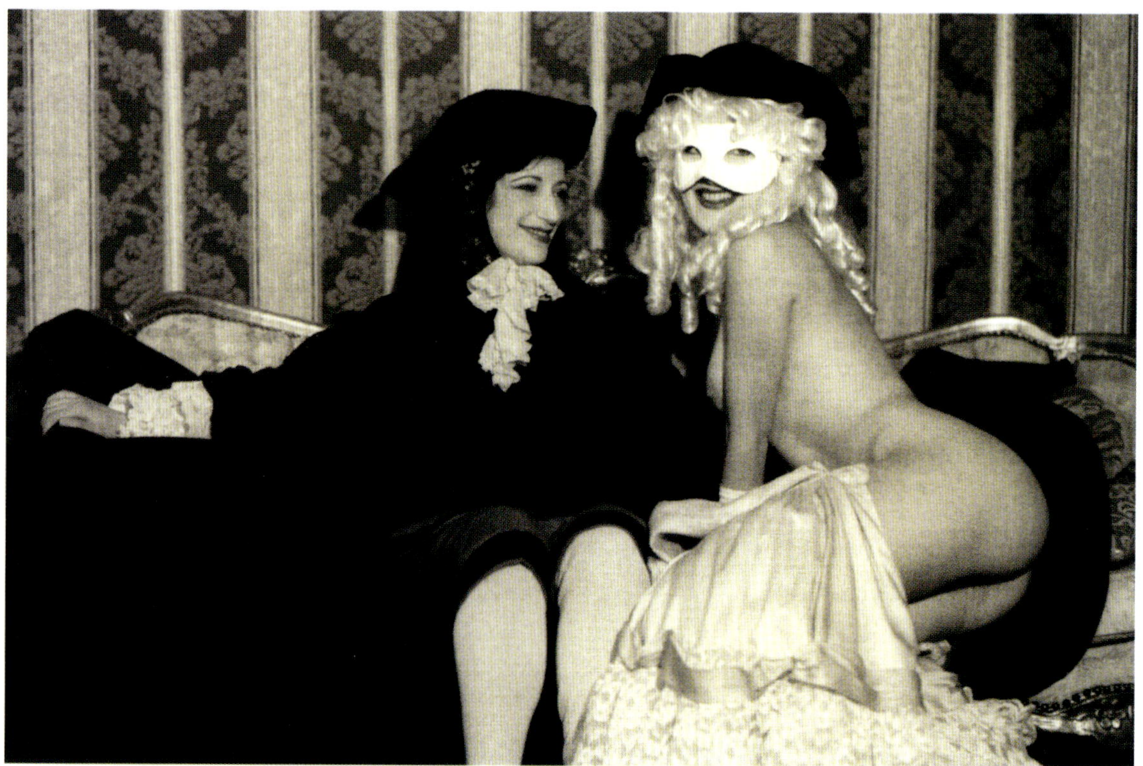

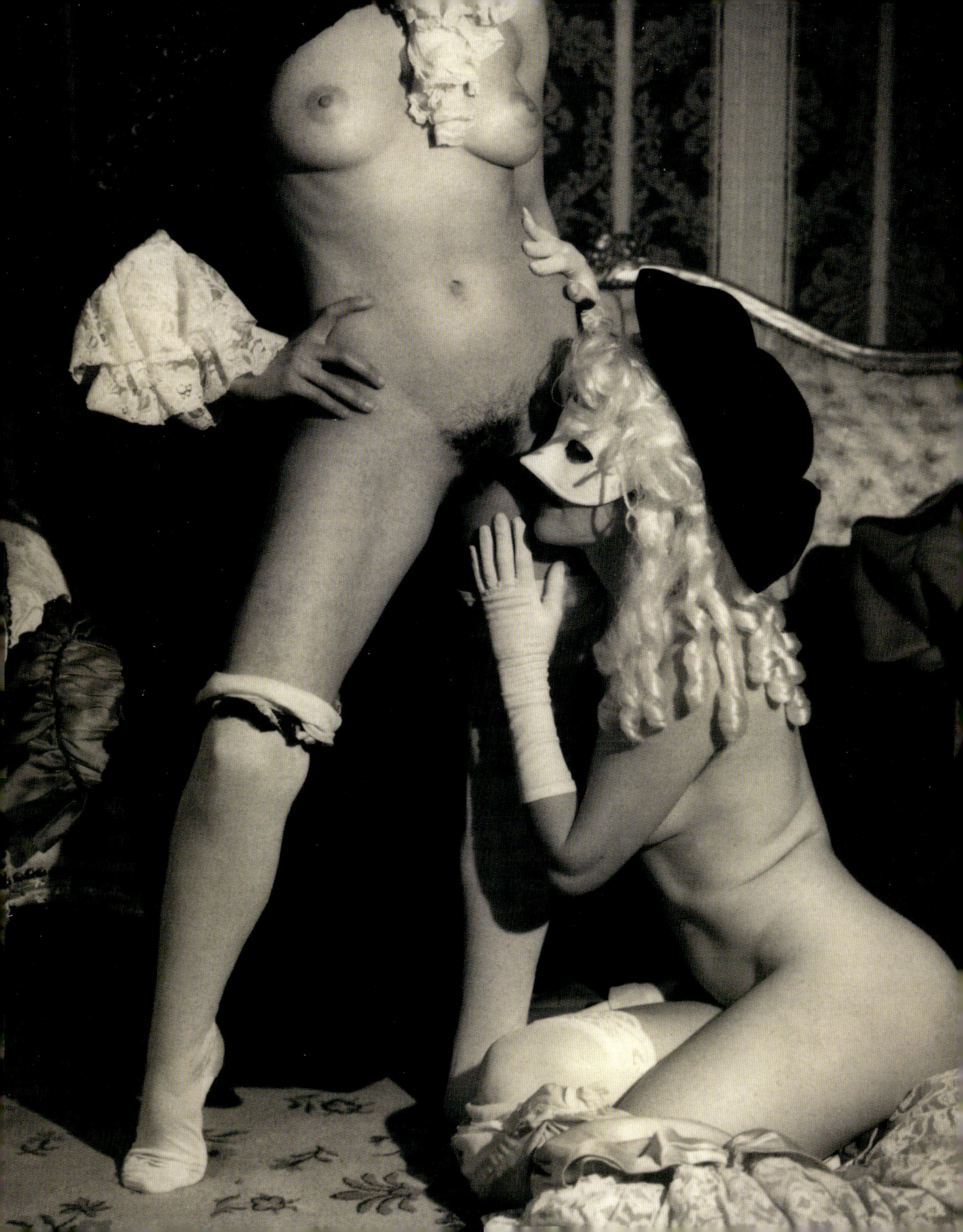

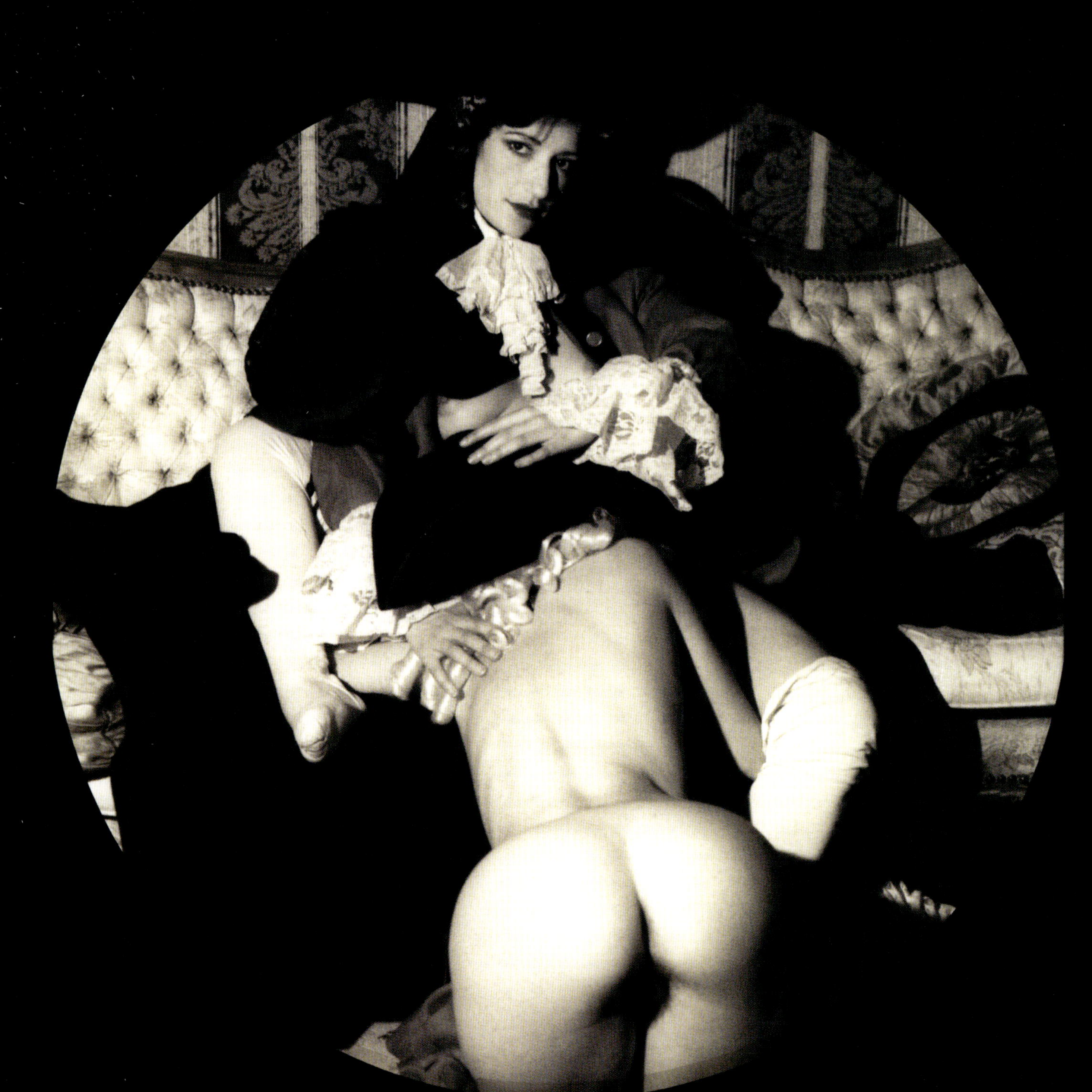

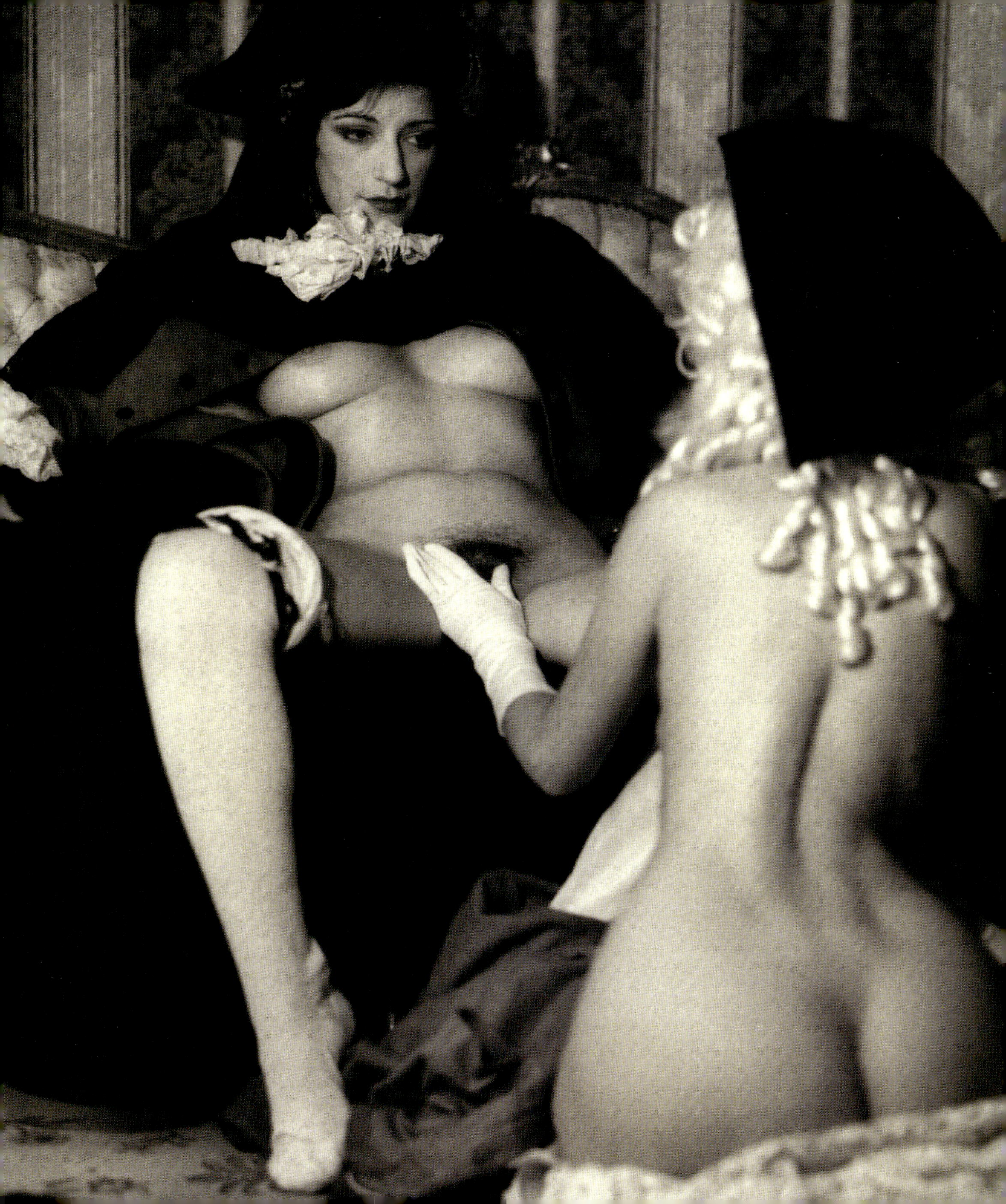

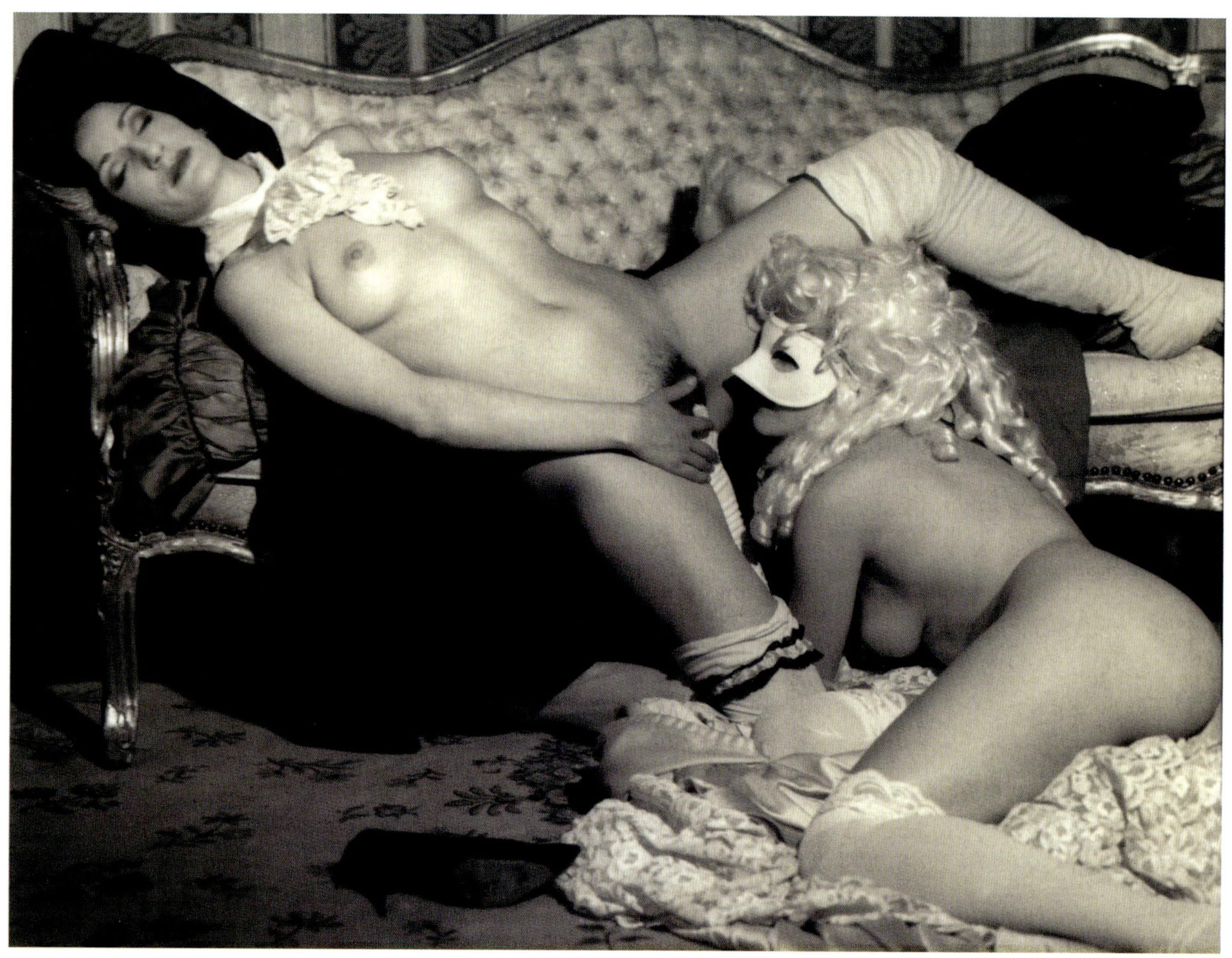

A mesure que Fringante s'empassionne, Célestine redouble d'amour. On entend celle-ci murmurer, dans son attitude si propre à étouffer la voix, de ces mots fous qui décèlent qu'en donnant du plaisir elle en goûte infiniment.
Andrea de Nerciat, *Les Aphrodites*, 1793

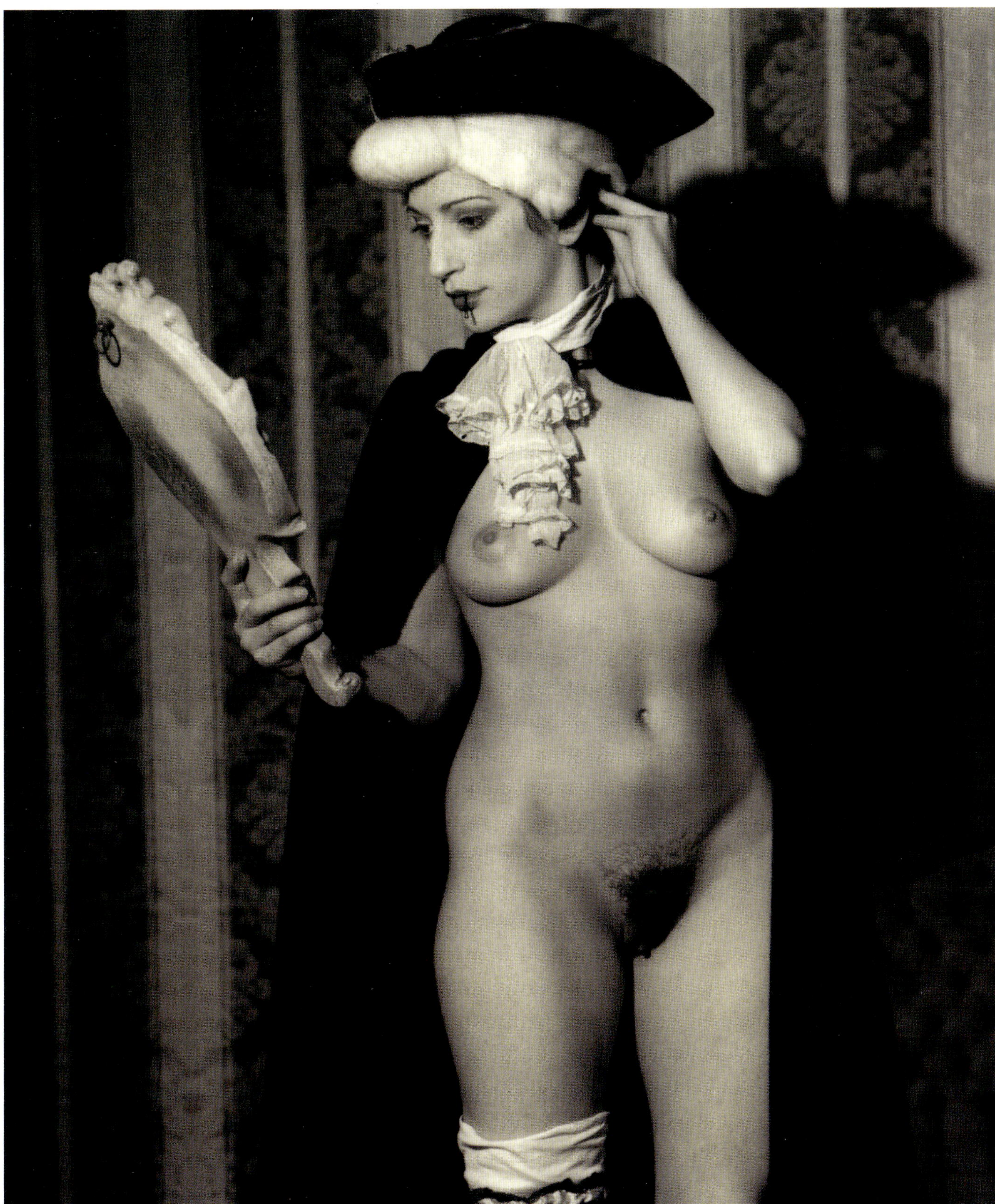

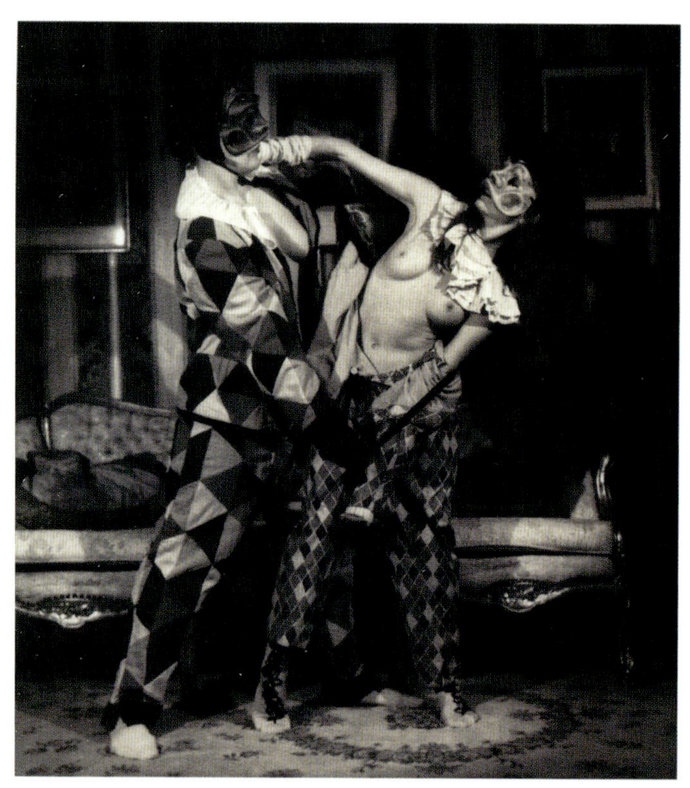
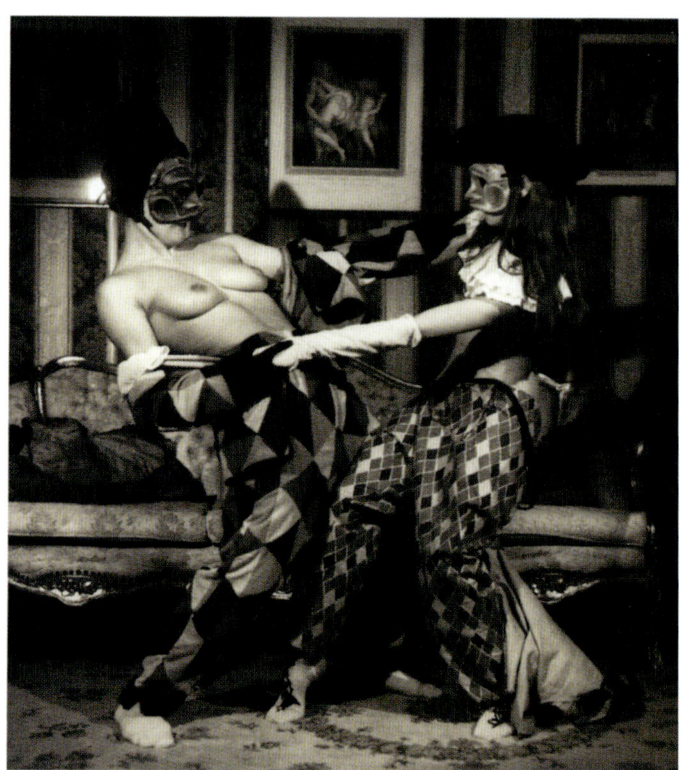
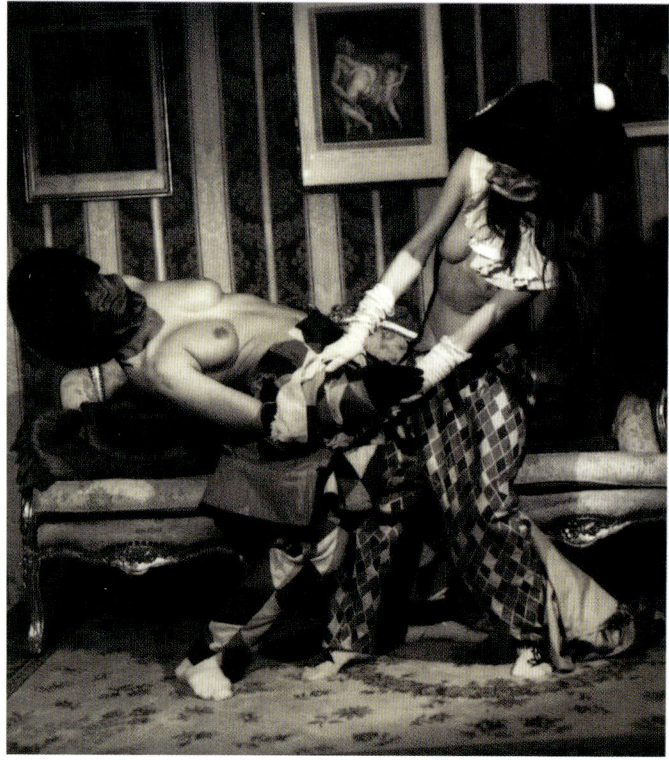
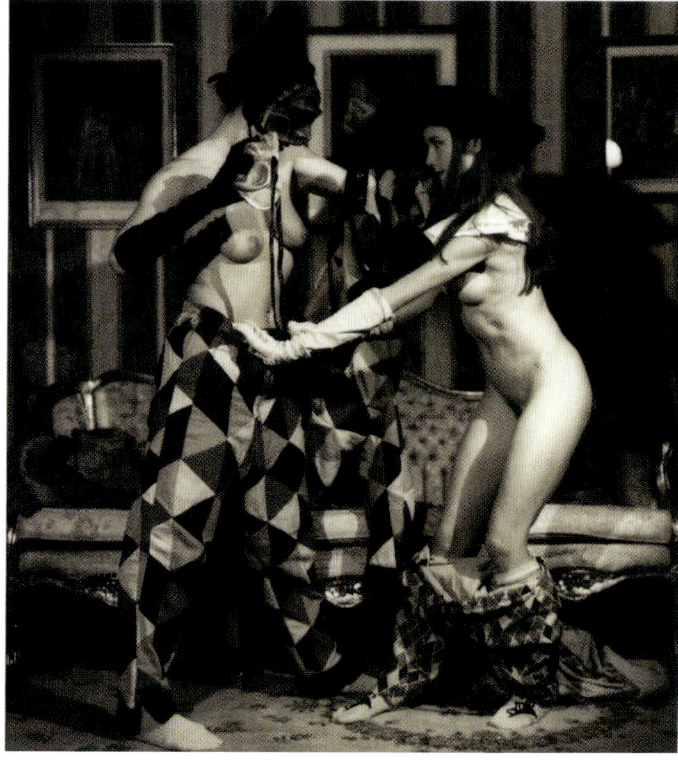

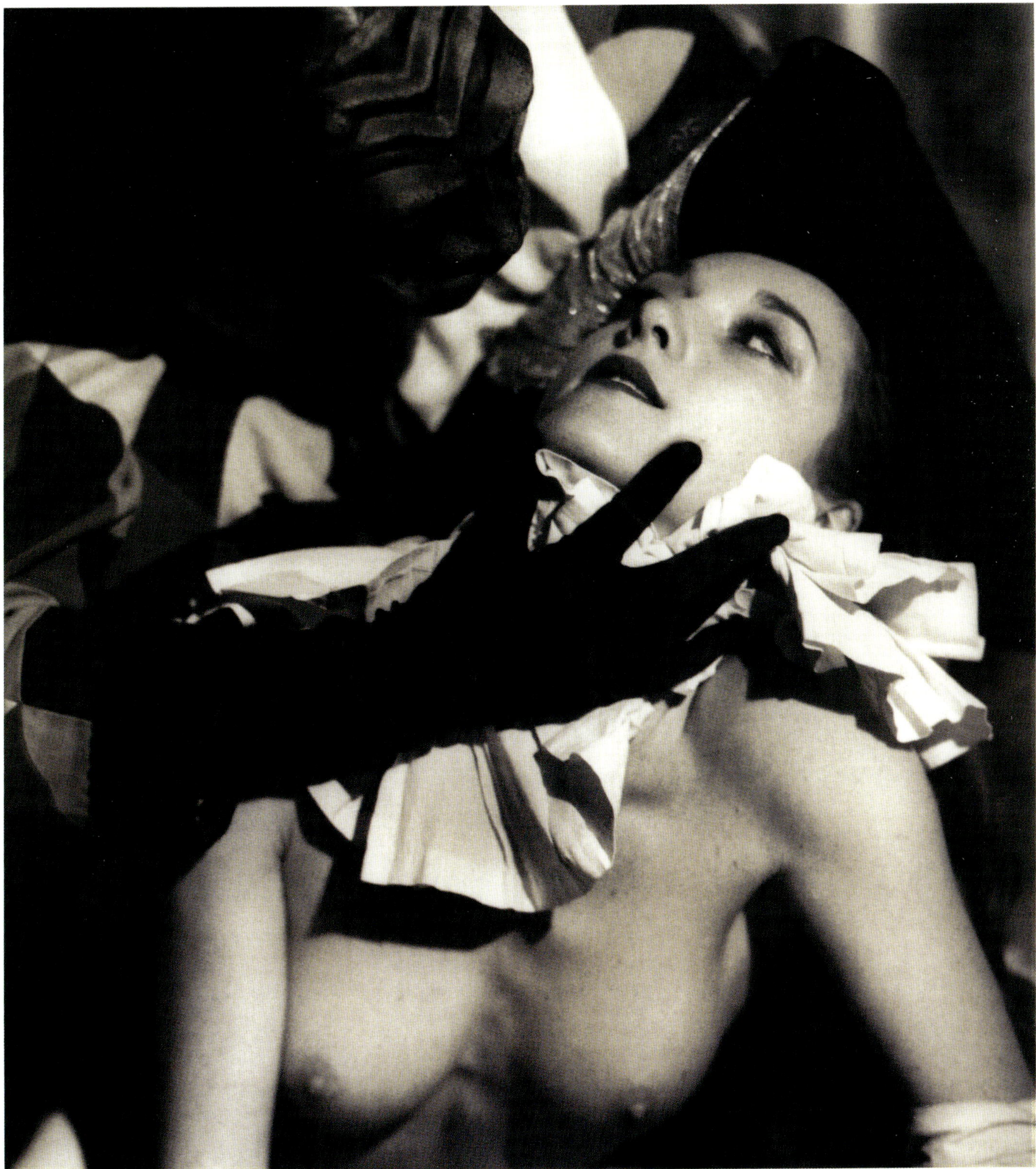

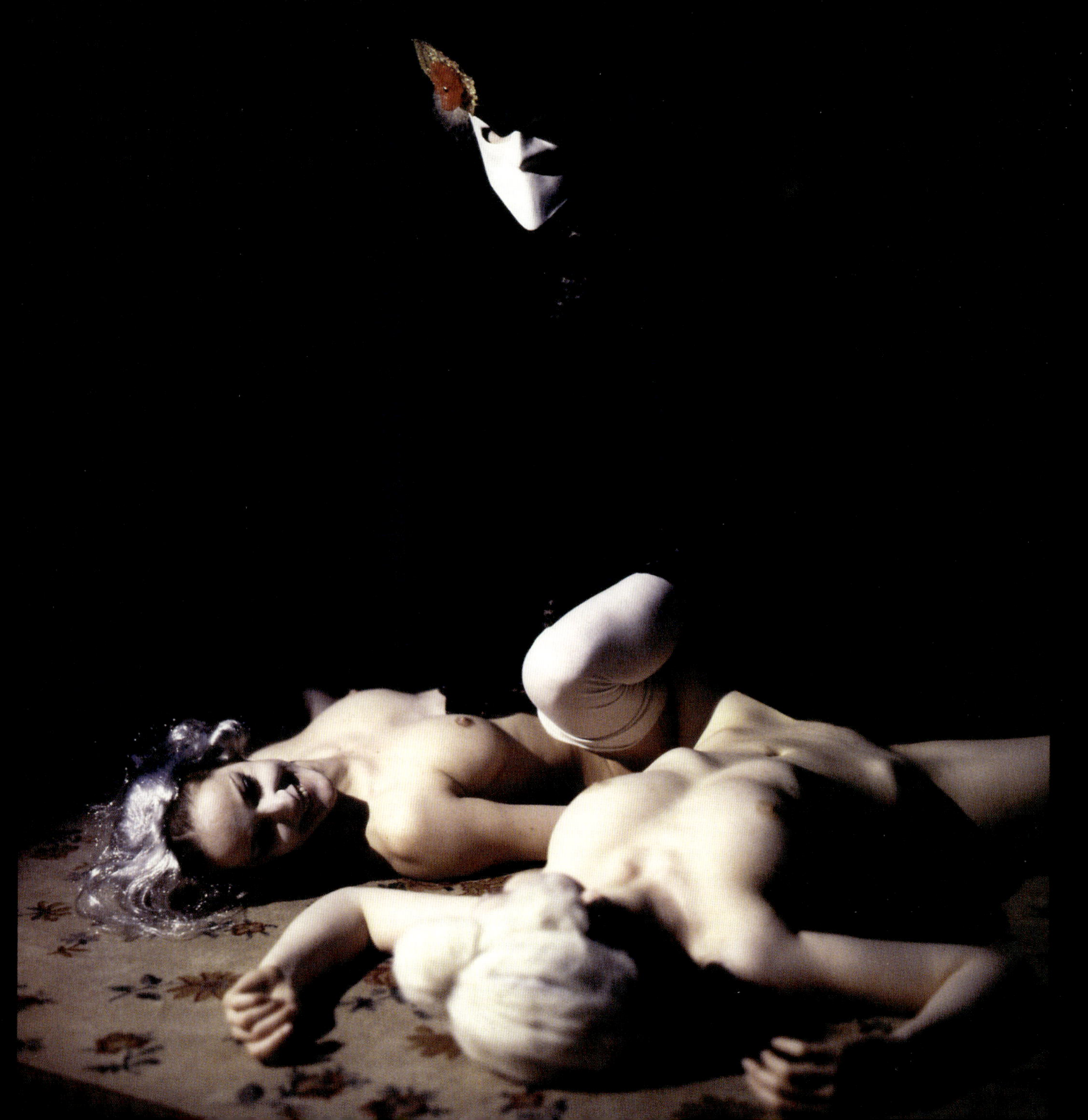

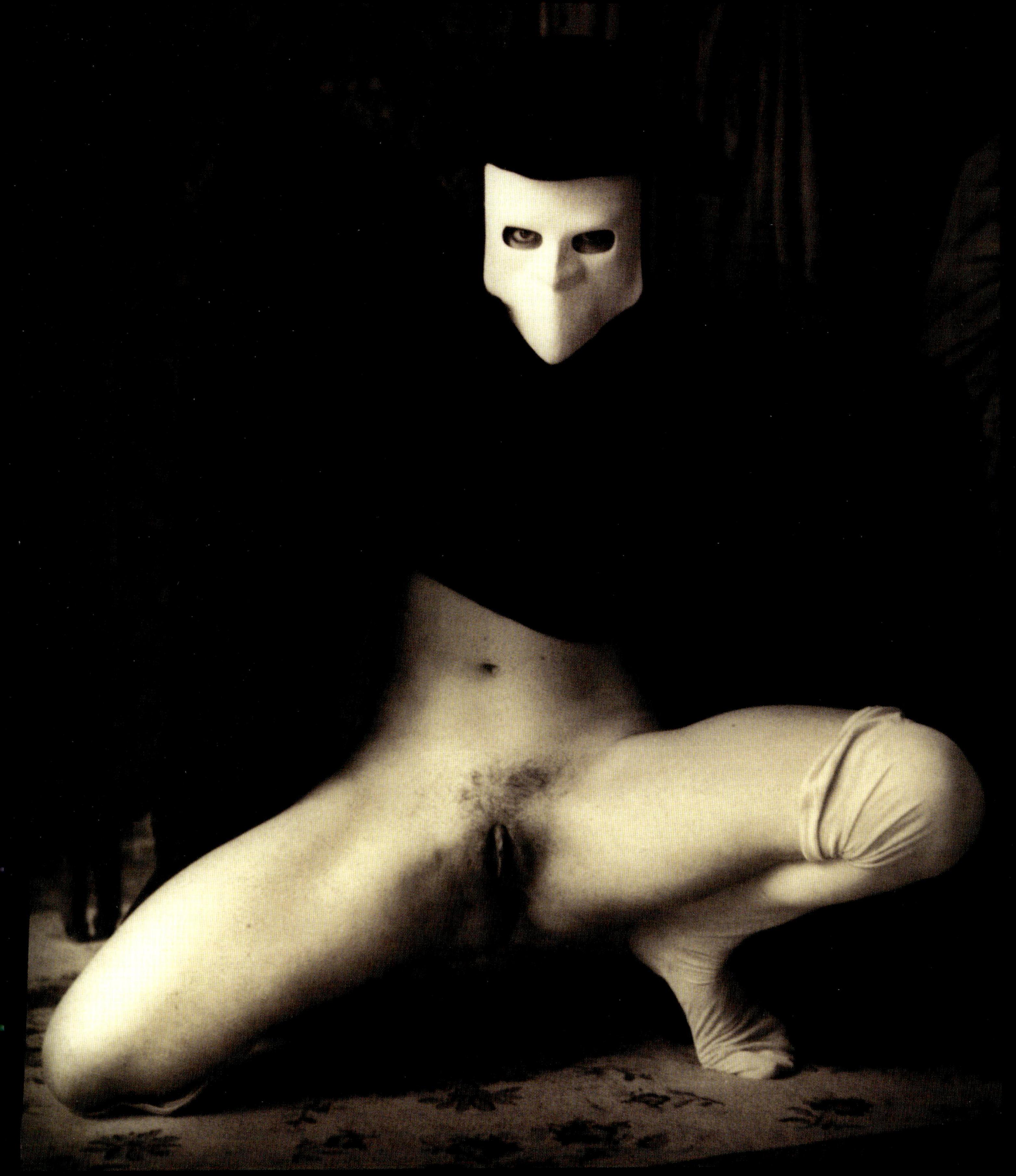

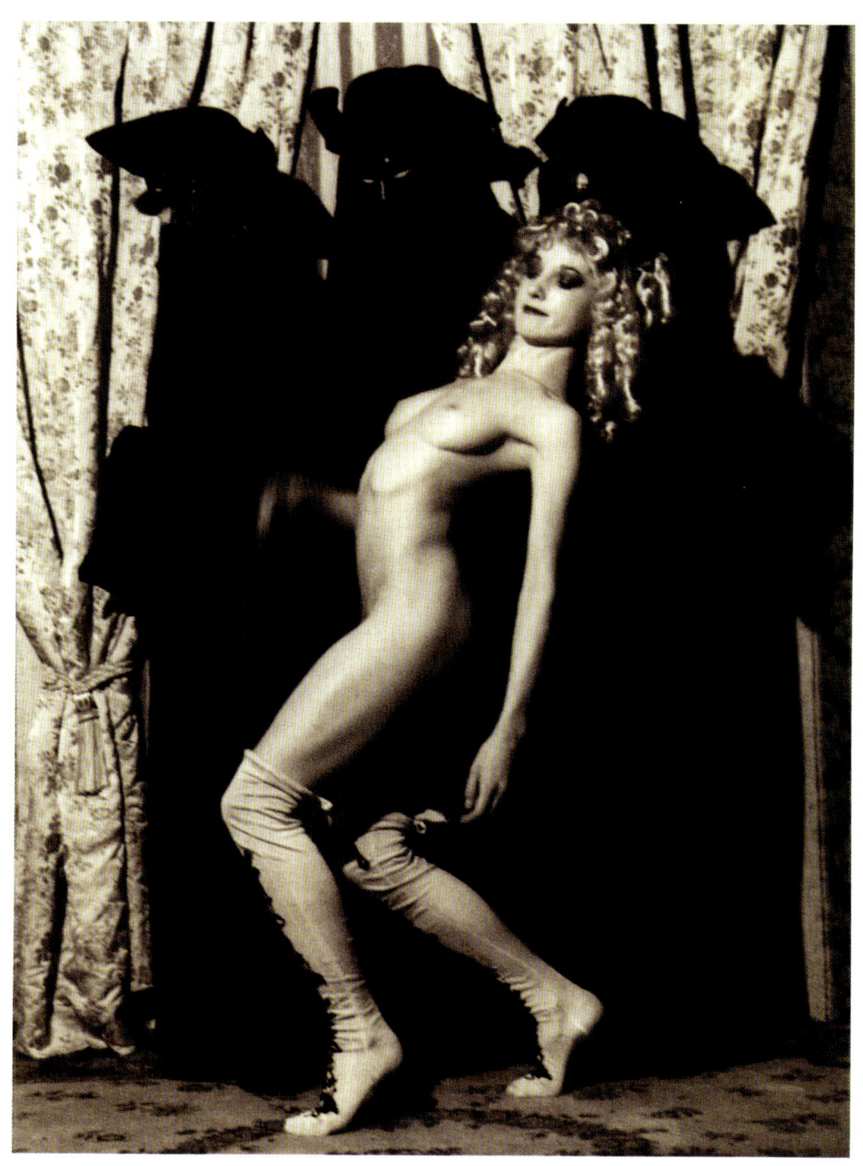

Comment donc devront faire les Patriciennes
Pour pouvoir se faire respecter de chacun,
Et distinguer de tant de gourgandines ?
Je suis là, moi, pour le leur enseigner :
Qu'elles aillent toutes nues et, leurs nobles moniches,
Que par honneur elles les fassent dorer au feu.
Baffo

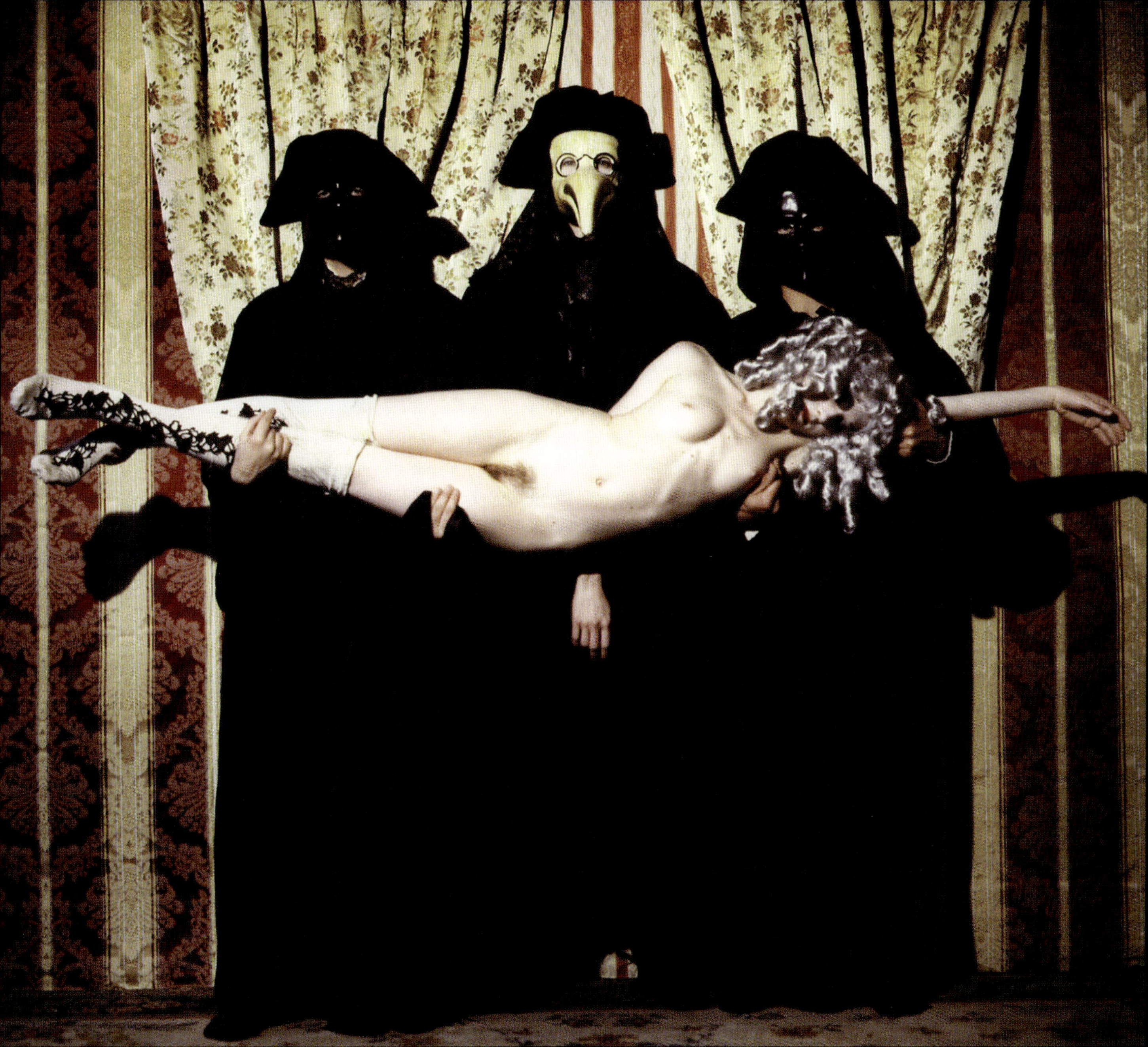

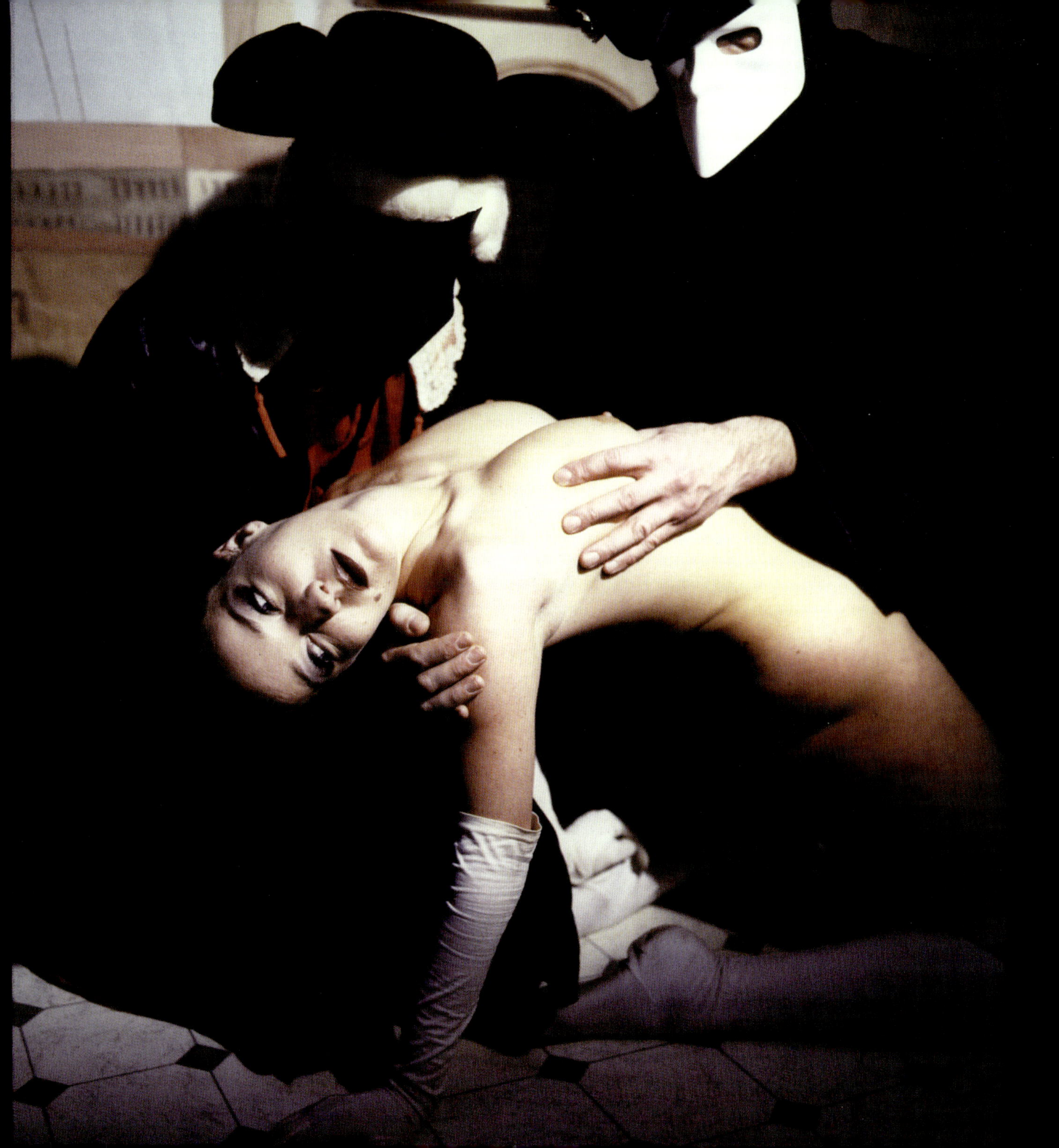

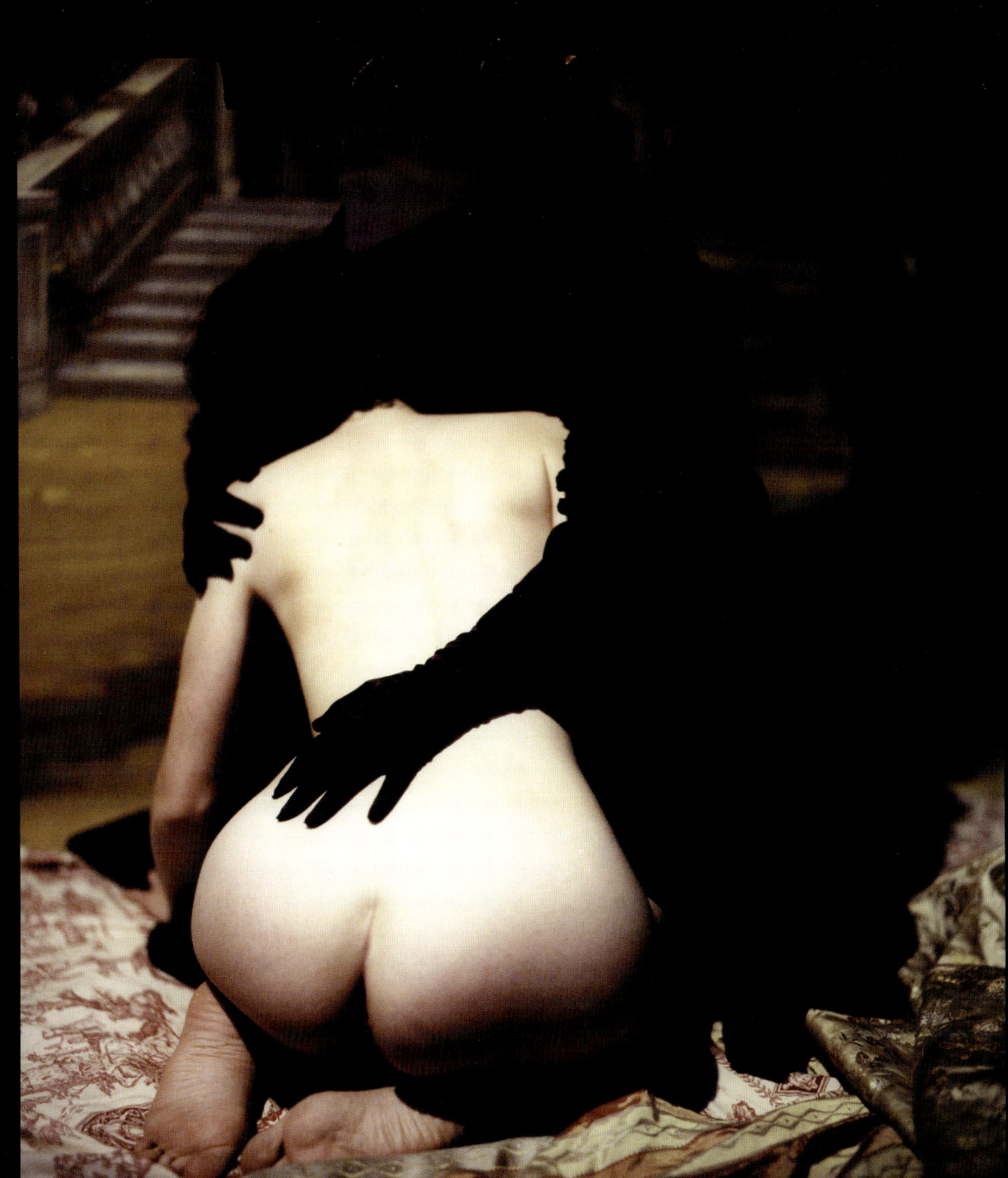

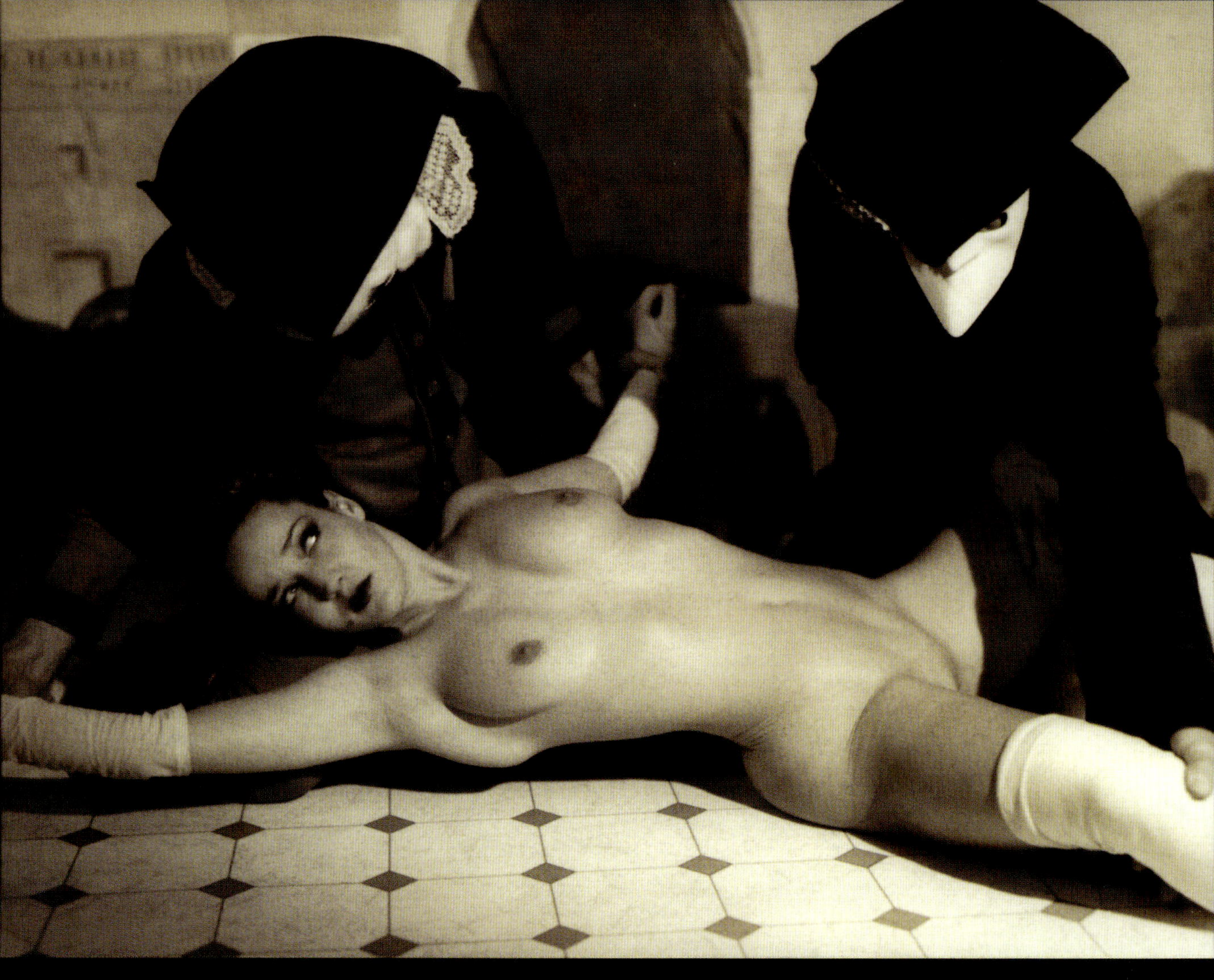

Ce qui pourrait arriver de plus dans cette foule,

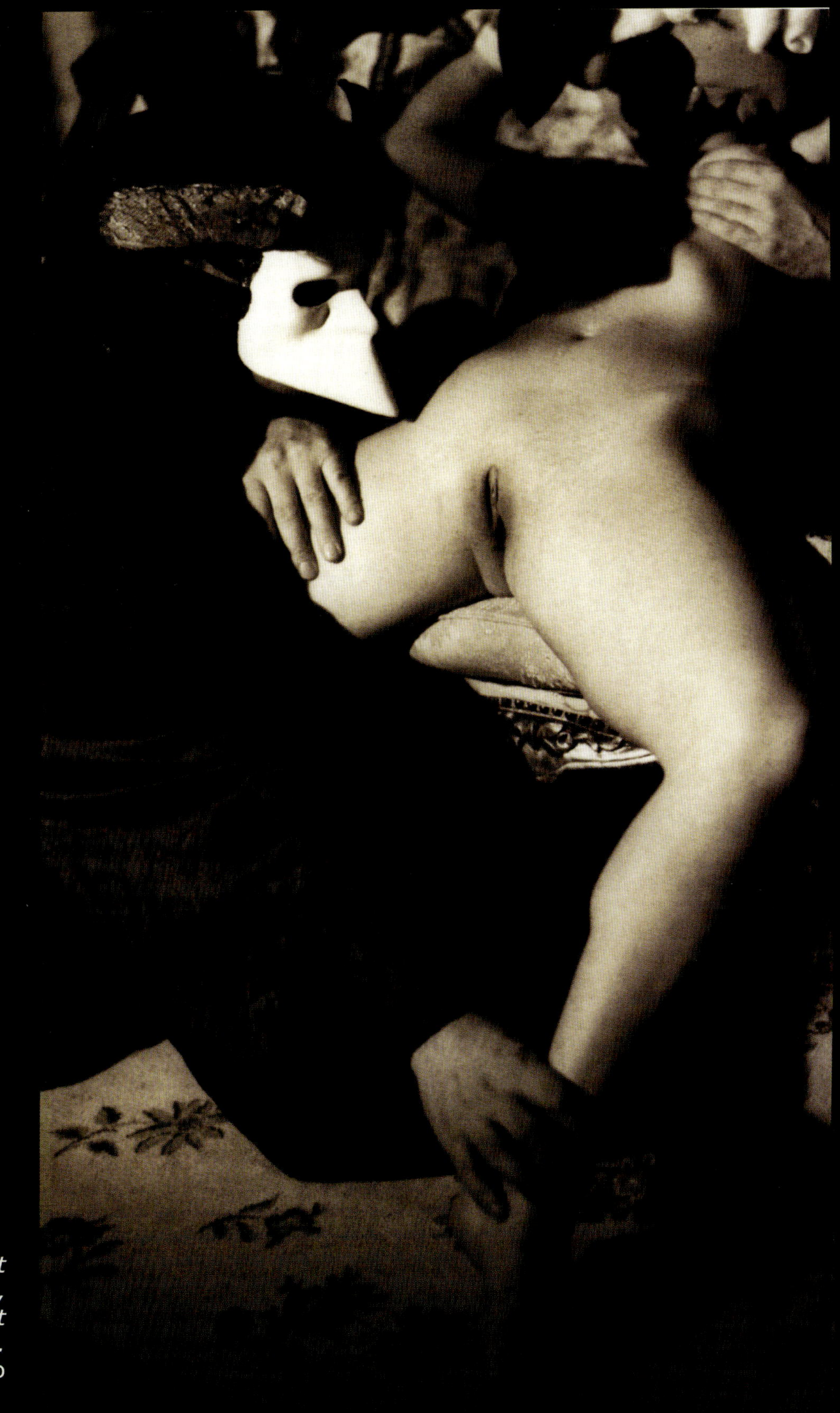

*Entre les jambes elle avait
Une belle et gracieuse moniche,
Qui à la regarder me semblait
Dessinée avec un pinceau.*
Baffo

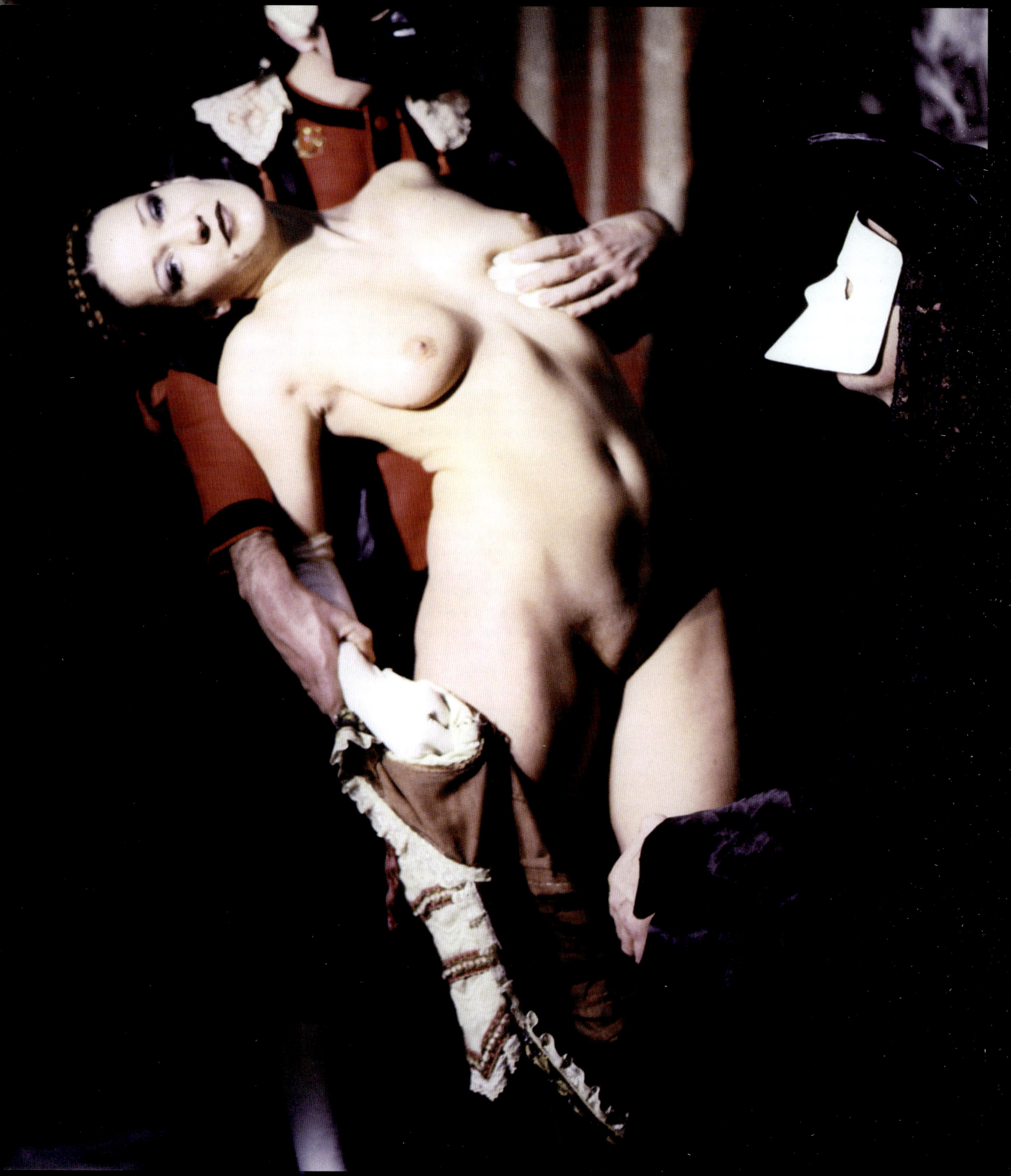

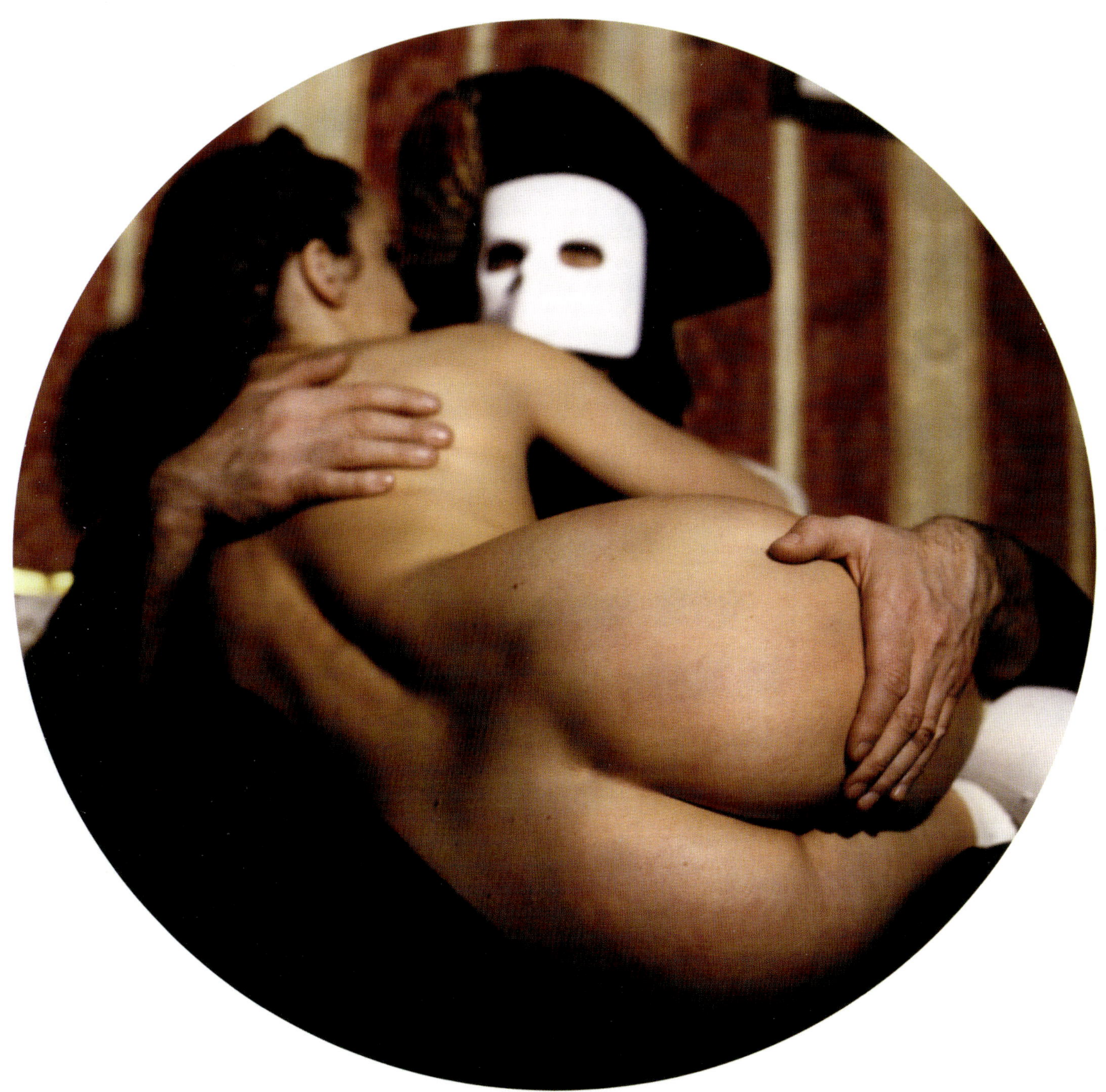

Je m'oubliai comme elle, nous nous égarâmes ensemble, ce que je sais, c'est que nous tombâmes dans une espèce de précipice où elle aidait à m'ensevelir, et dans lequel je serais encore, si, au contraire de ce qui arrive ordinairement, il ne fallait pas être extrêmement fort pour y demeurer longtemps.
Godard d'Aucour, *Thémidore*

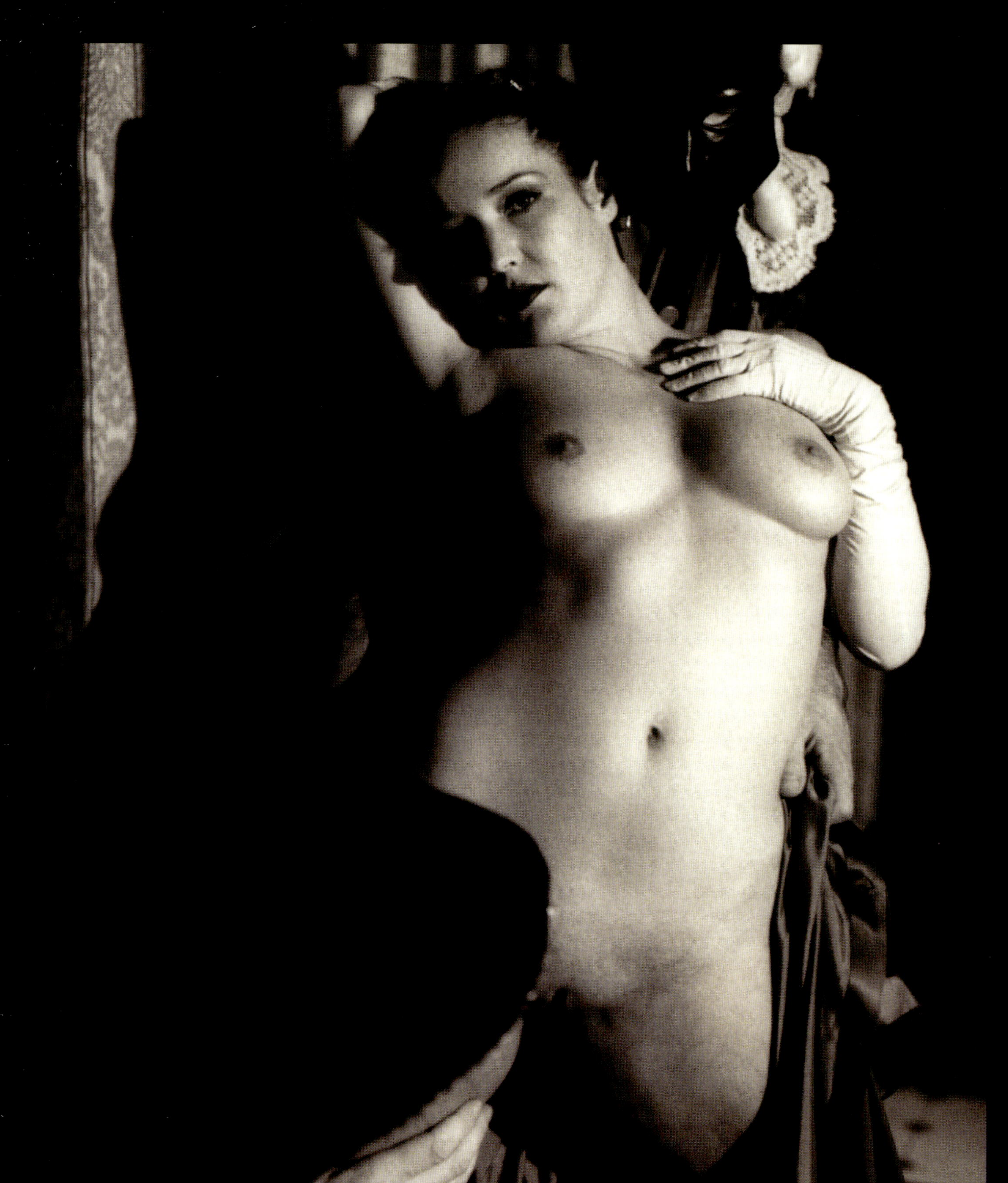

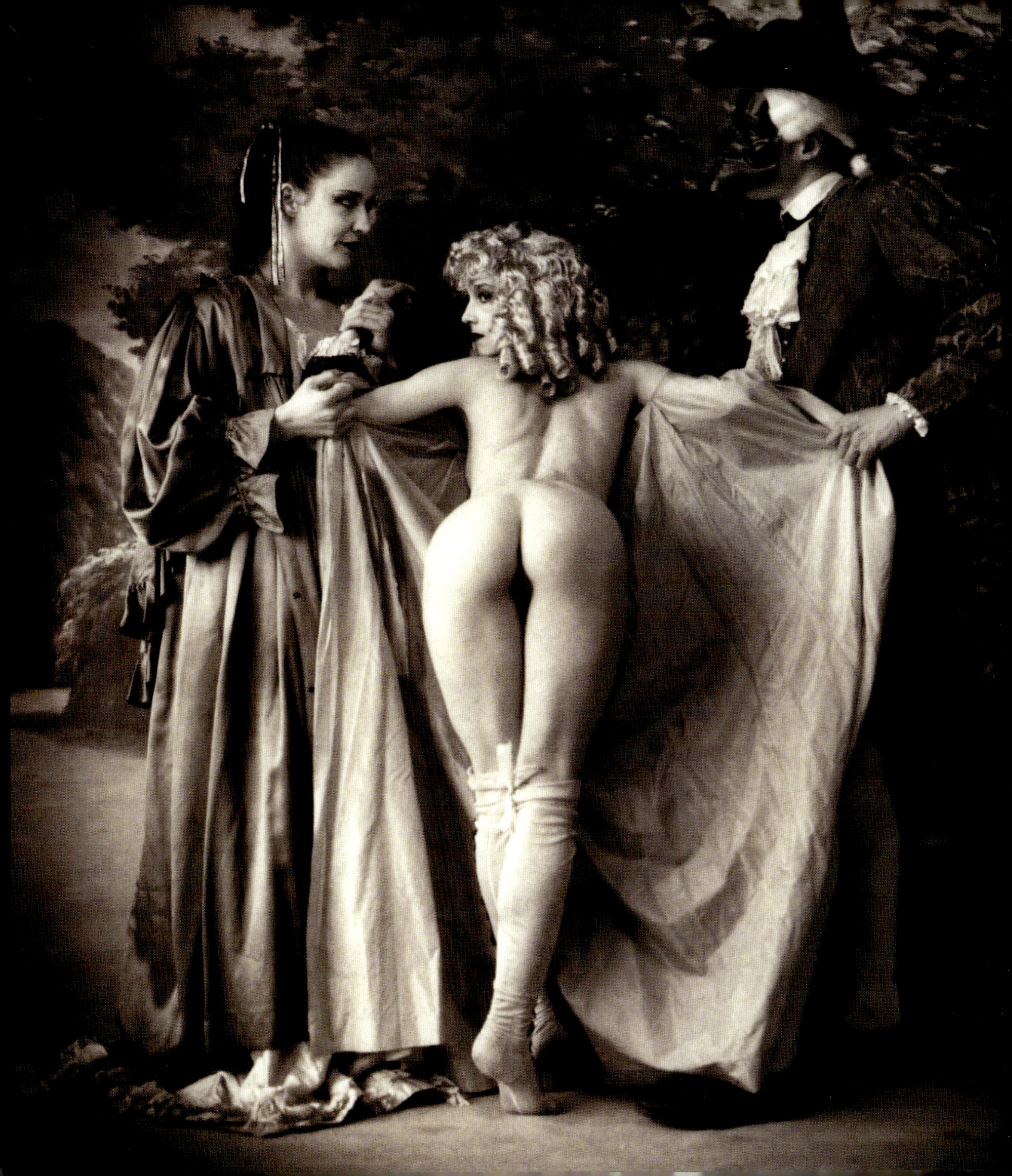

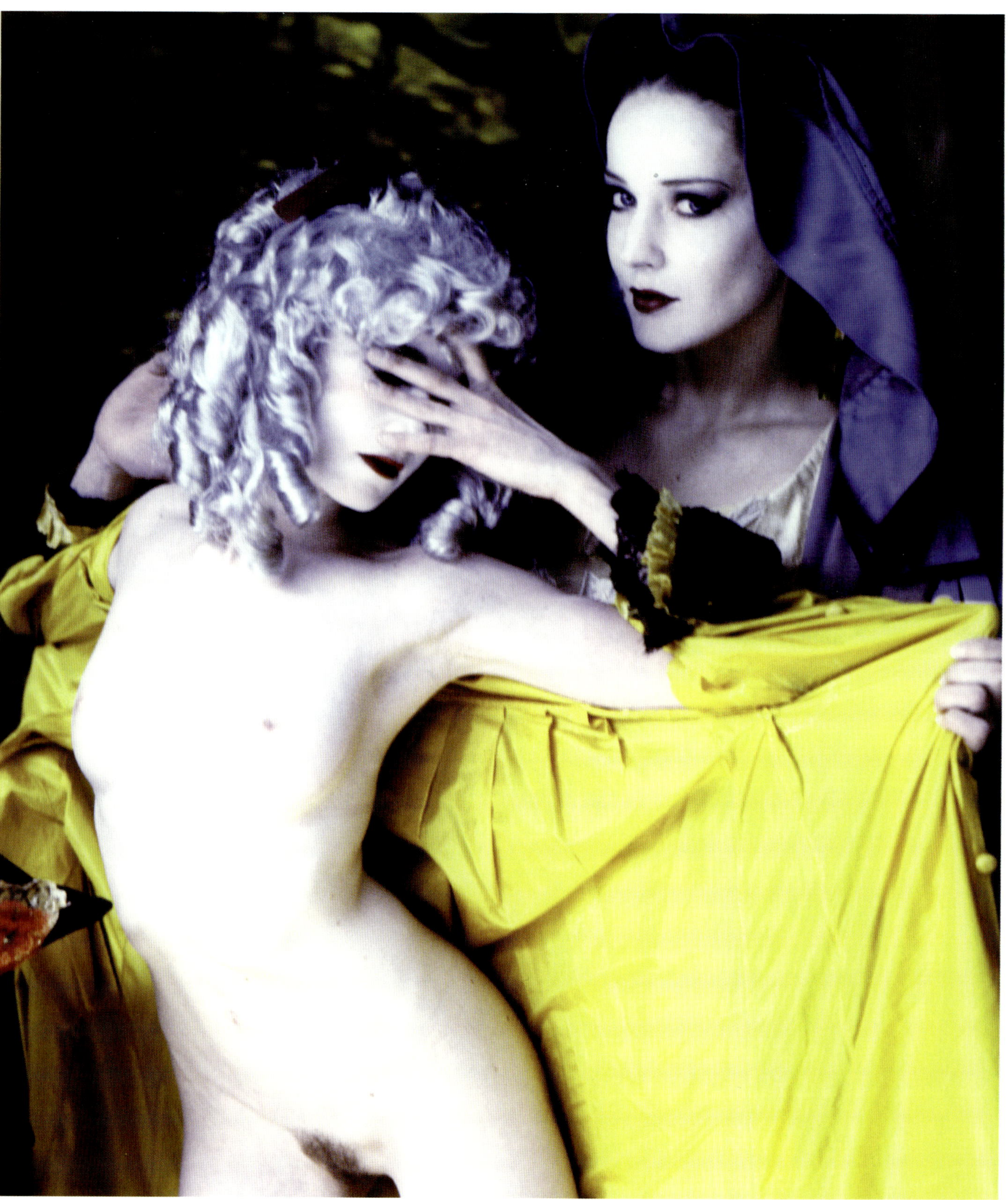

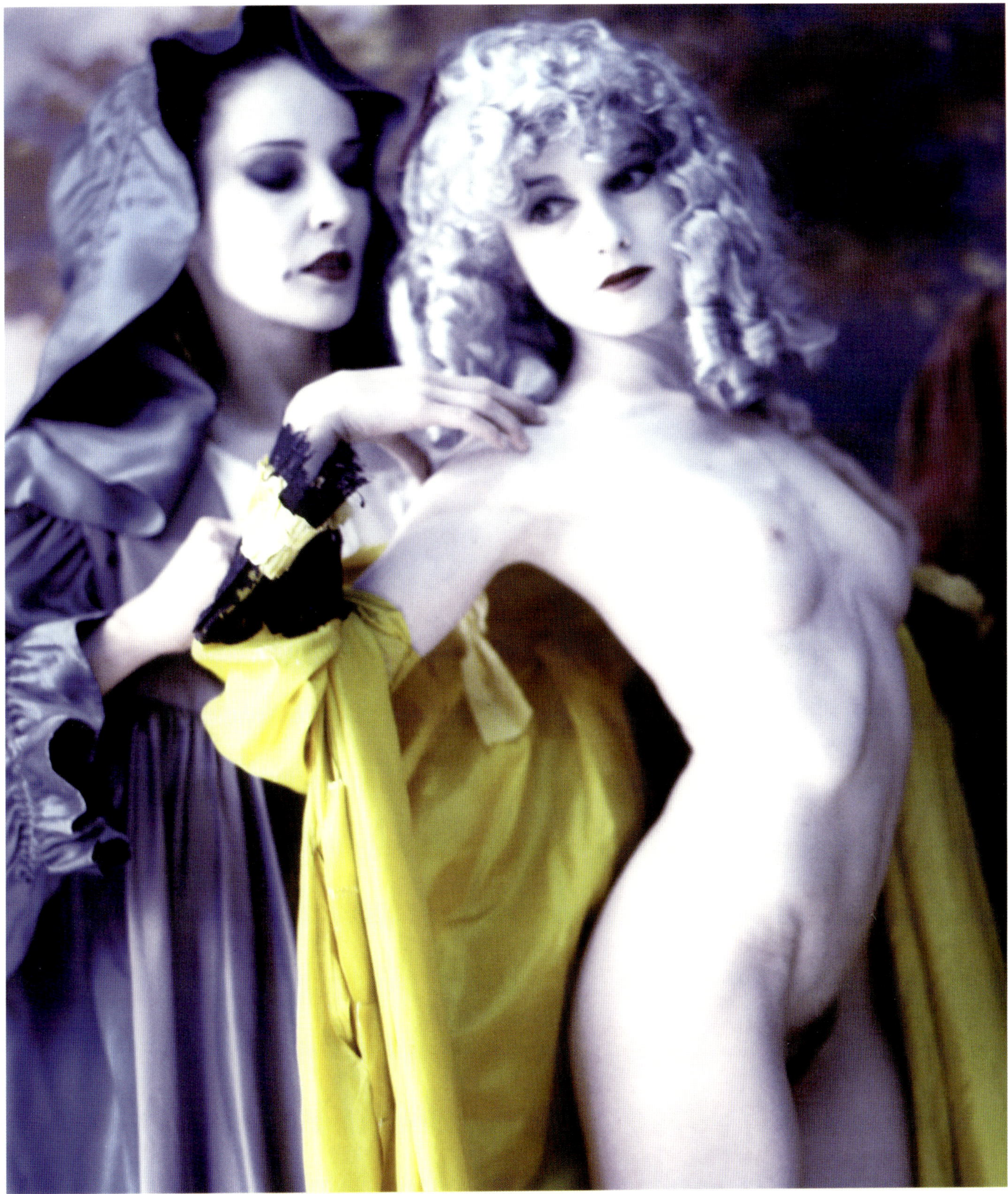

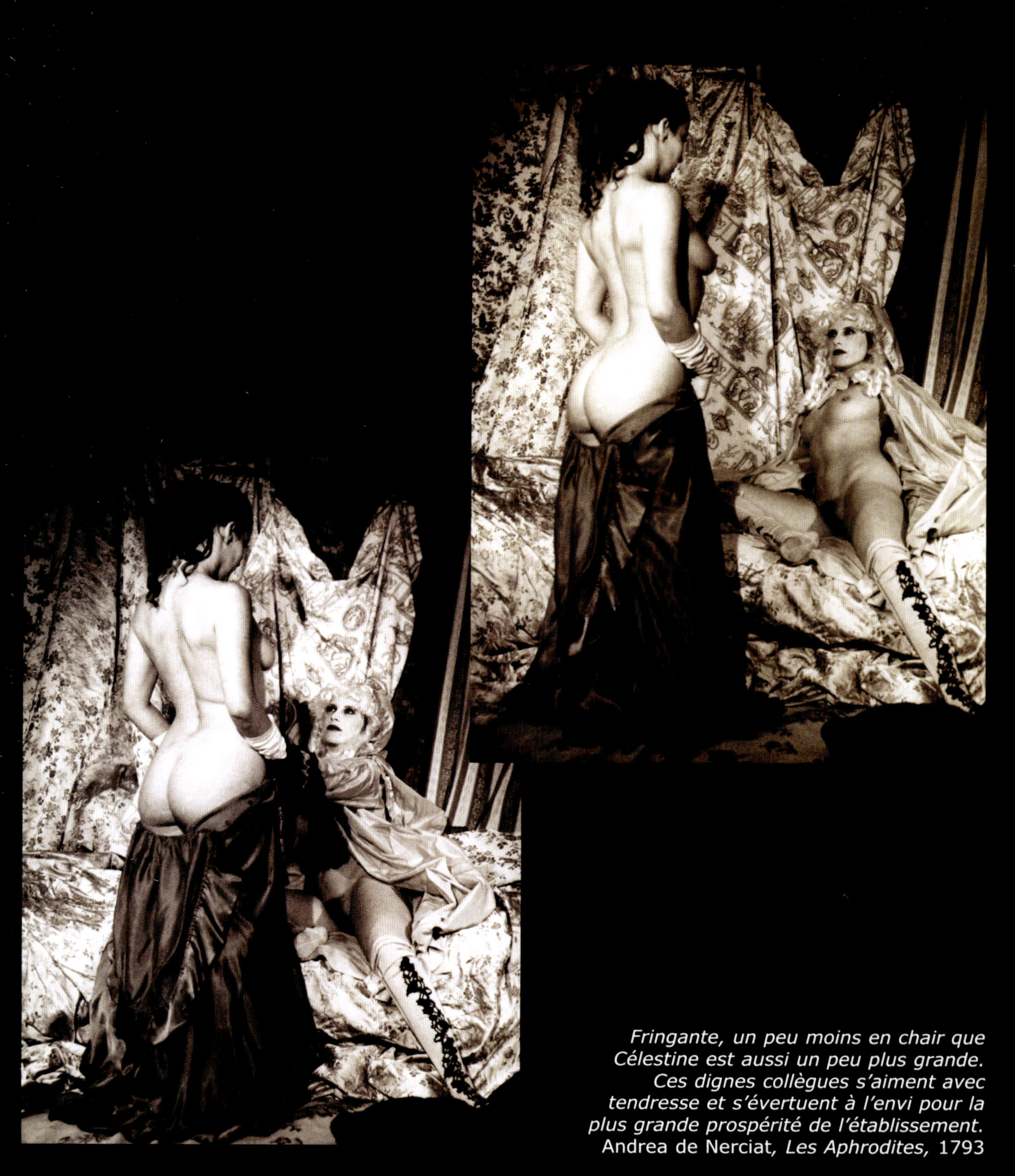

Fringante, un peu moins en chair que
Célestine est aussi un peu plus grande.
Ces dignes collègues s'aiment avec
tendresse et s'évertuent à l'envi pour la
plus grande prospérité de l'établissement.
Andrea de Nerciat, Les Aphrodites, 1793

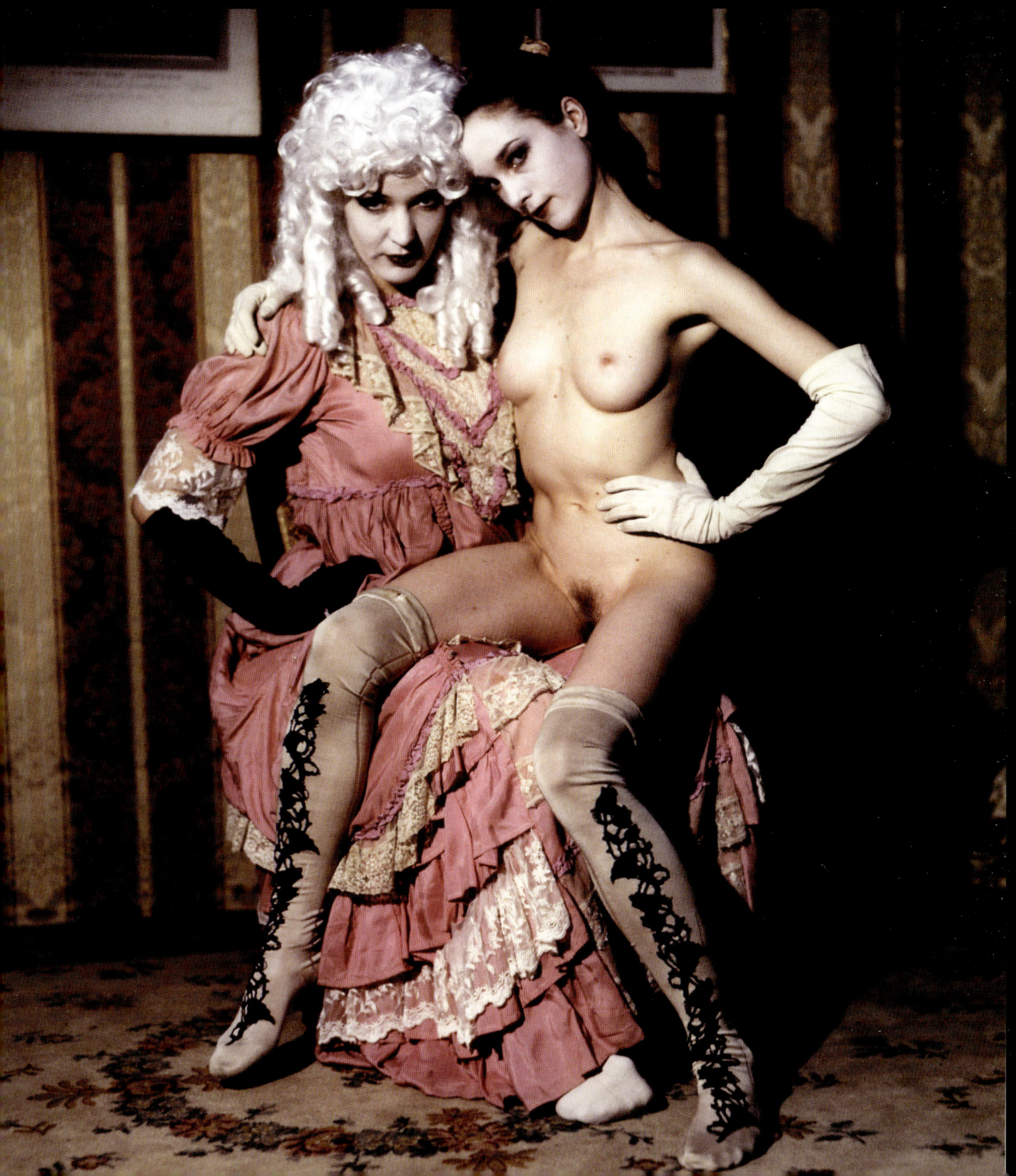

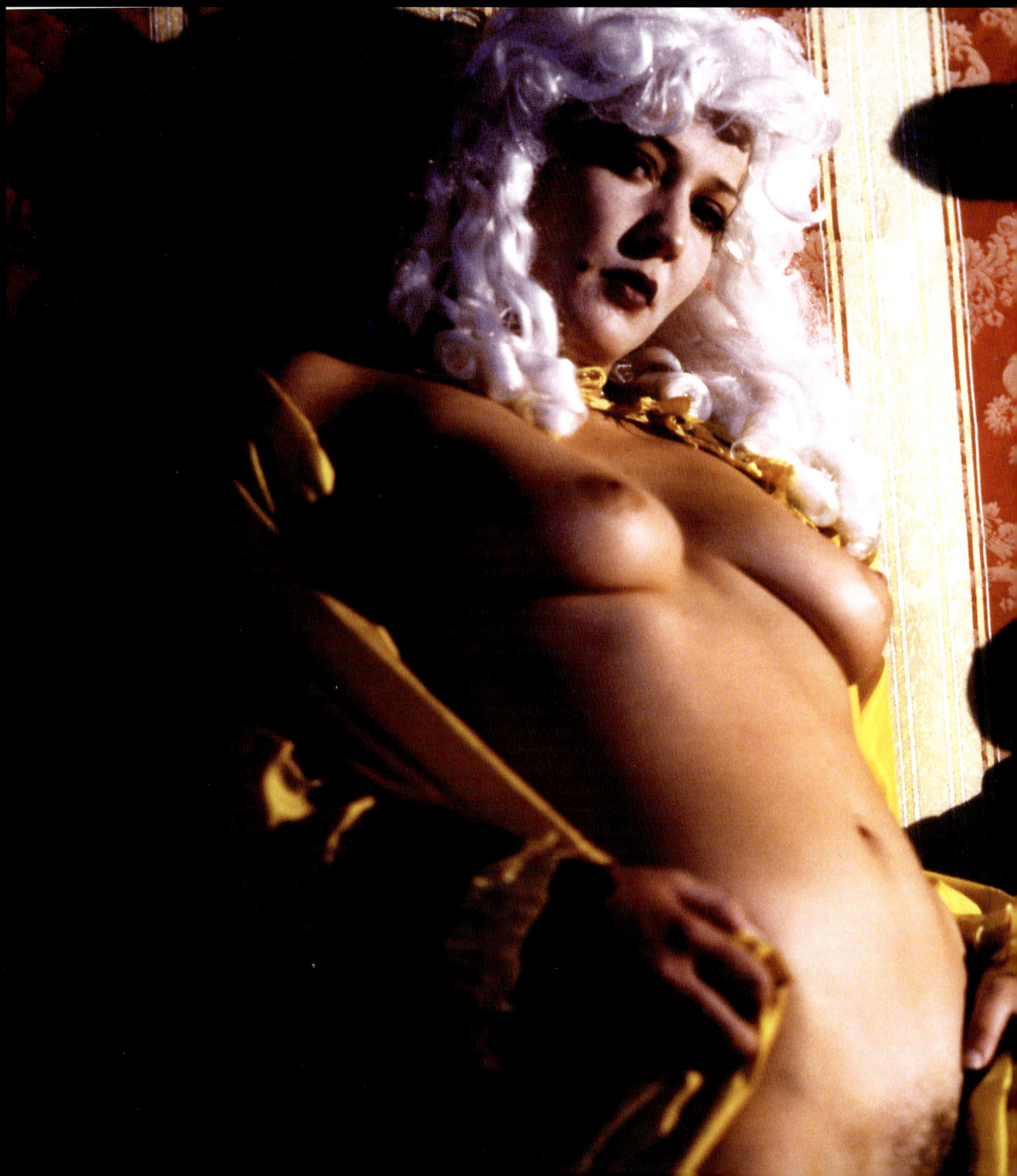

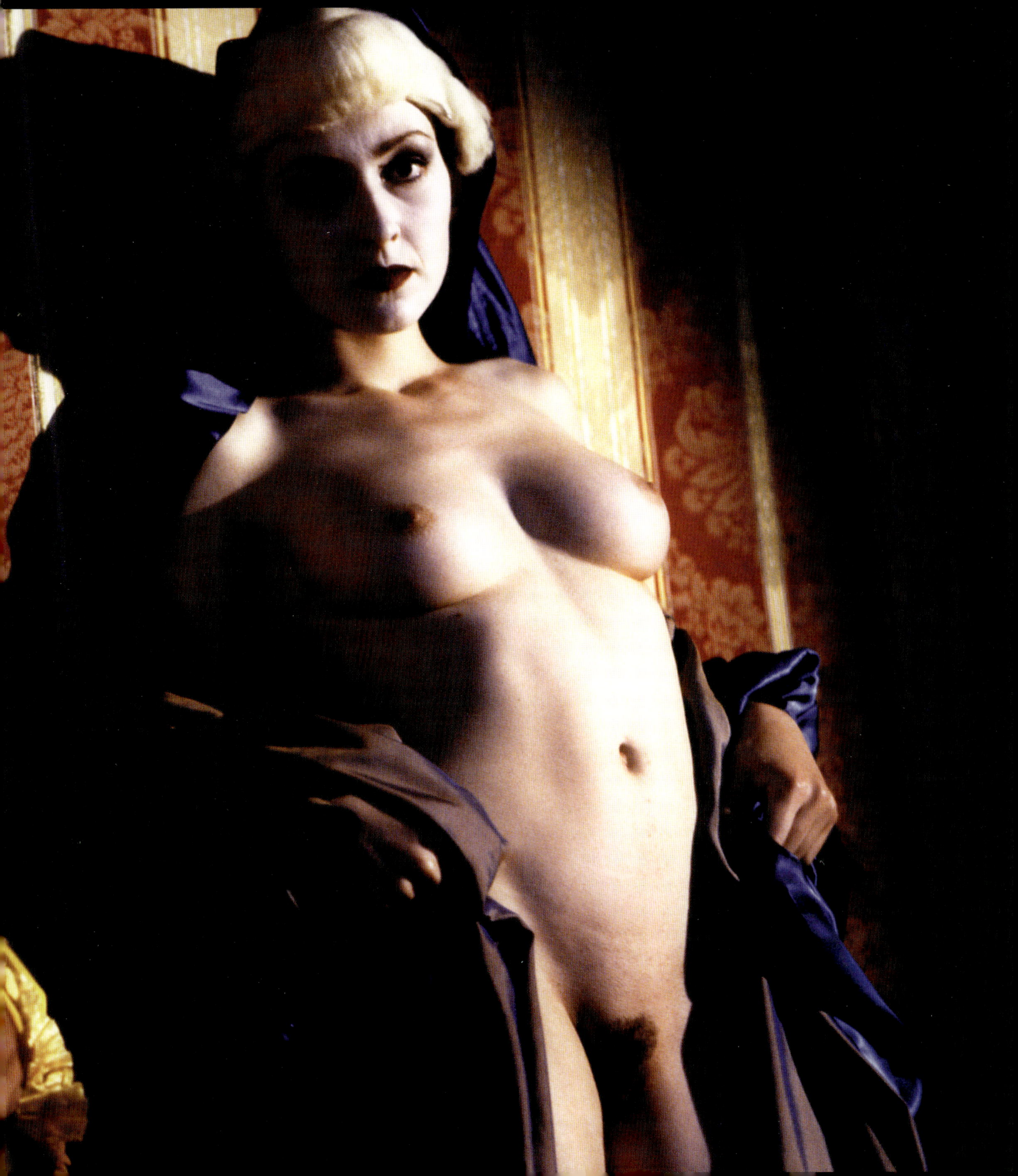

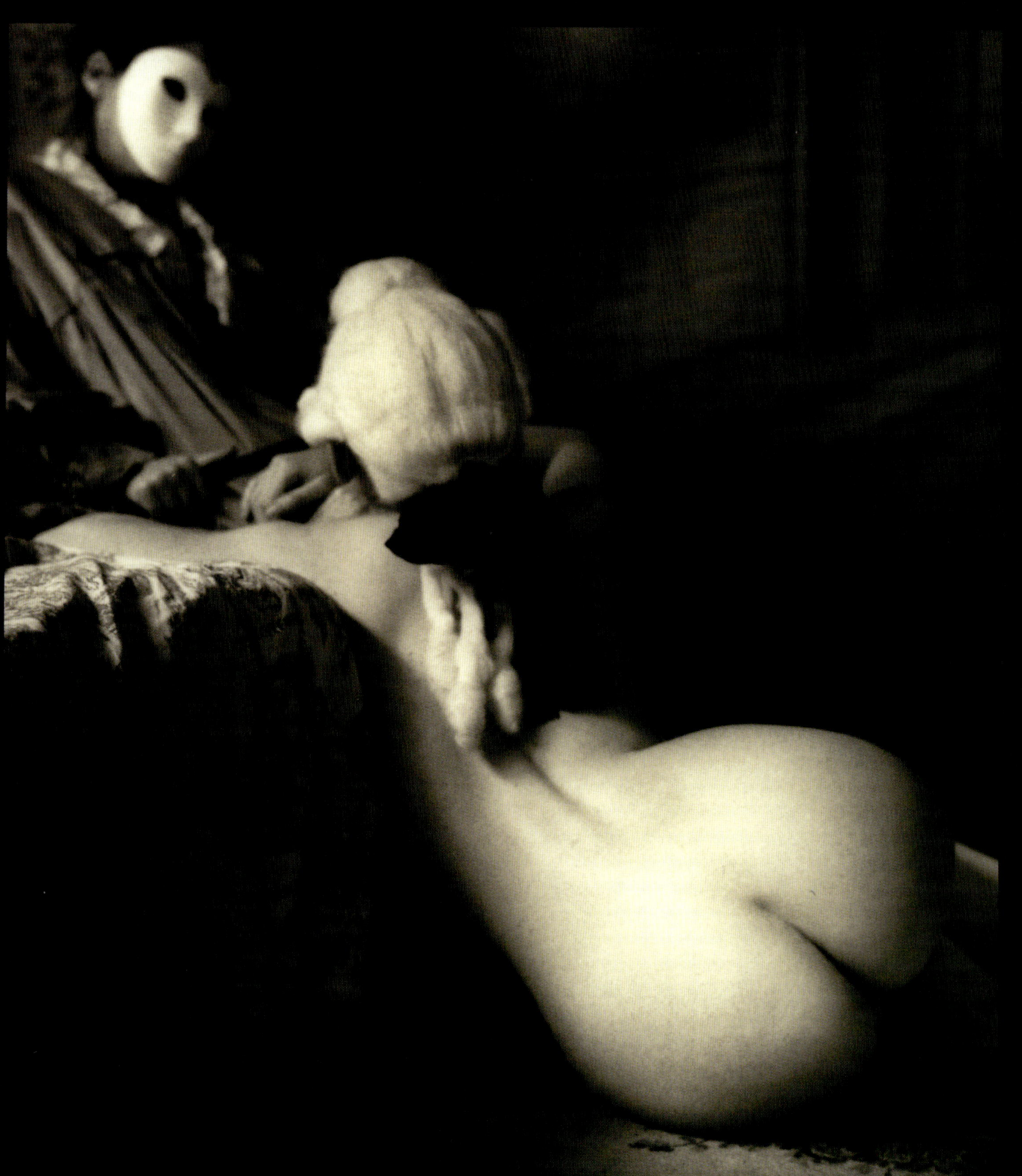

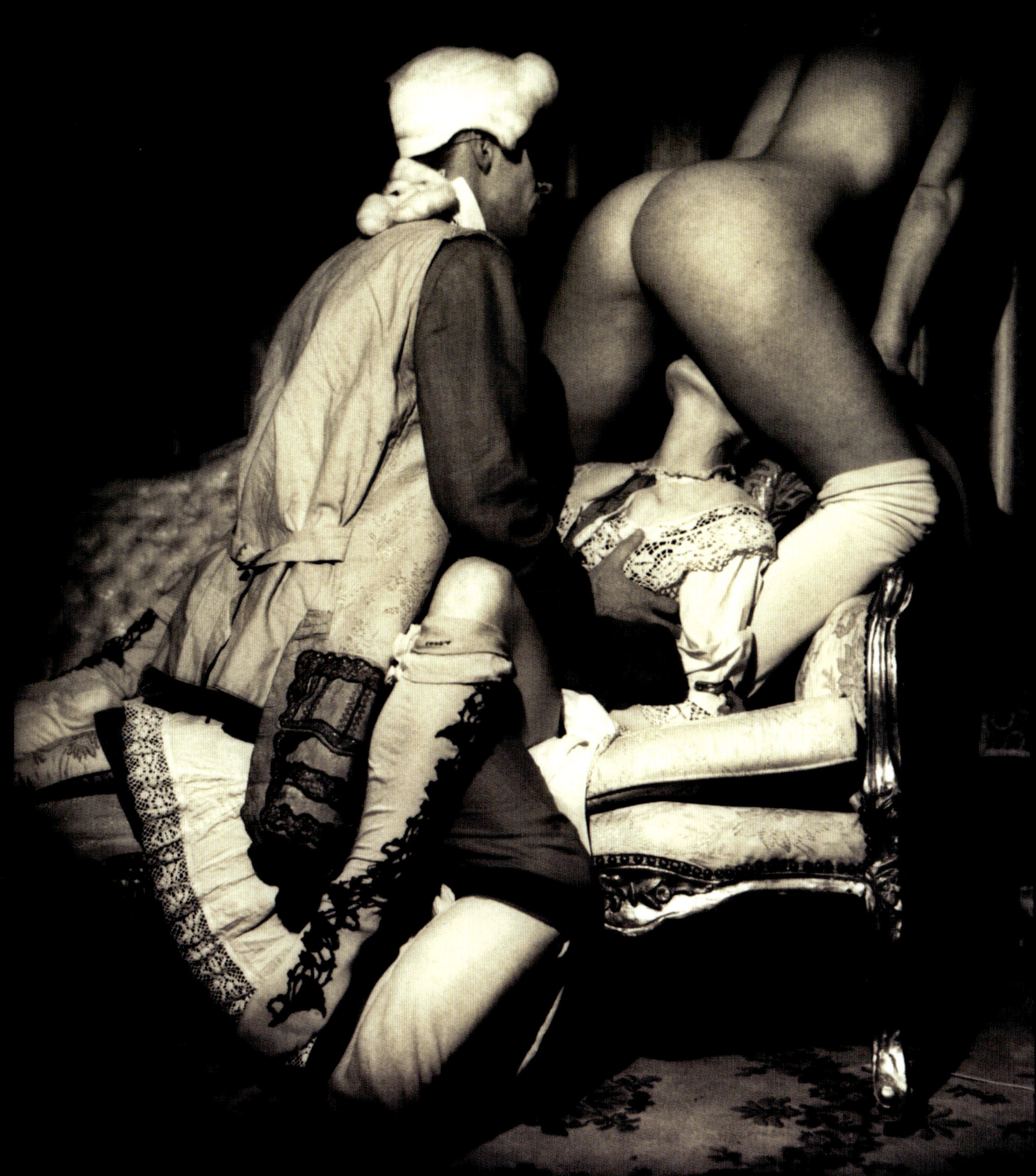

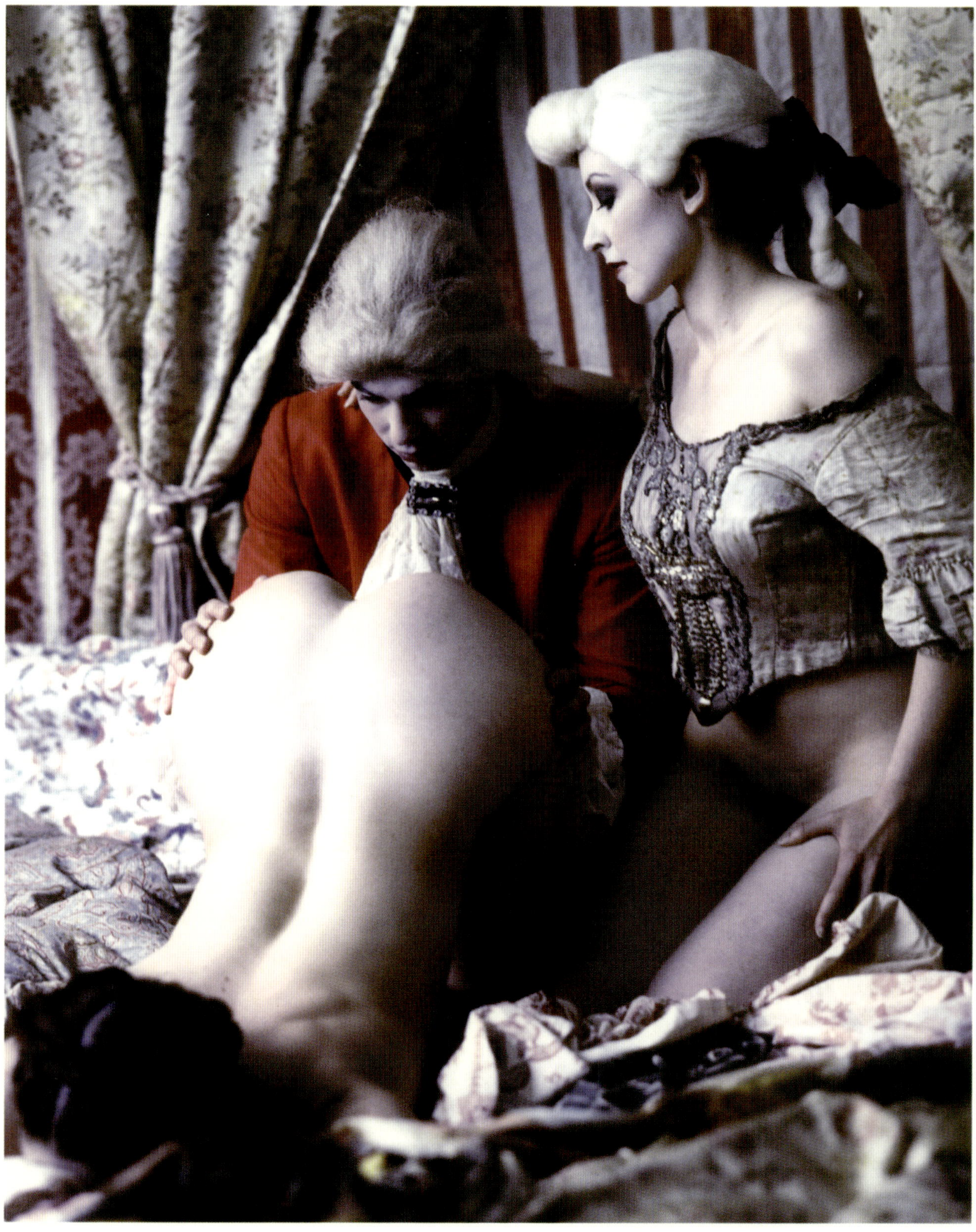

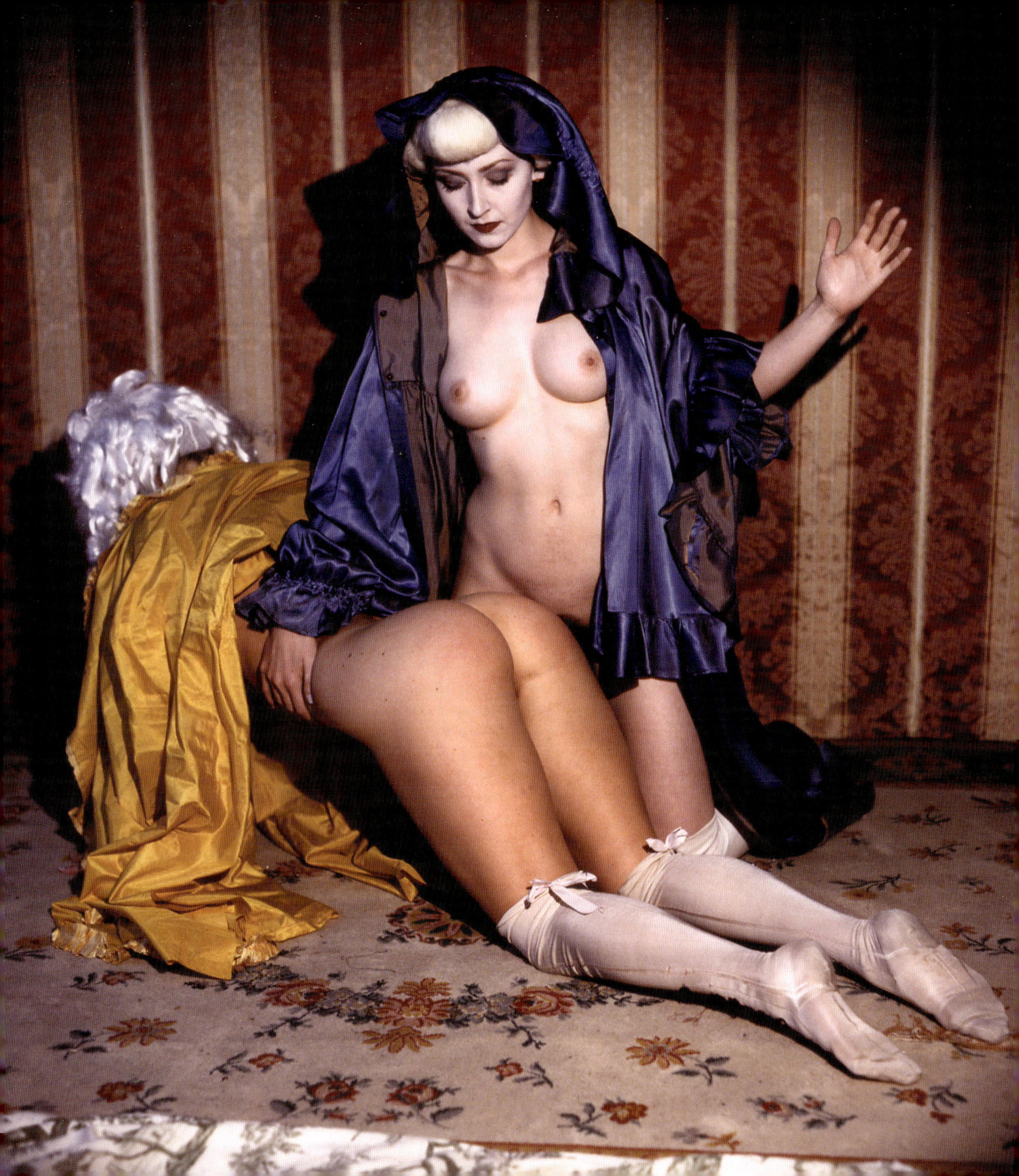

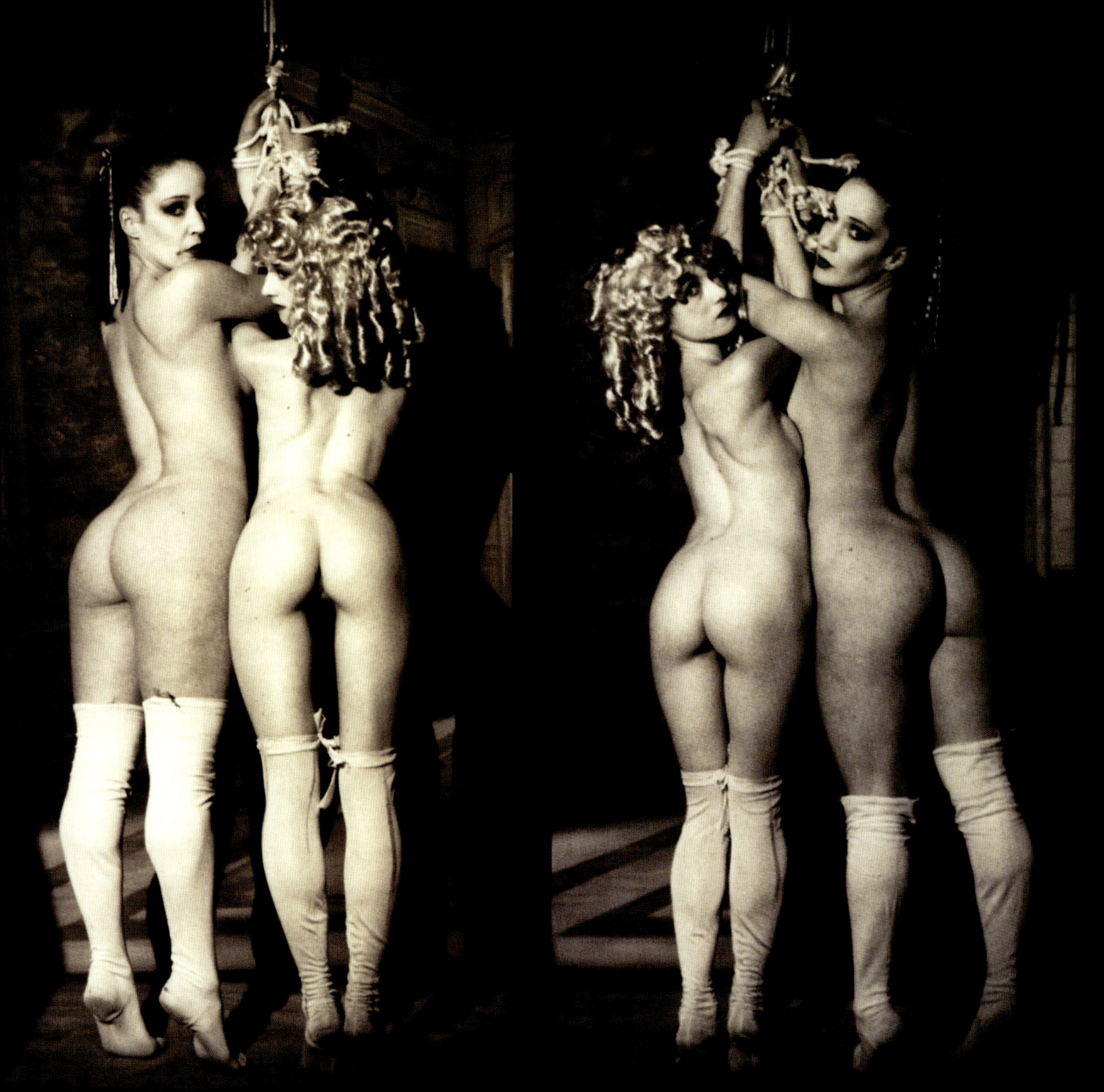

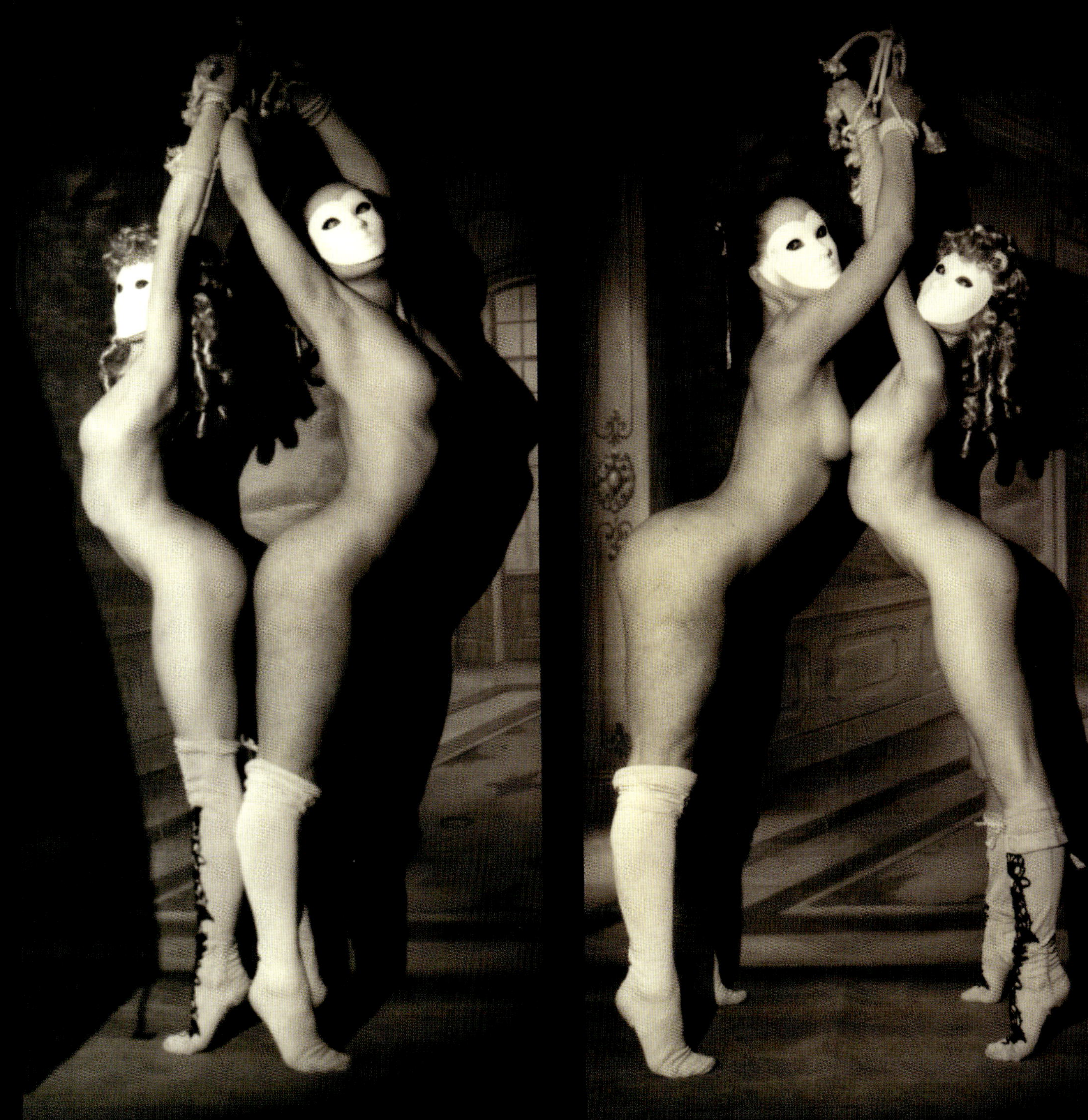

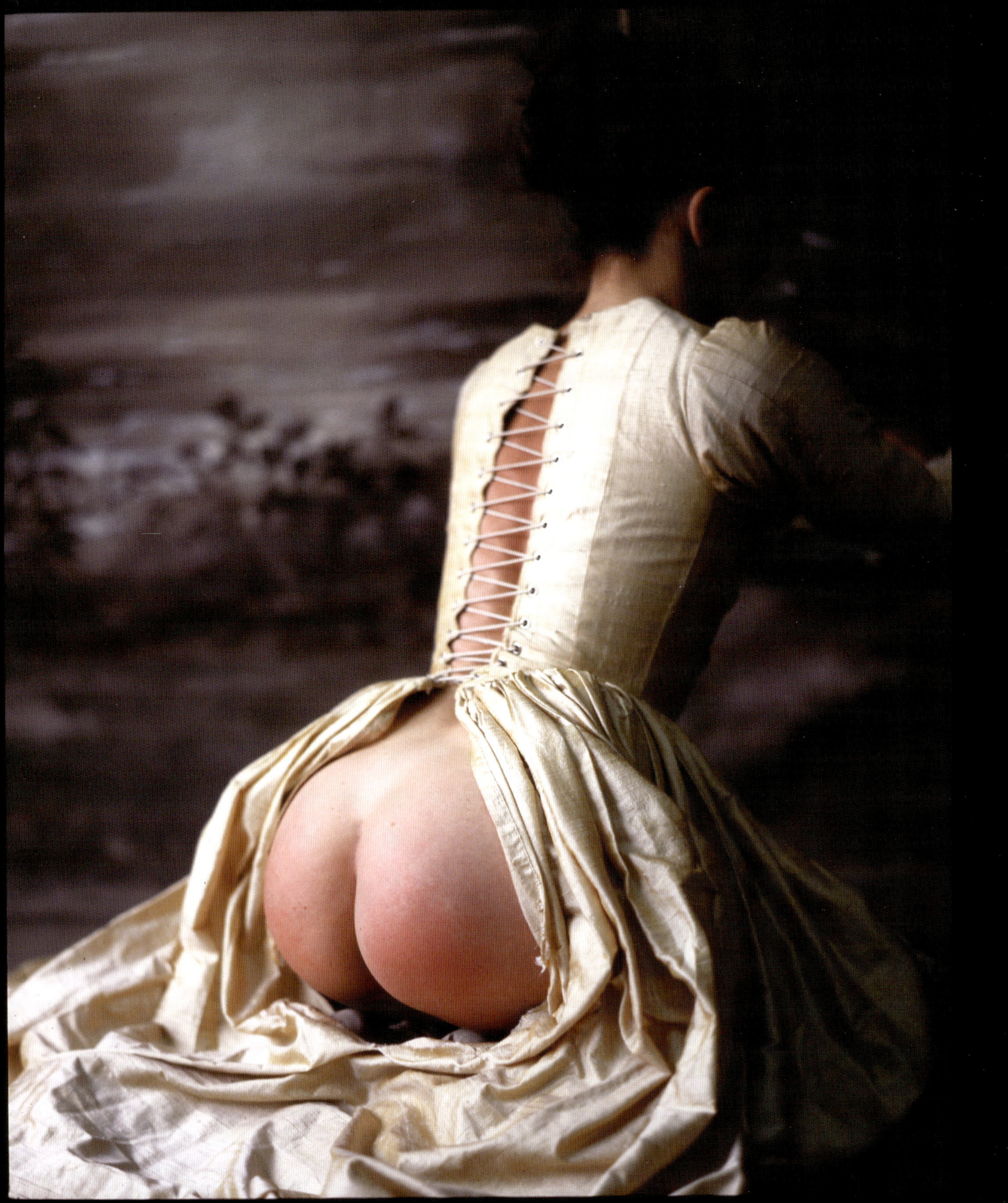

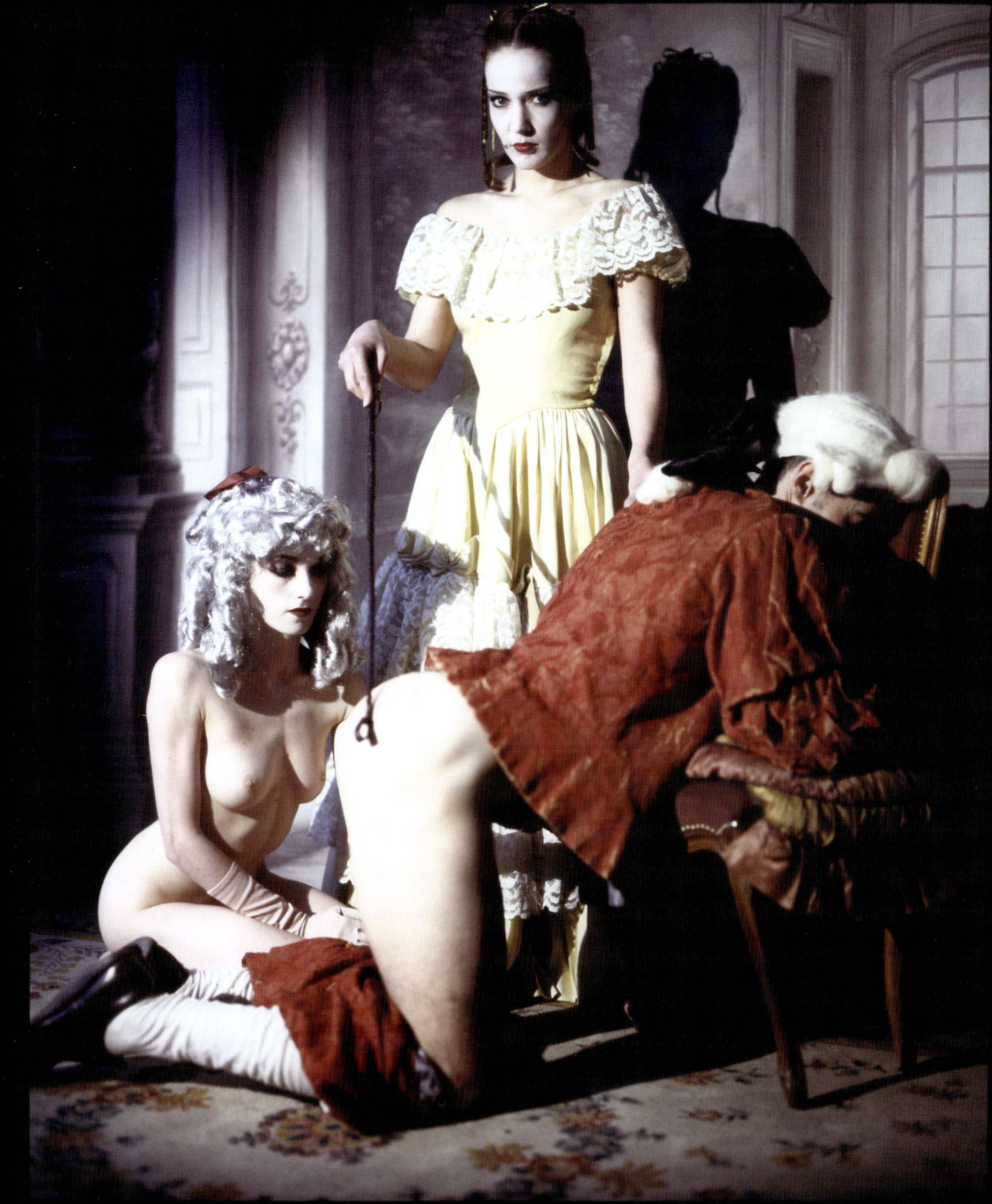

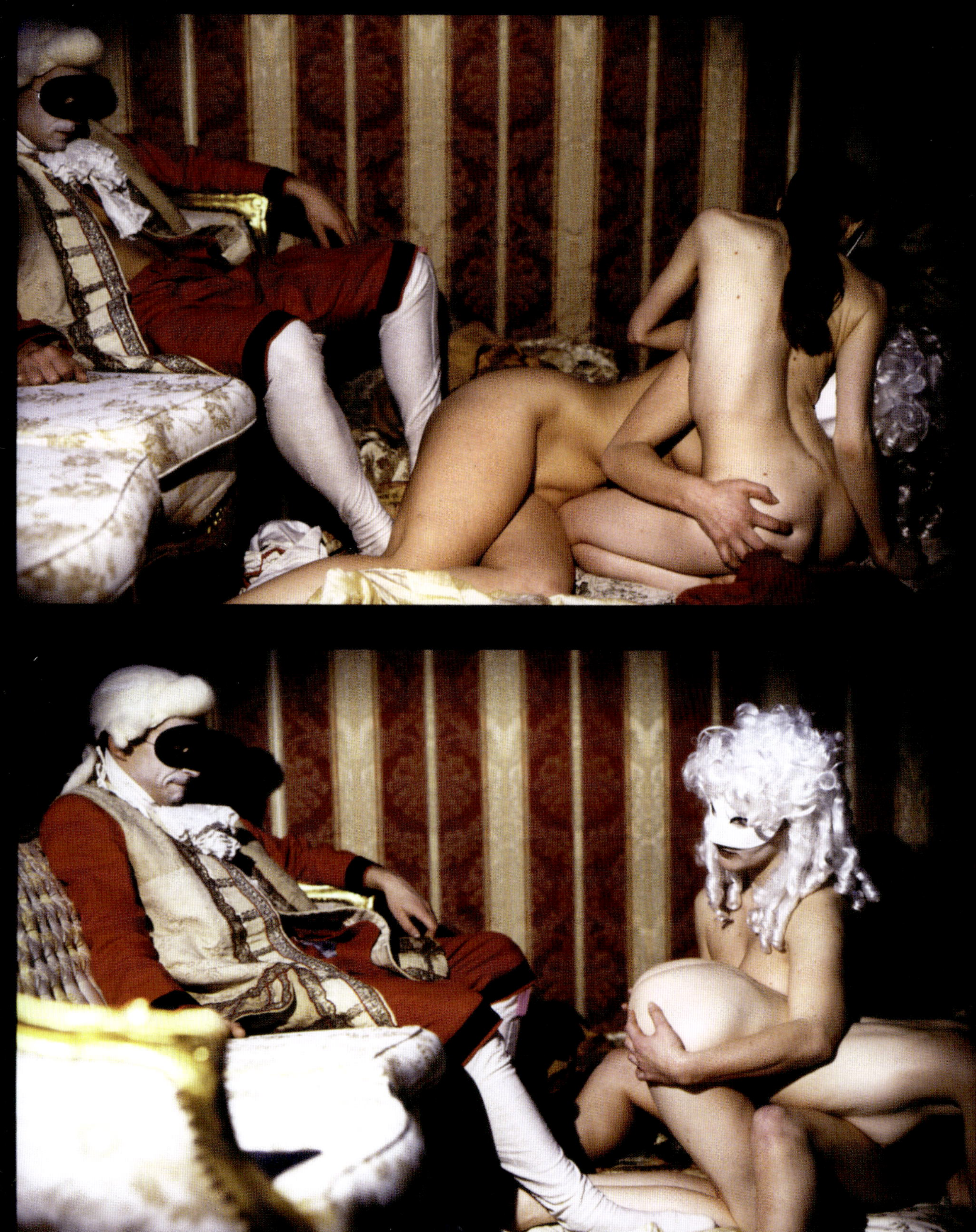

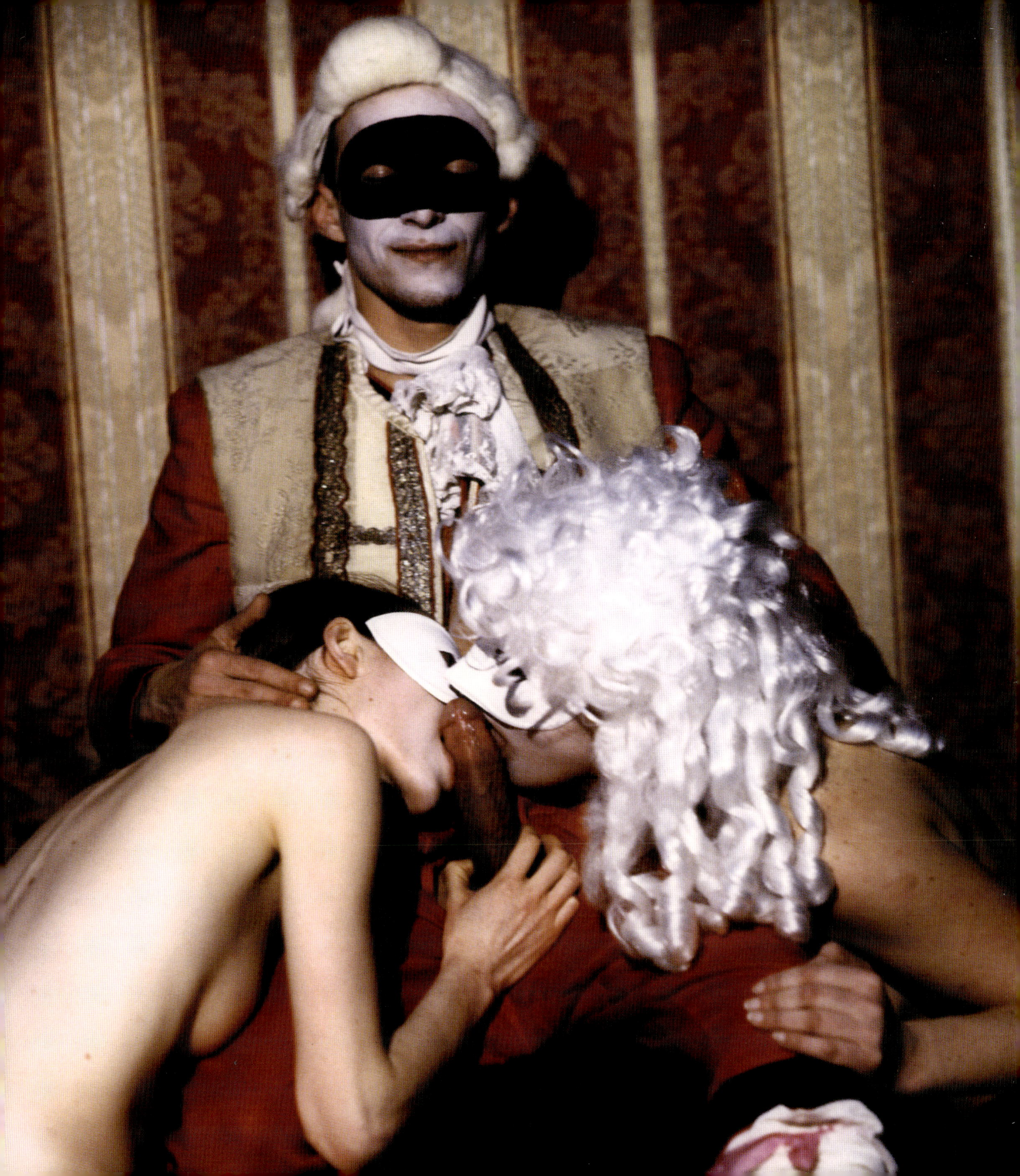

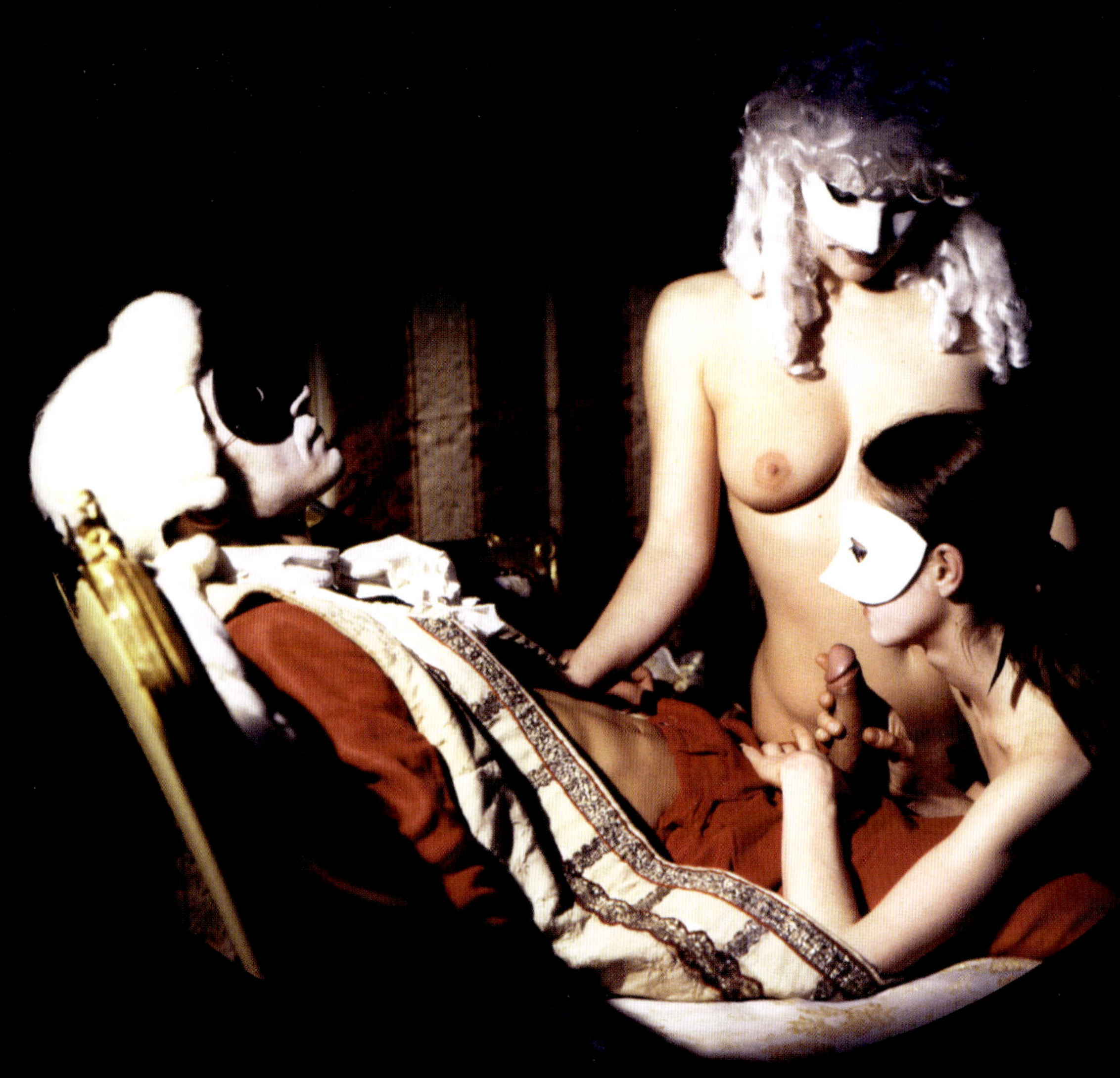

Je caressais, je baisais ce que vous nommez votre docteur : je lui donnais des mouvements, qui, en vous dérobant, comme malgré vous, cette liqueur divine, vous conduisaient à la volupté et rétablissaient le calme dans votre âme.
Boyer d'Argens, *Thérèse Philosophe*, 1748

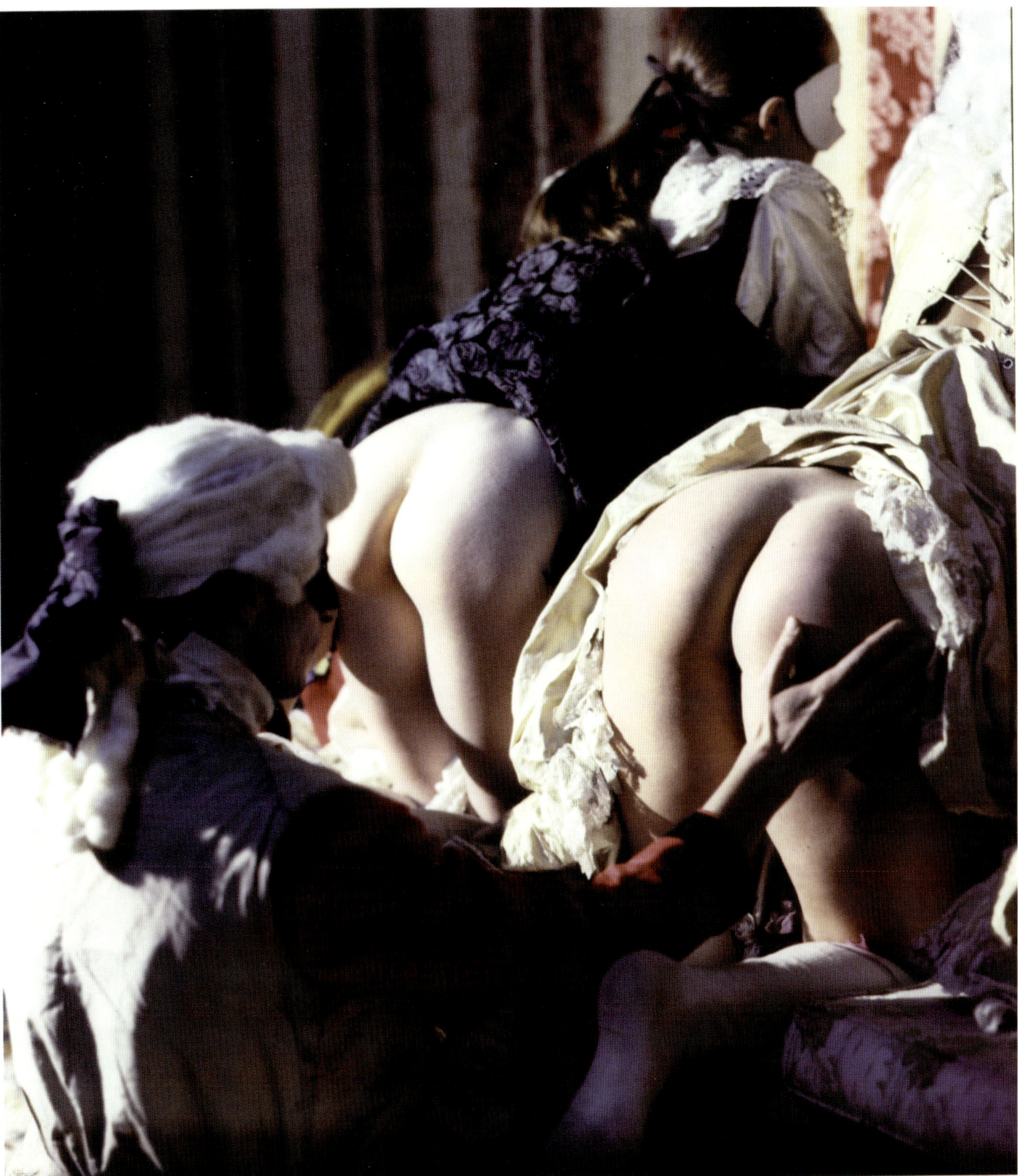

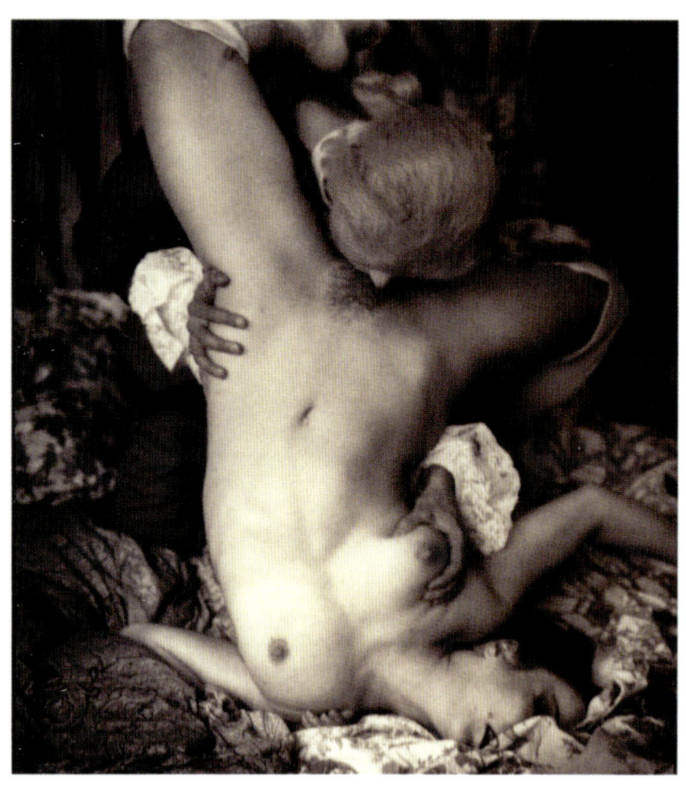
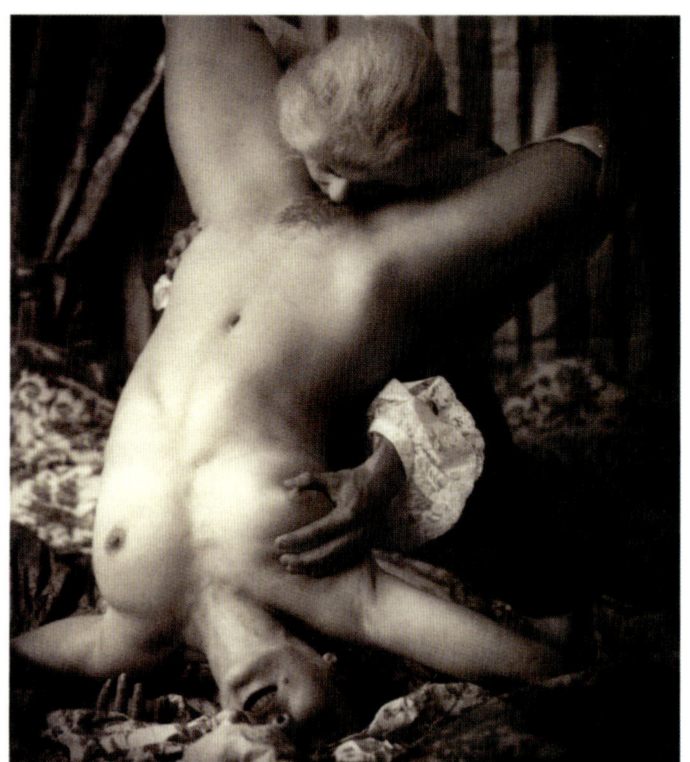
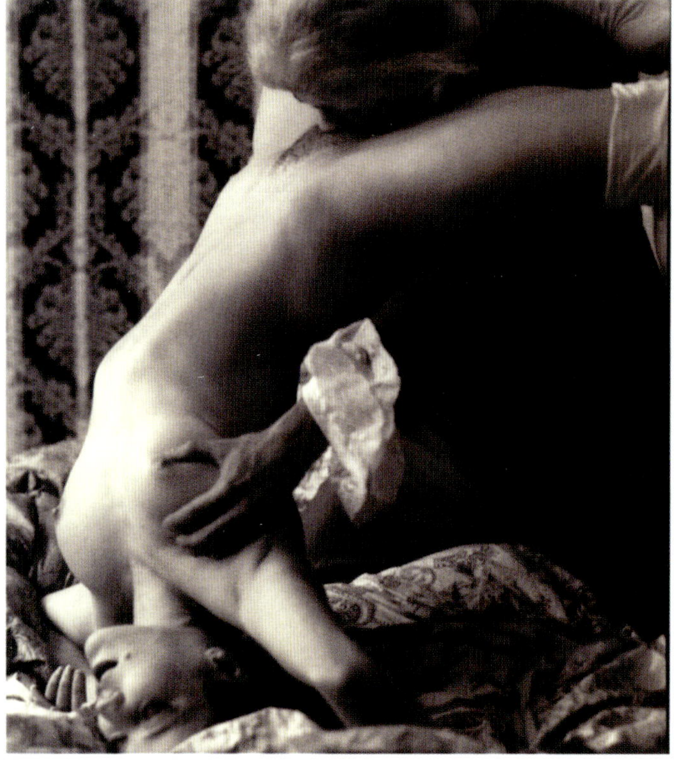
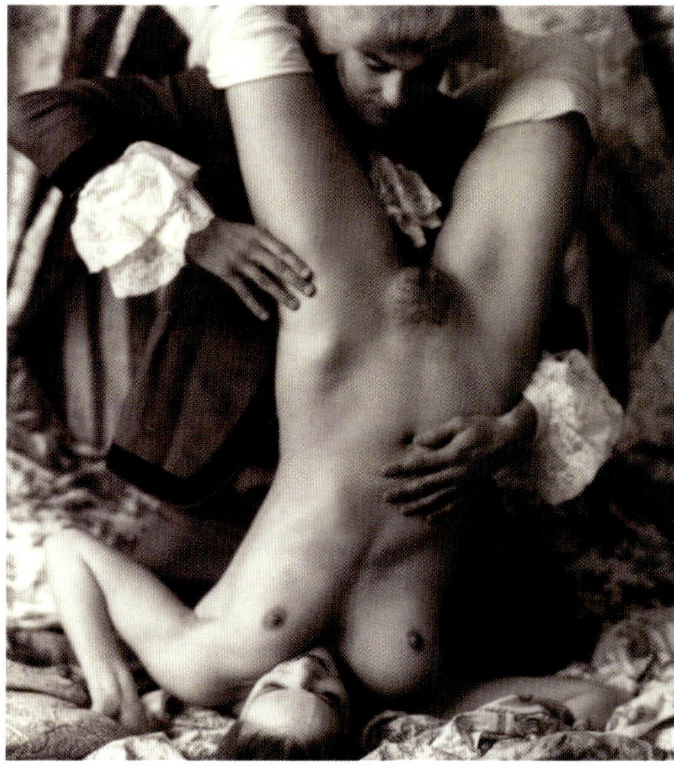

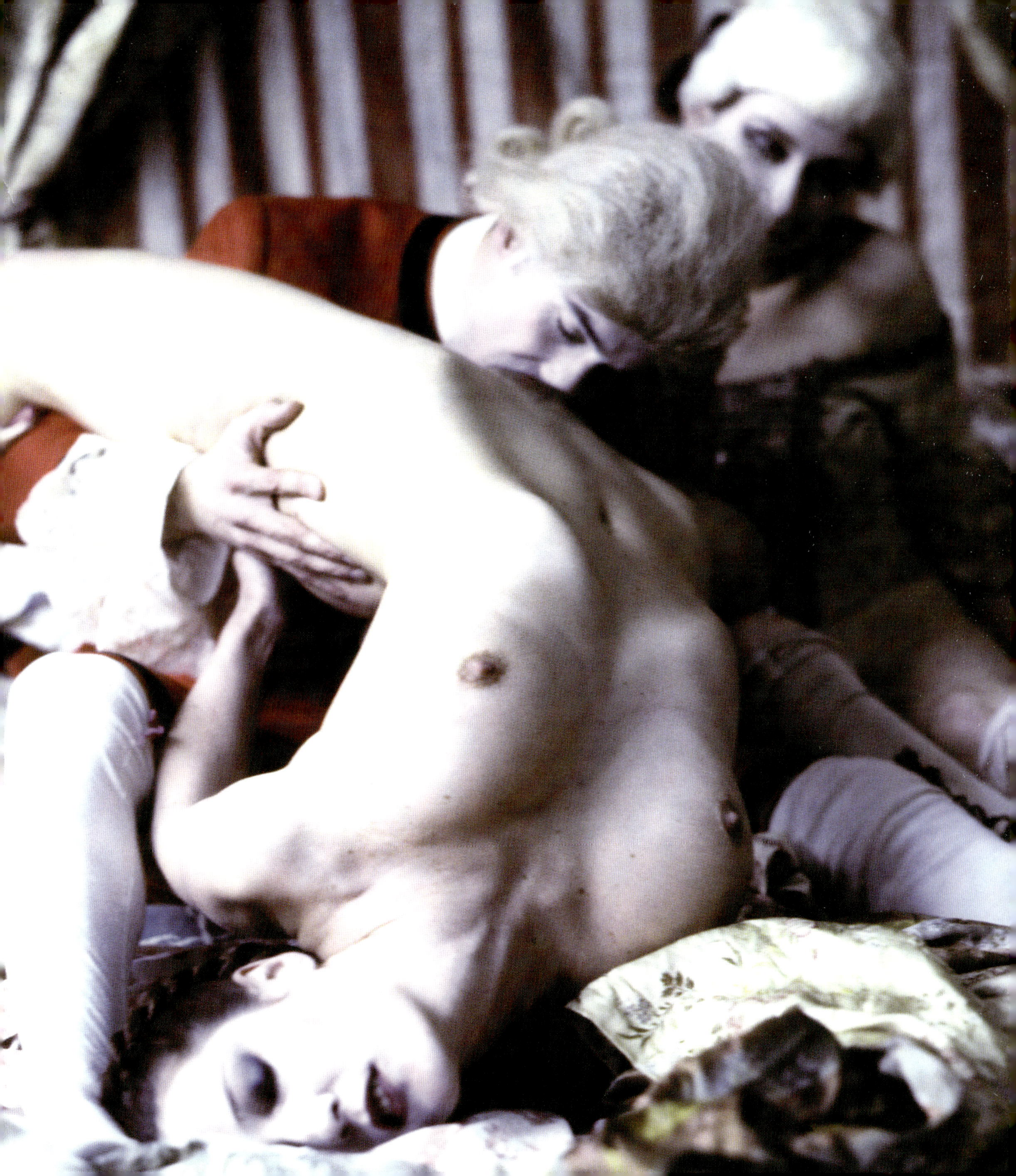

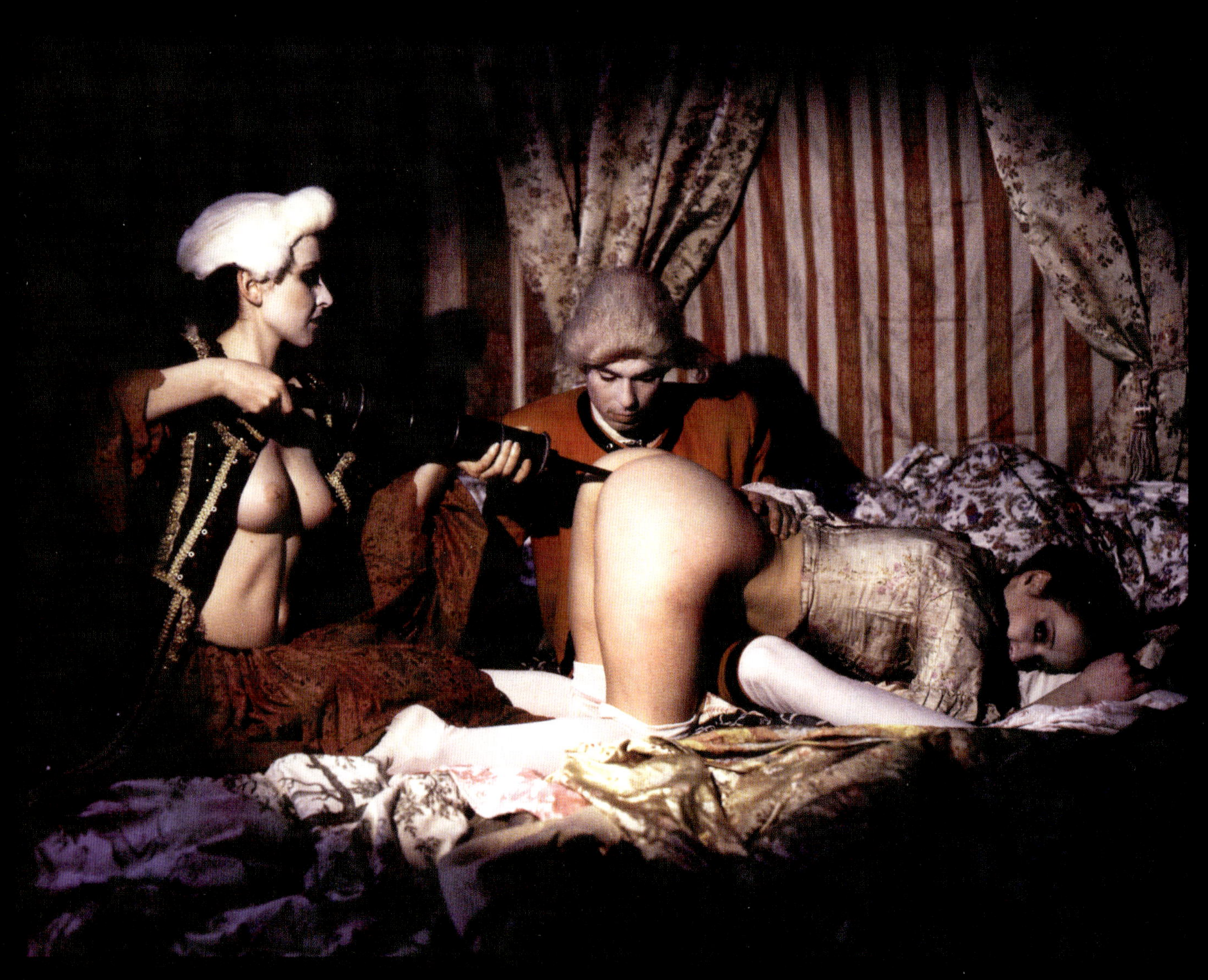

Oh ! tout ceci va faire mal ; l'établissement dégénère à faire pitié.
Andrea de Nerciat, *Les Aphrodites*, 1793

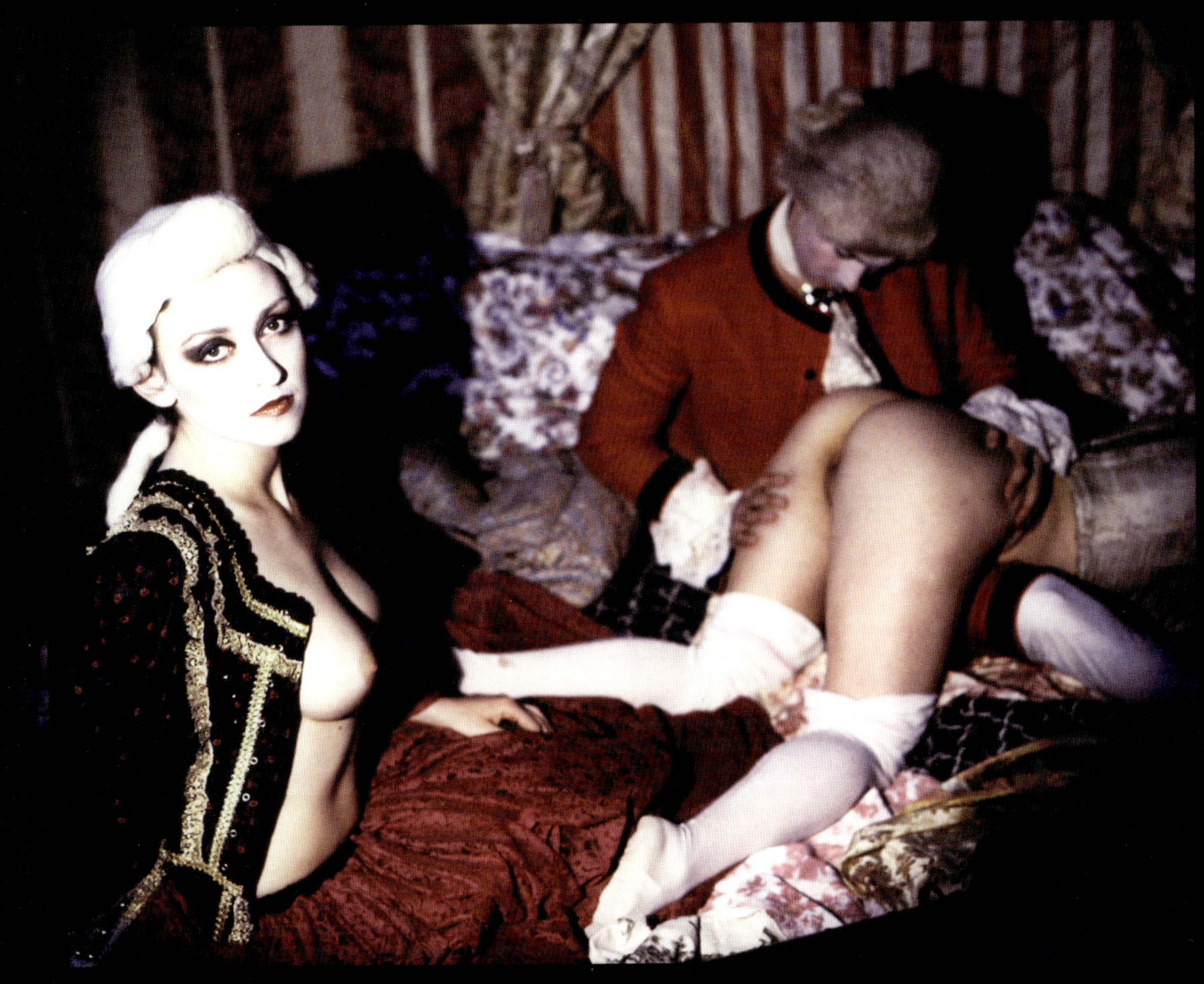

Me couchant renversée sur le dos, elle releva ma chemise et, se disposait à m'ouvrir les cuisses, lorsque M. le président lui dit d'un ton brusque : « Hé ! ce n'est pas cela, madame ; les femmes ont toujours la manie de montrer des devants. Hé, non ! Faites tourner… »
Boyer d'Argens, *Thérèse Philosophe*, 1748

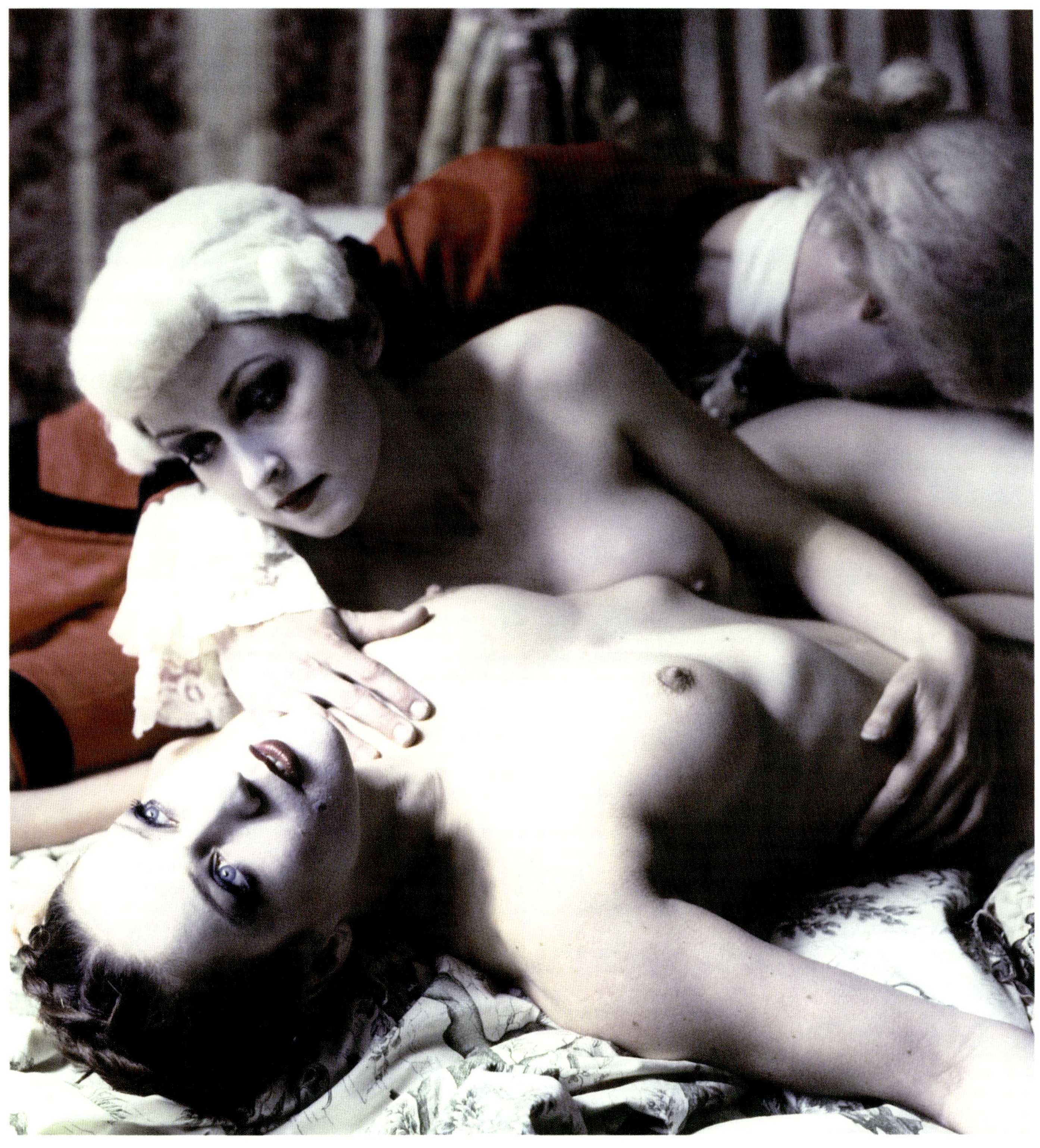

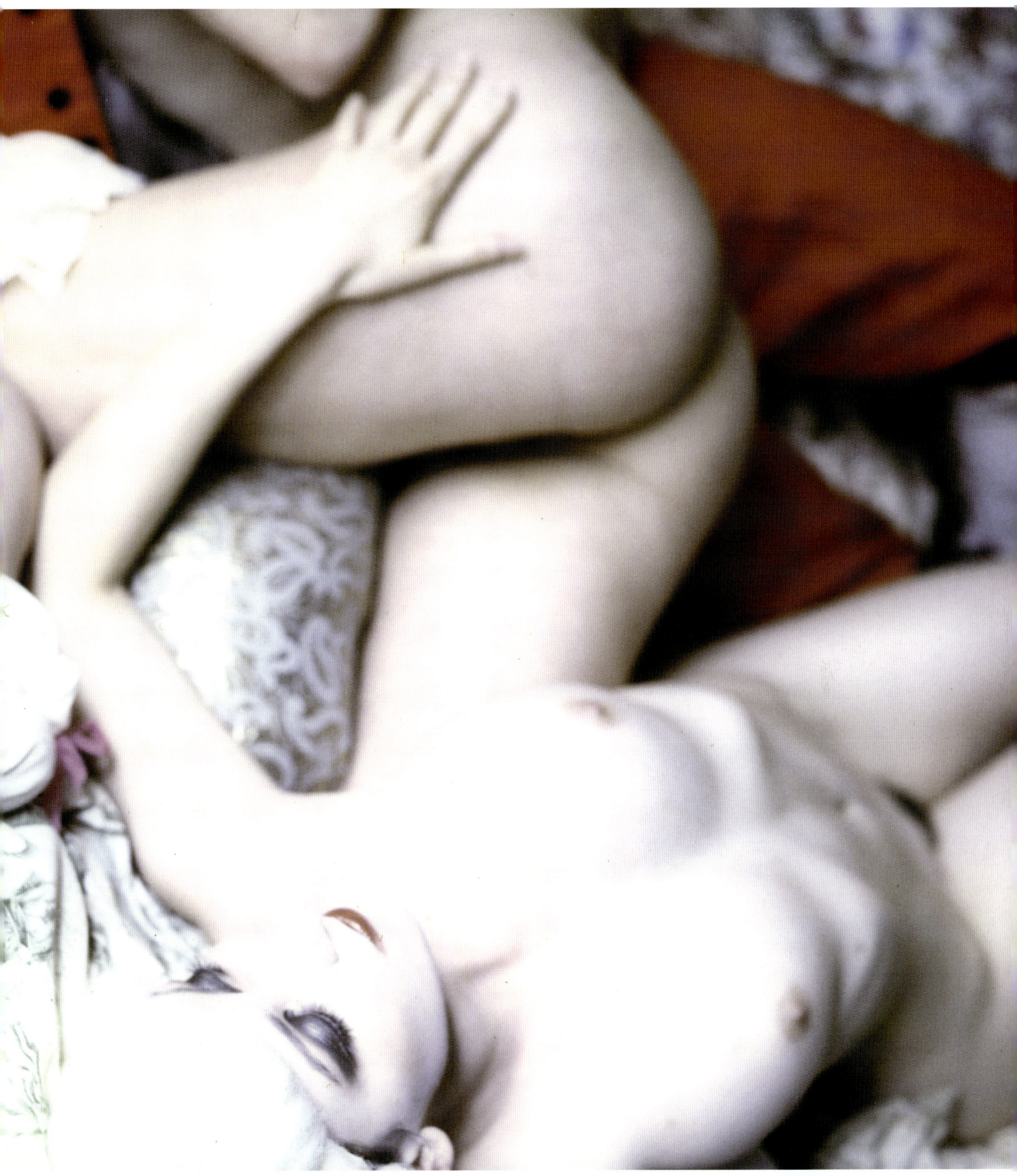

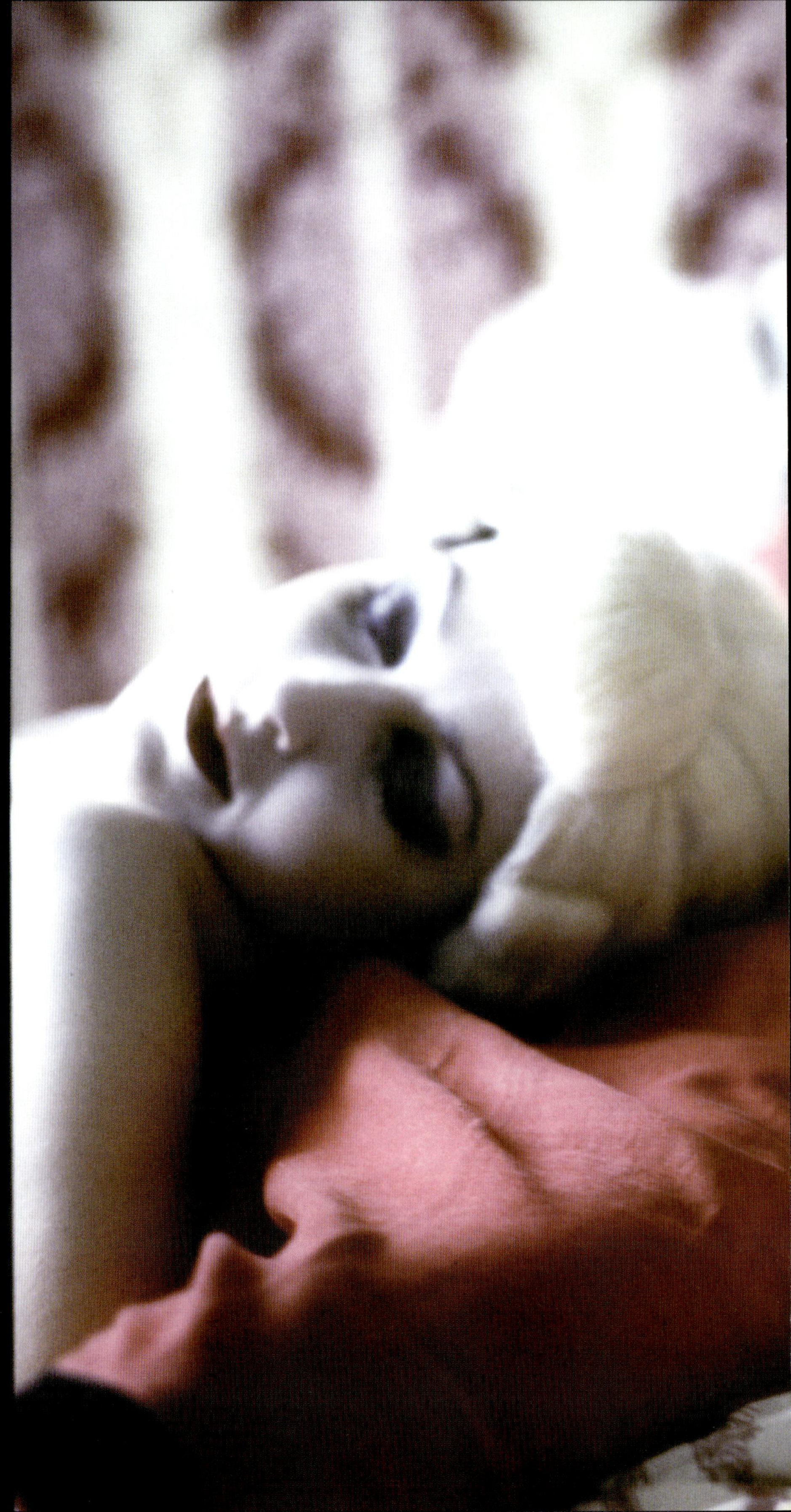

Lia était ardente et coquette,
Rachel naïve et crédule : le
sacrificateur les immola dans la
même journée.
Mémoires de Jacques Casanova
de Seingalt écrits par lui-même

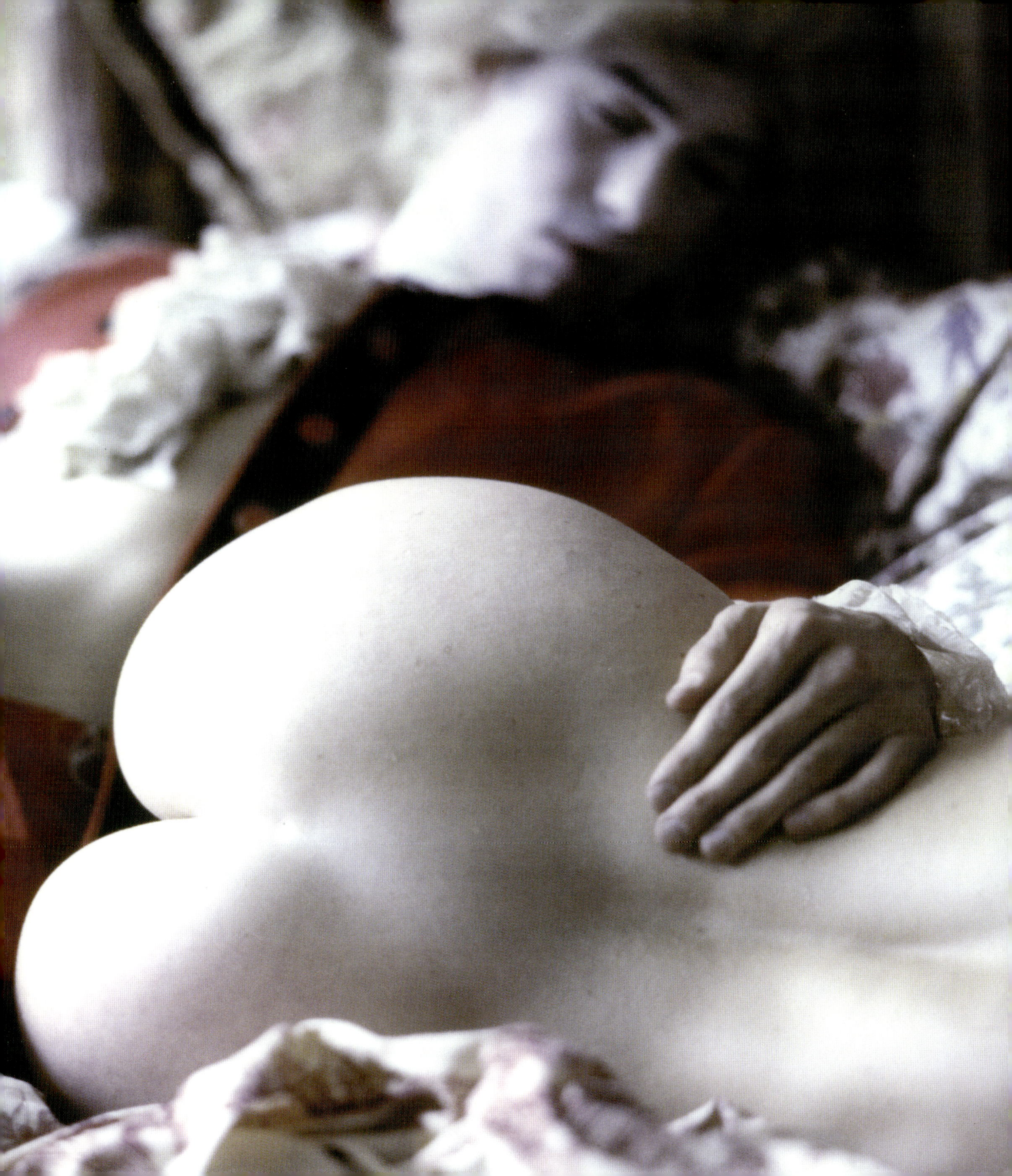

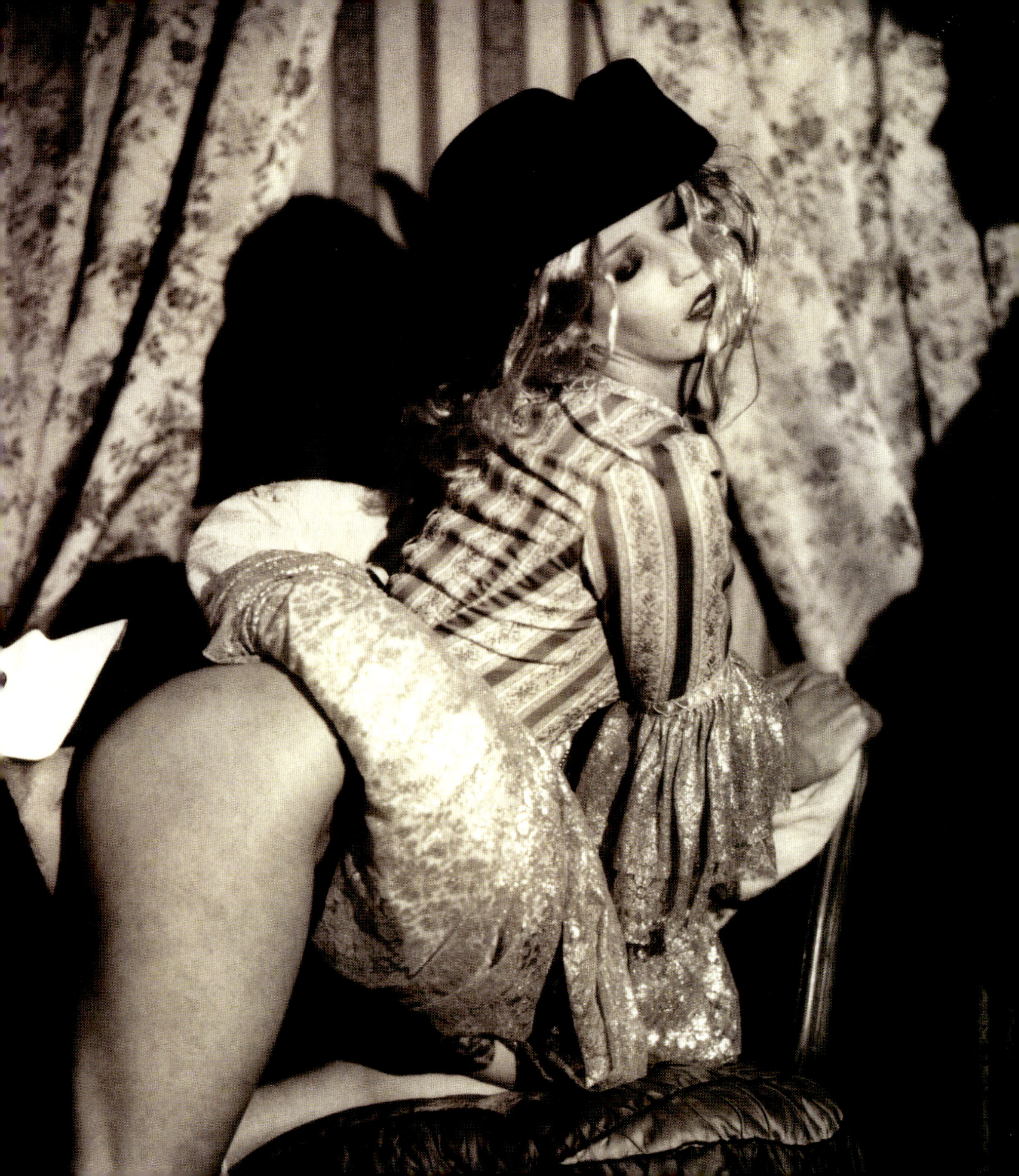

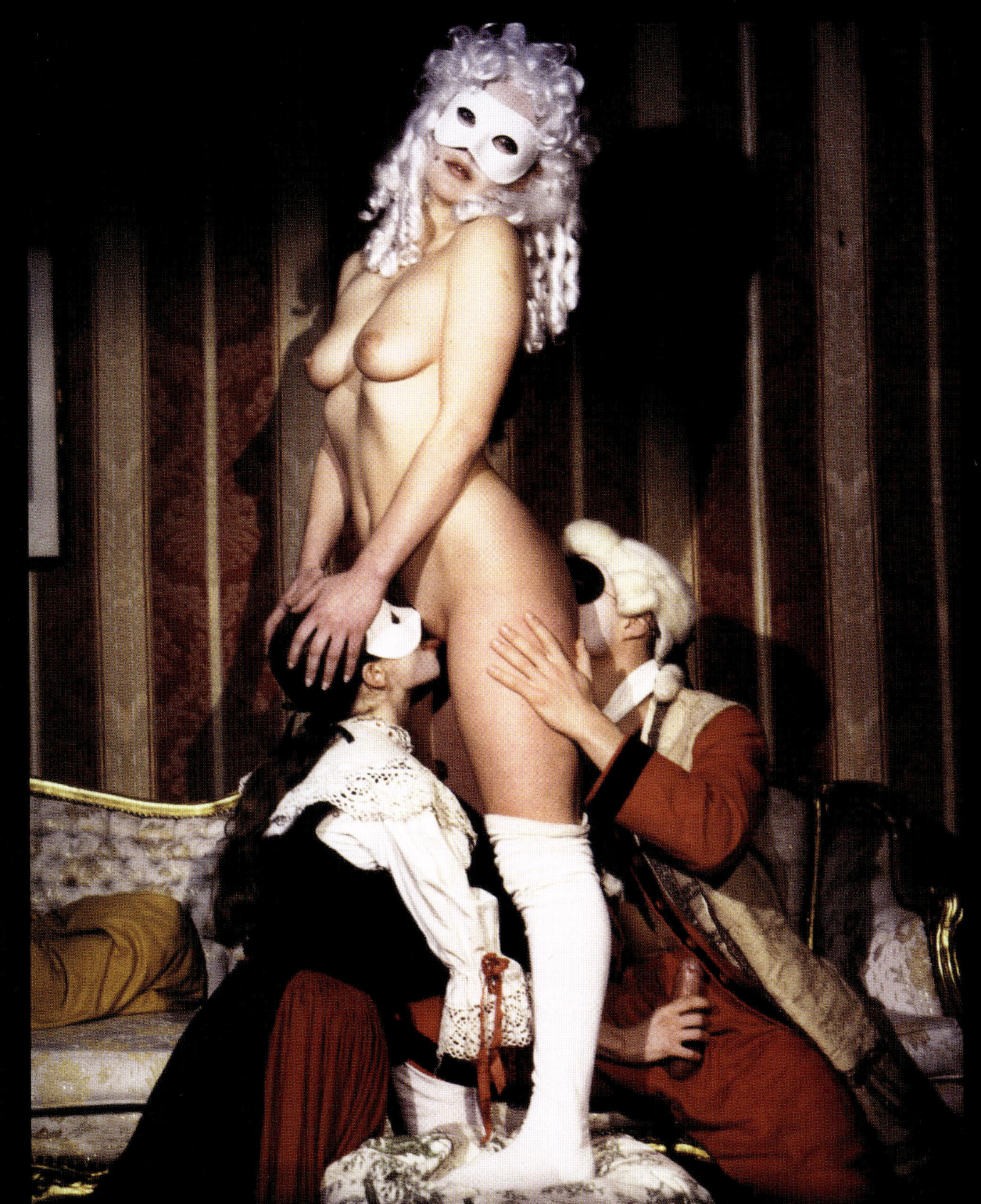

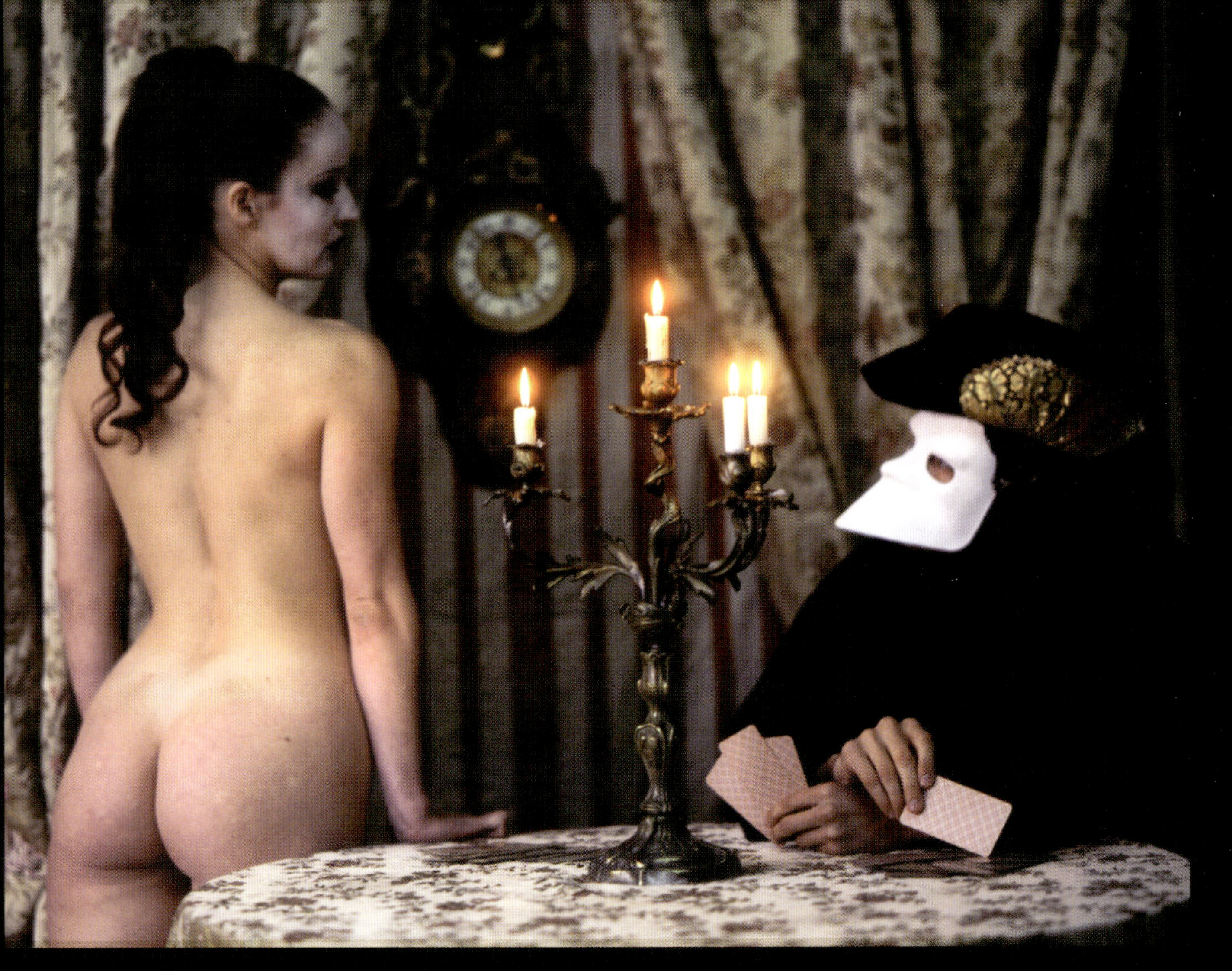

Cependant elle trichait suivant le talent qu'elle en avait reçu. Argentine, que je conseillais, l'imitait au mieux. Le Président s'en apercevait et en riait sous cape ; il sait comme vous et moi que toute femme triche et que même lorsqu'elles veulent être fidèles, l'habitude supplée à leur intention.
Godard d'Aucour, Thémidore

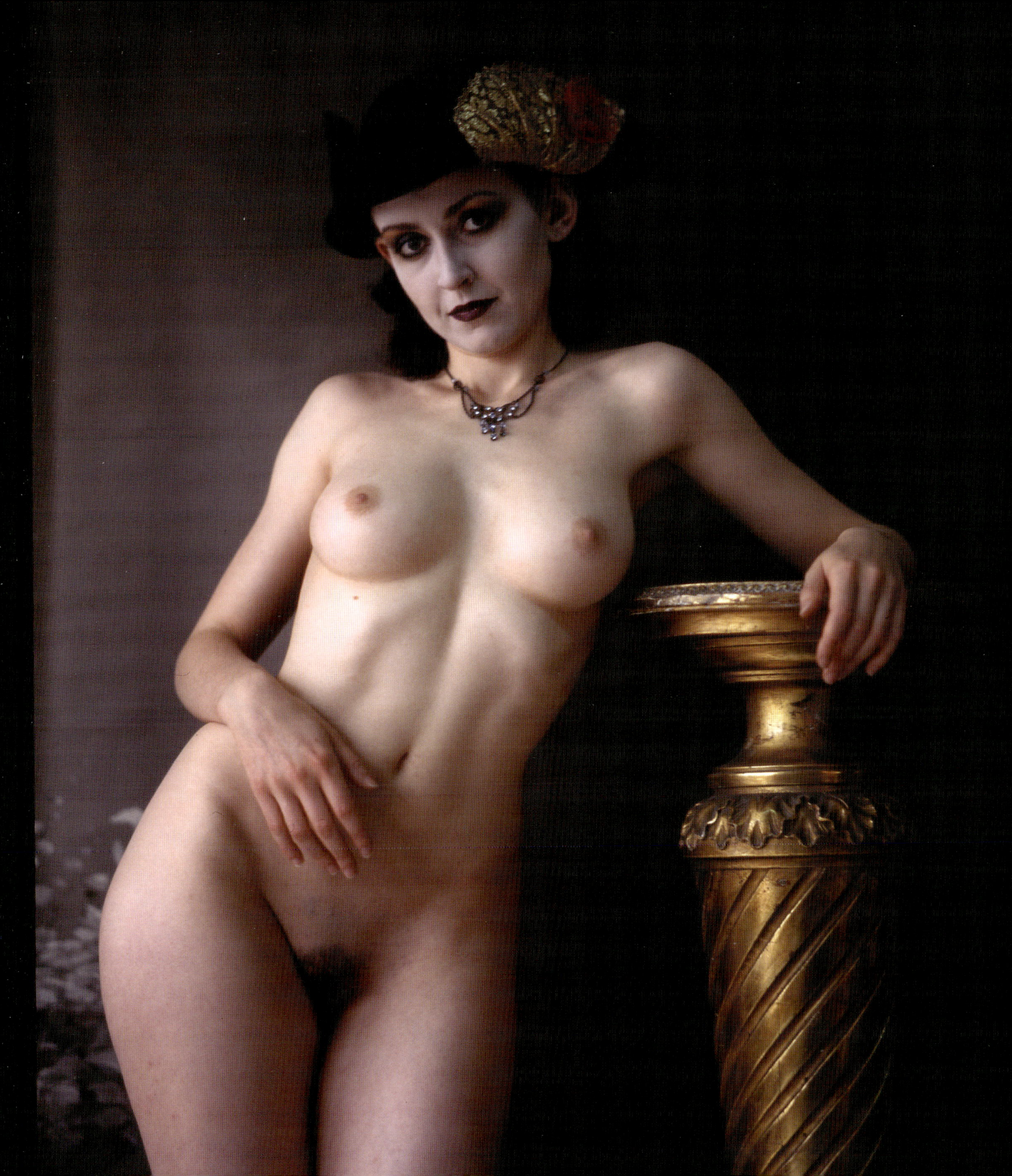

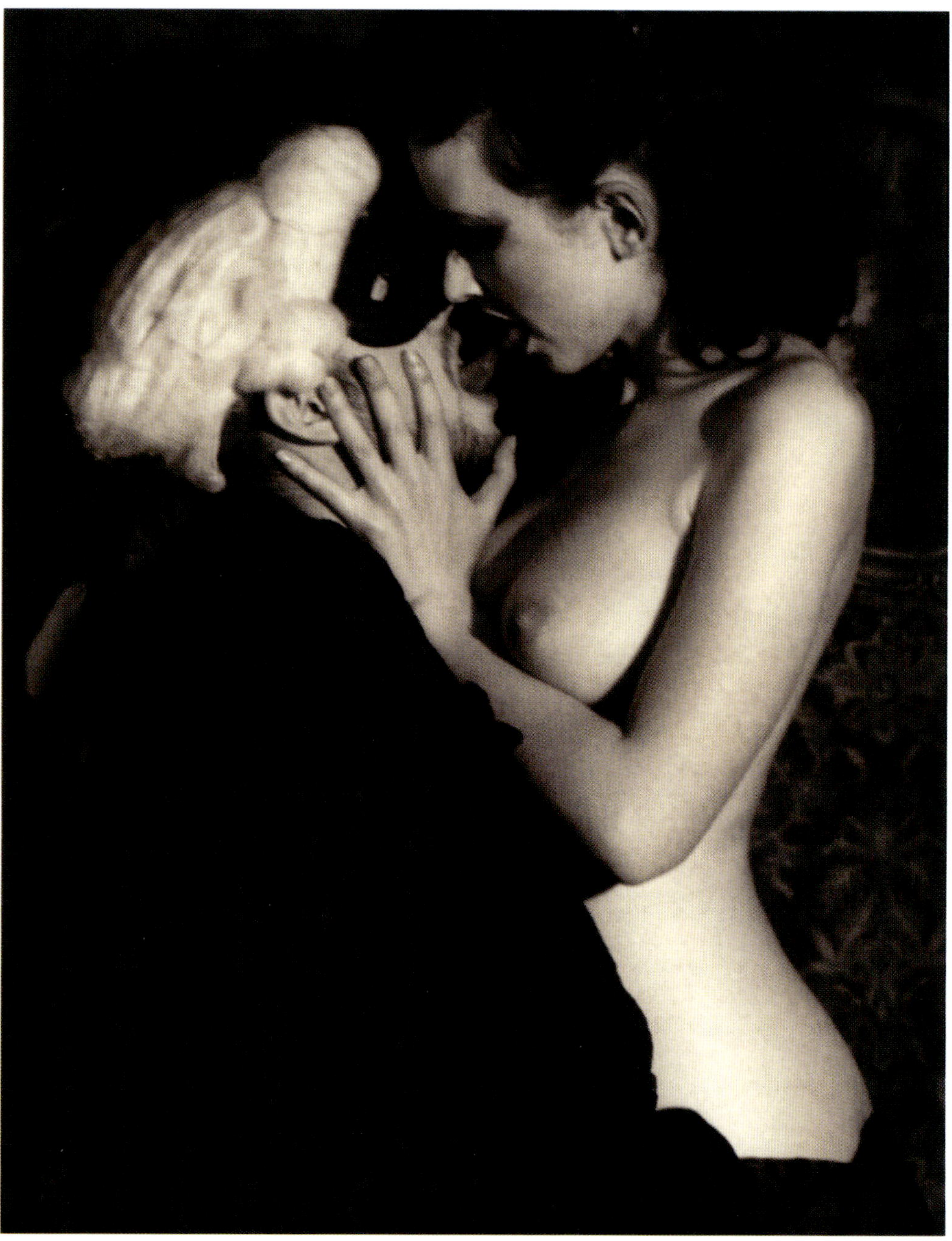

Le ravissement des sens, le triomphe de l'amour-propre, tout cela s'exprime éloquemment par un seul fougueux baiser dont est couronné cet ardent impromptu …
Mais tout n'est pas dit encore.
Andrea de Nerciat, *Les Aphrodites*, 1793

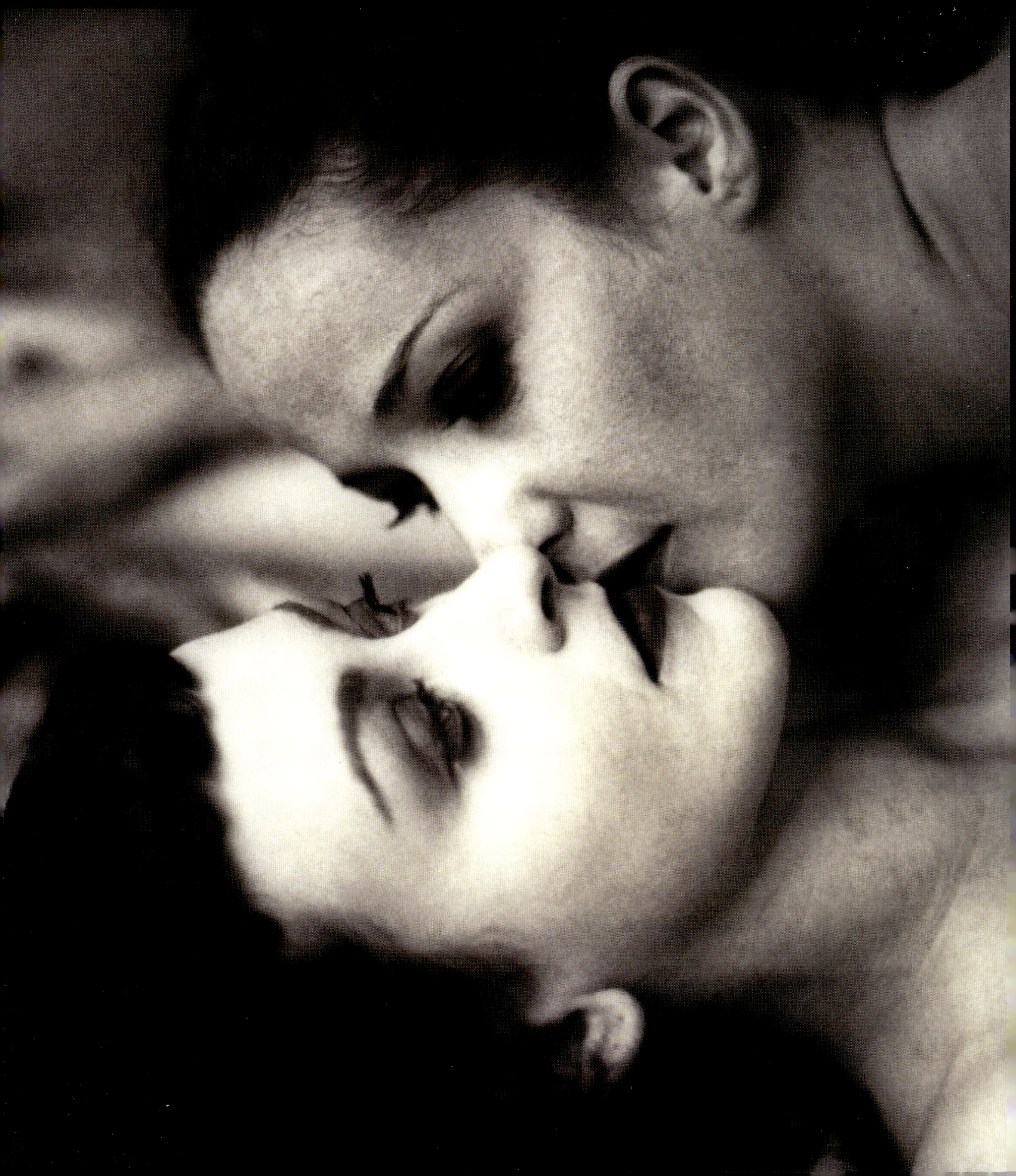

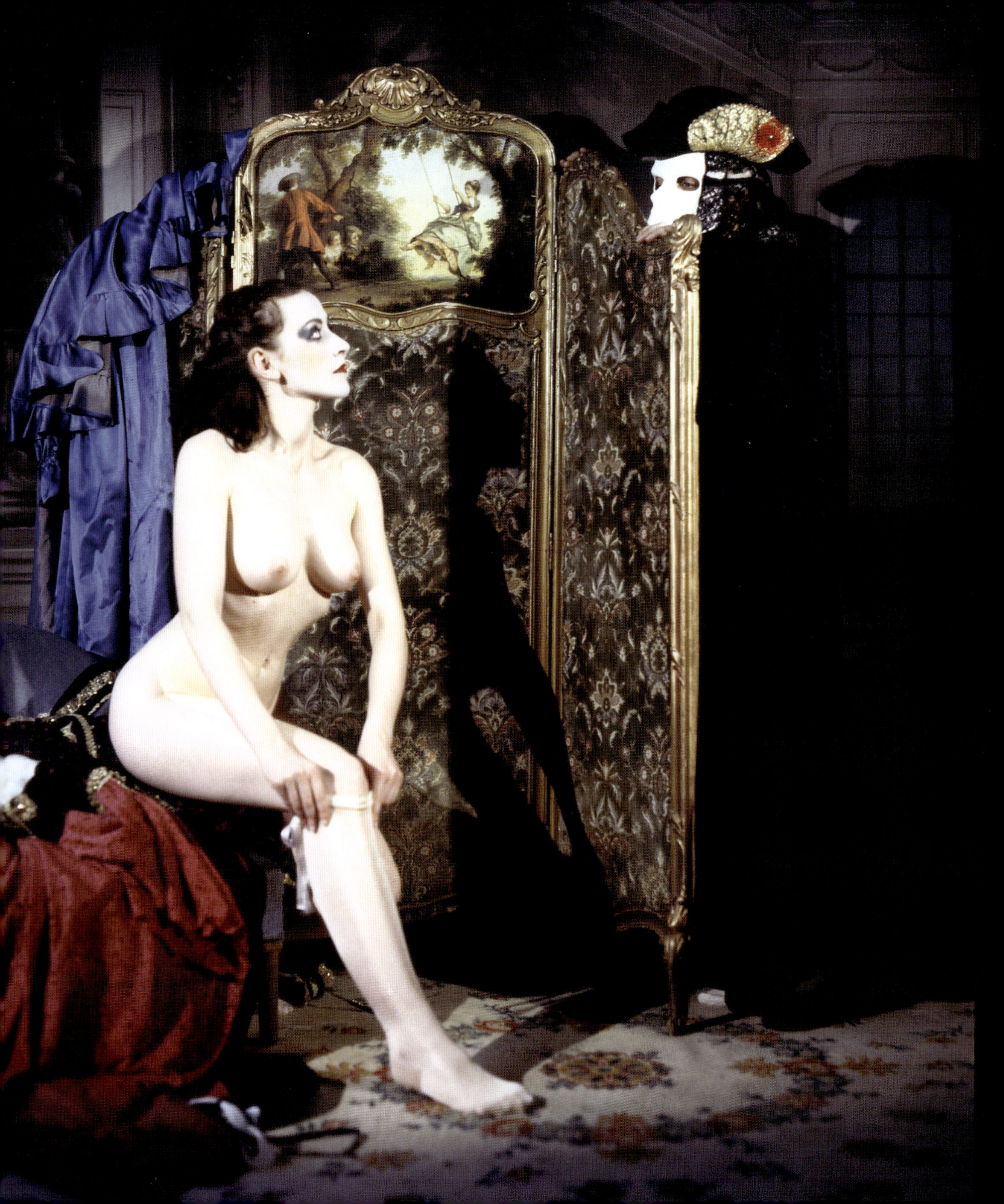

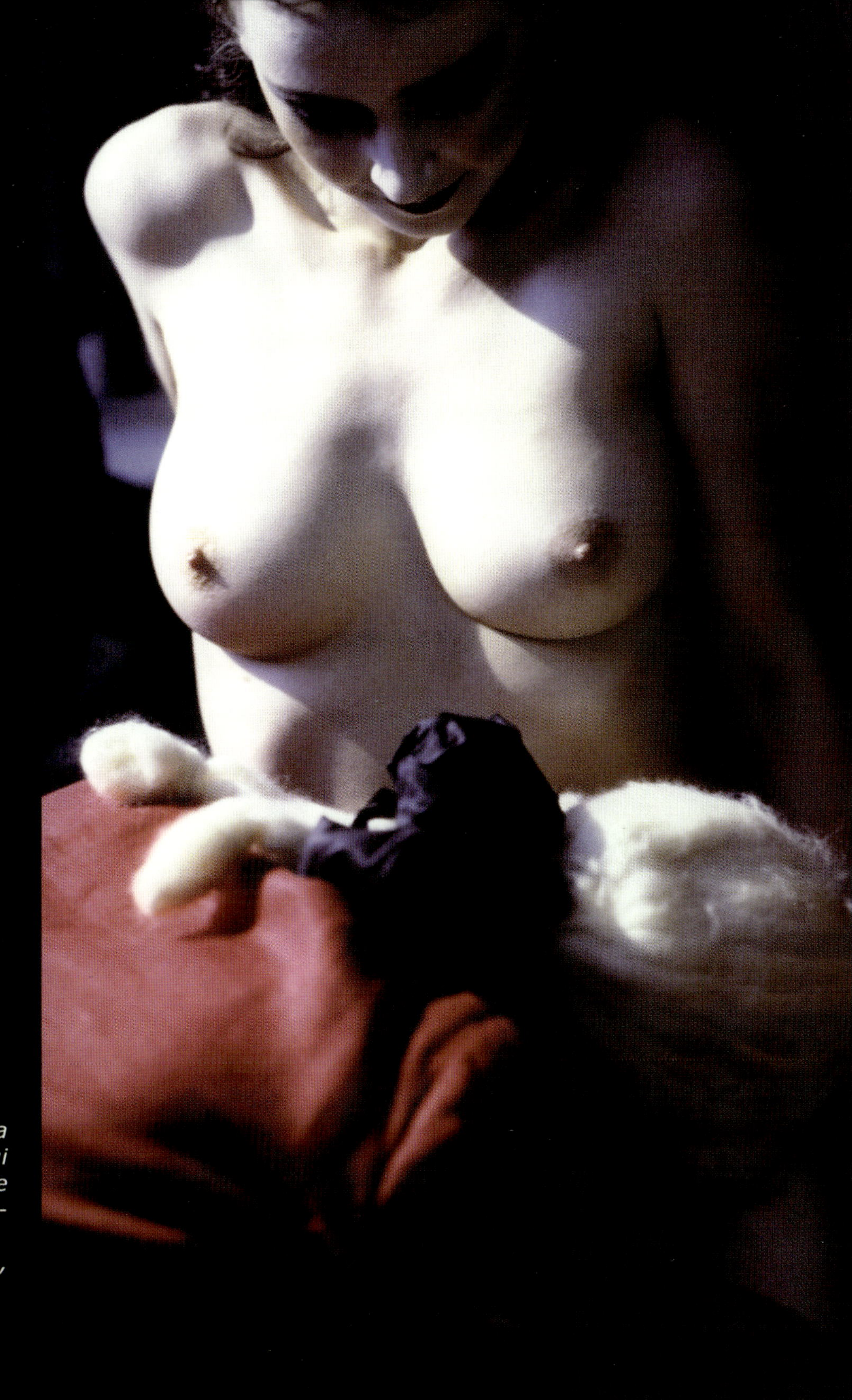

Limecœur se précipite et, collant sa bouche sur l'adorable sillon, lui donne en maître cette magnétique friction que bien des dames préfè-rent aux plus solides services.
Andrea de Nerciat, *Les Aphrodites*, 1793

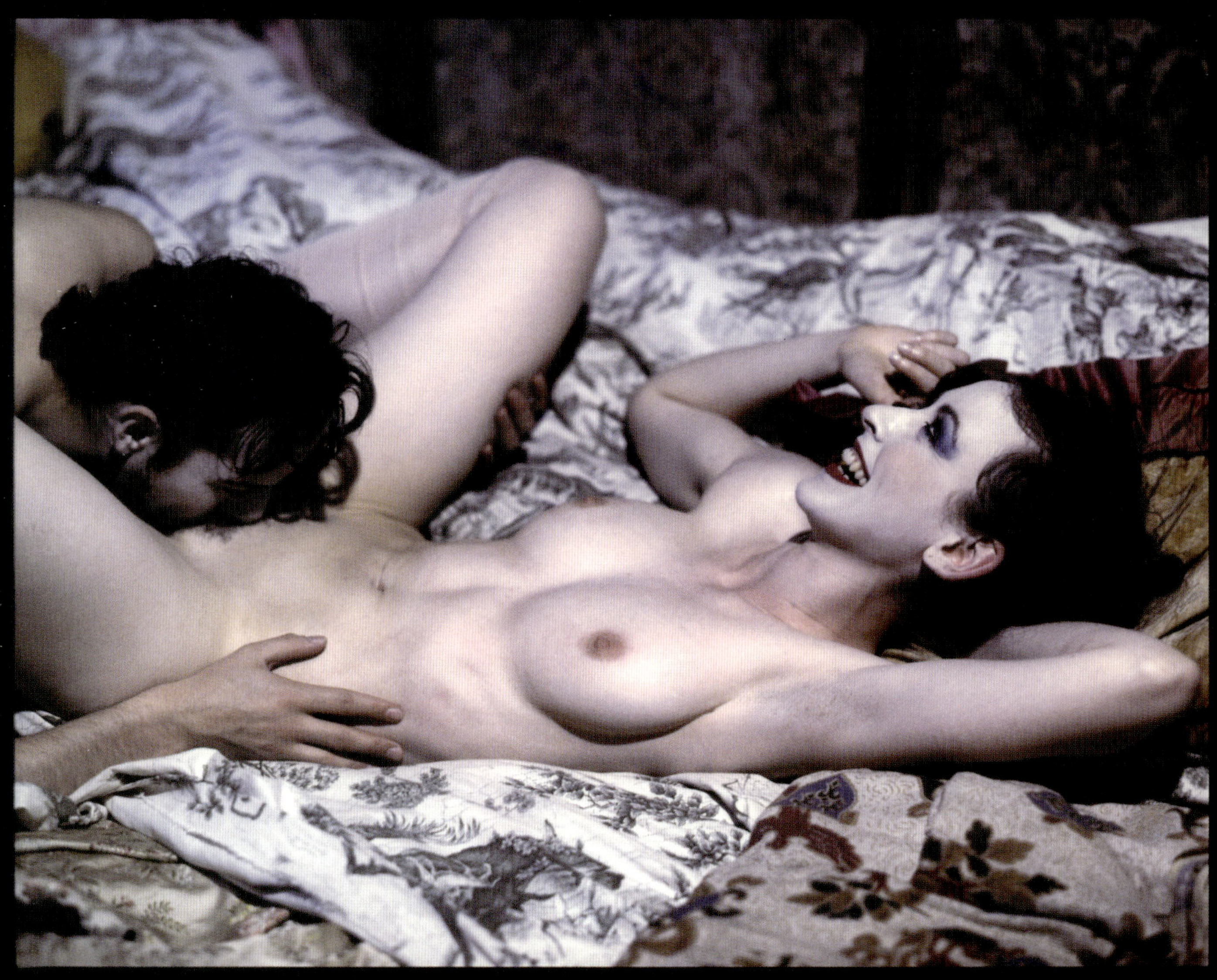

D'ailleurs, elle supposait Alphonse novice, docile, capable de s'arrêter où elle le lui prescrirait. Ensuite la duchesse, par exemple, aime à la fureur qu'une langue complaisante et vive l'électrise et lui fasse oublier son être. C'était à ce seul badinage qu'elle se proposait d'employer son beau protégé.
Andrea de Nerciat, *Les Aphrodites*, 1793

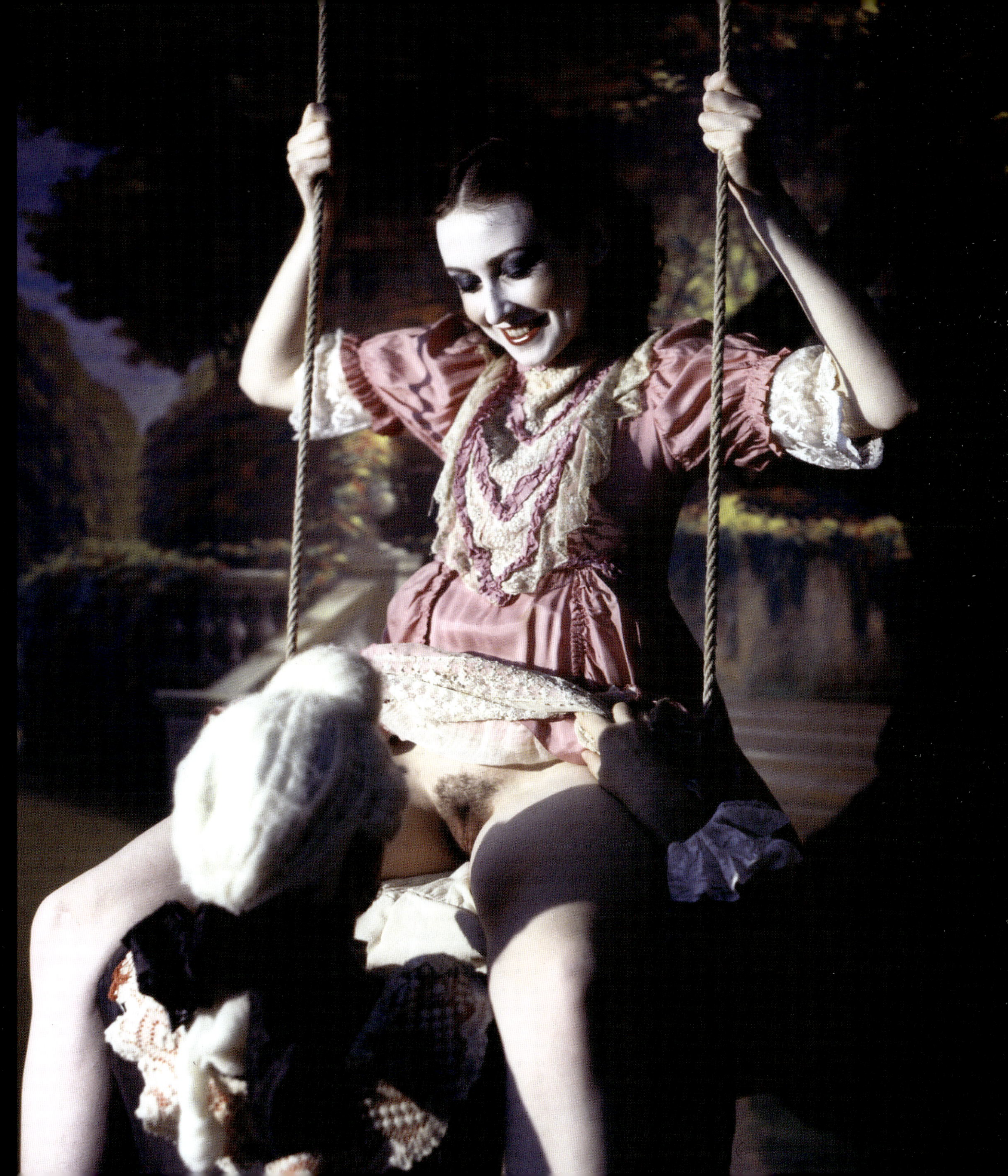

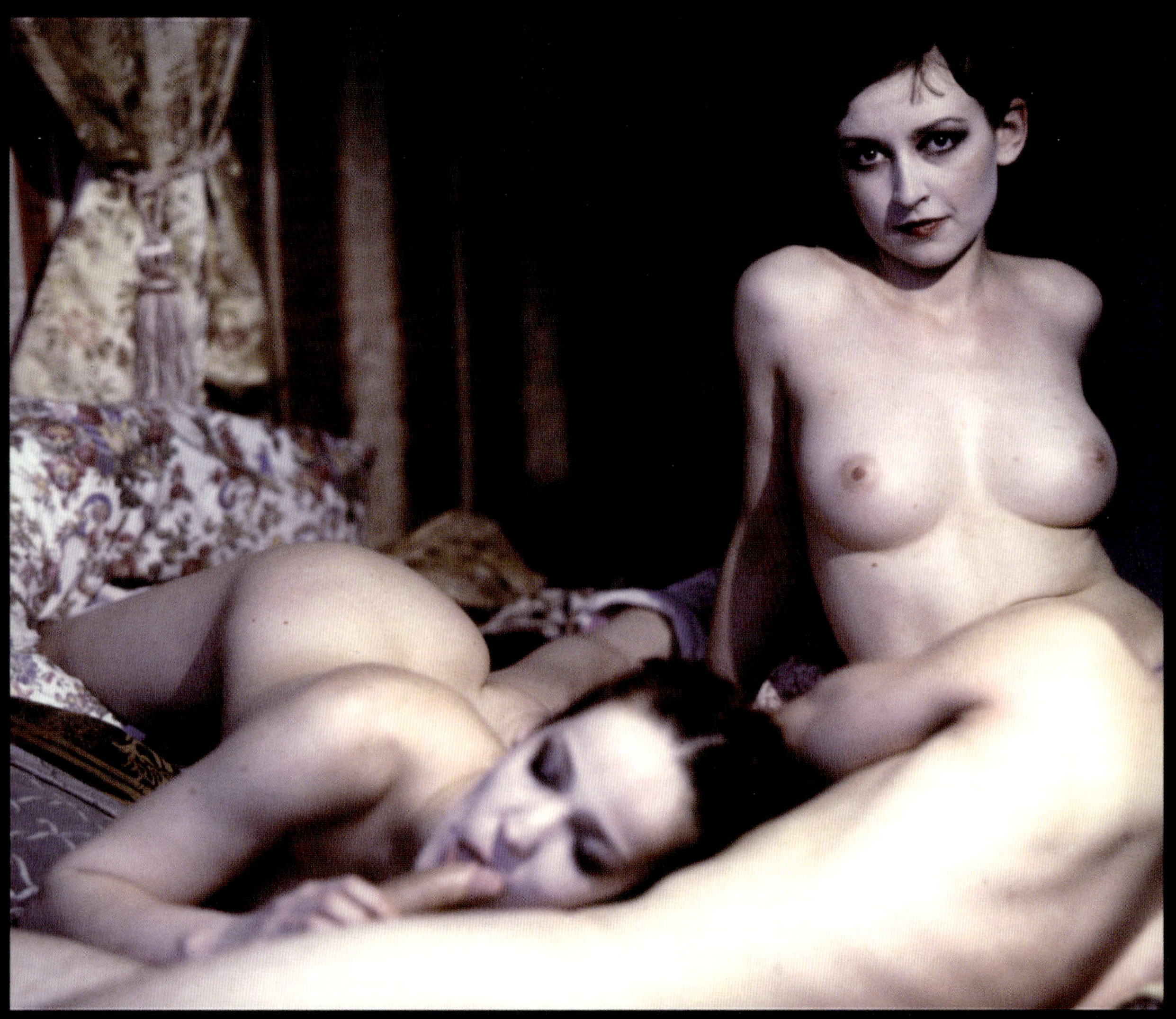

Hélas ! le pauvre diable était devenu mol, le meuble qui battait la mesure n'était plus qu'un chiffon. Mon ami désespérée fit des efforts incroyables pour animer son acteur ; mais les plus tendres baisers, les attouchements les plus lascifs furent employés en vain. Ils ne purent rendent l'élasticité à la partie languissante.
Boyer d'Argens, *Thérèse Philosophe*, 1748

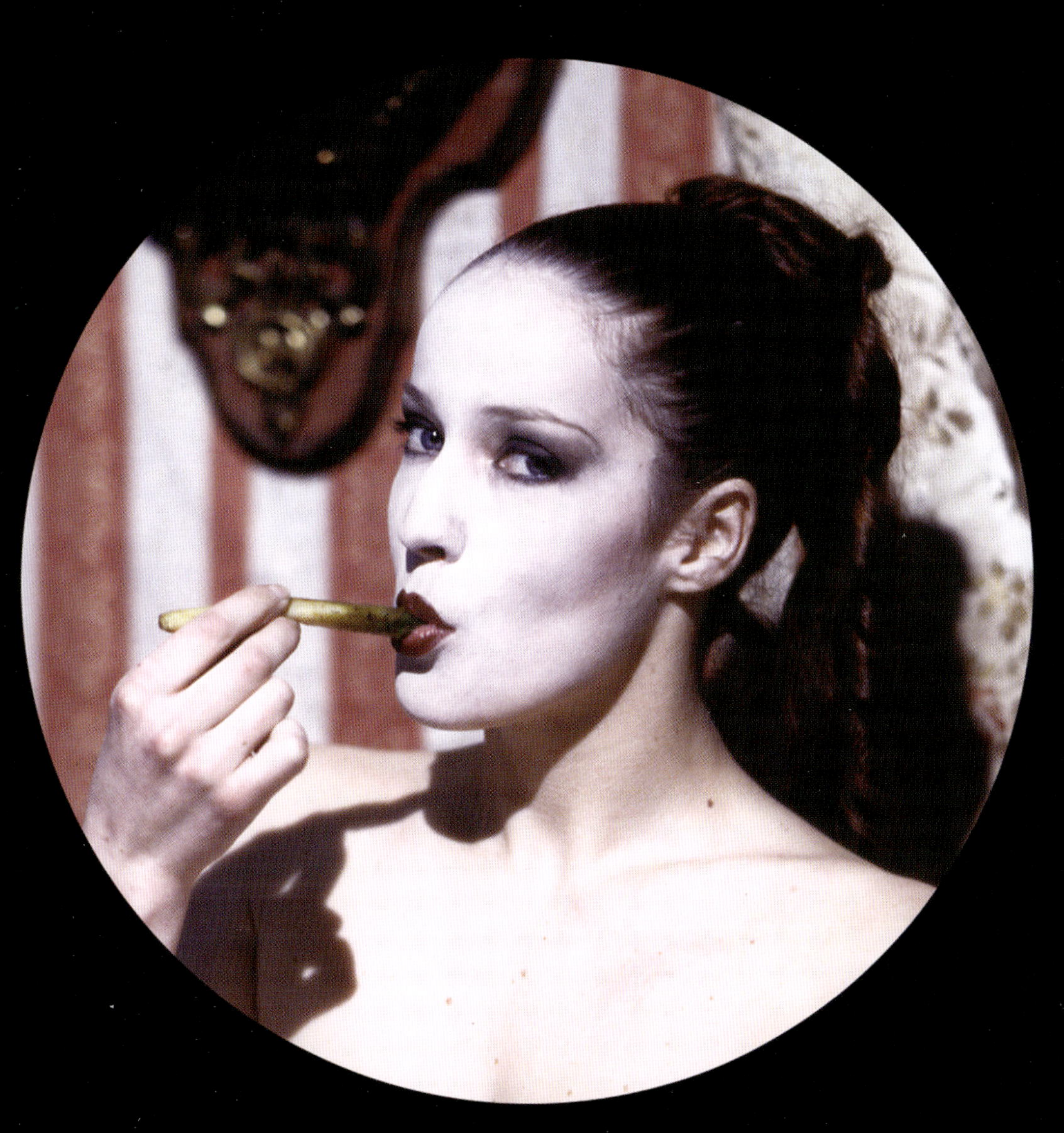

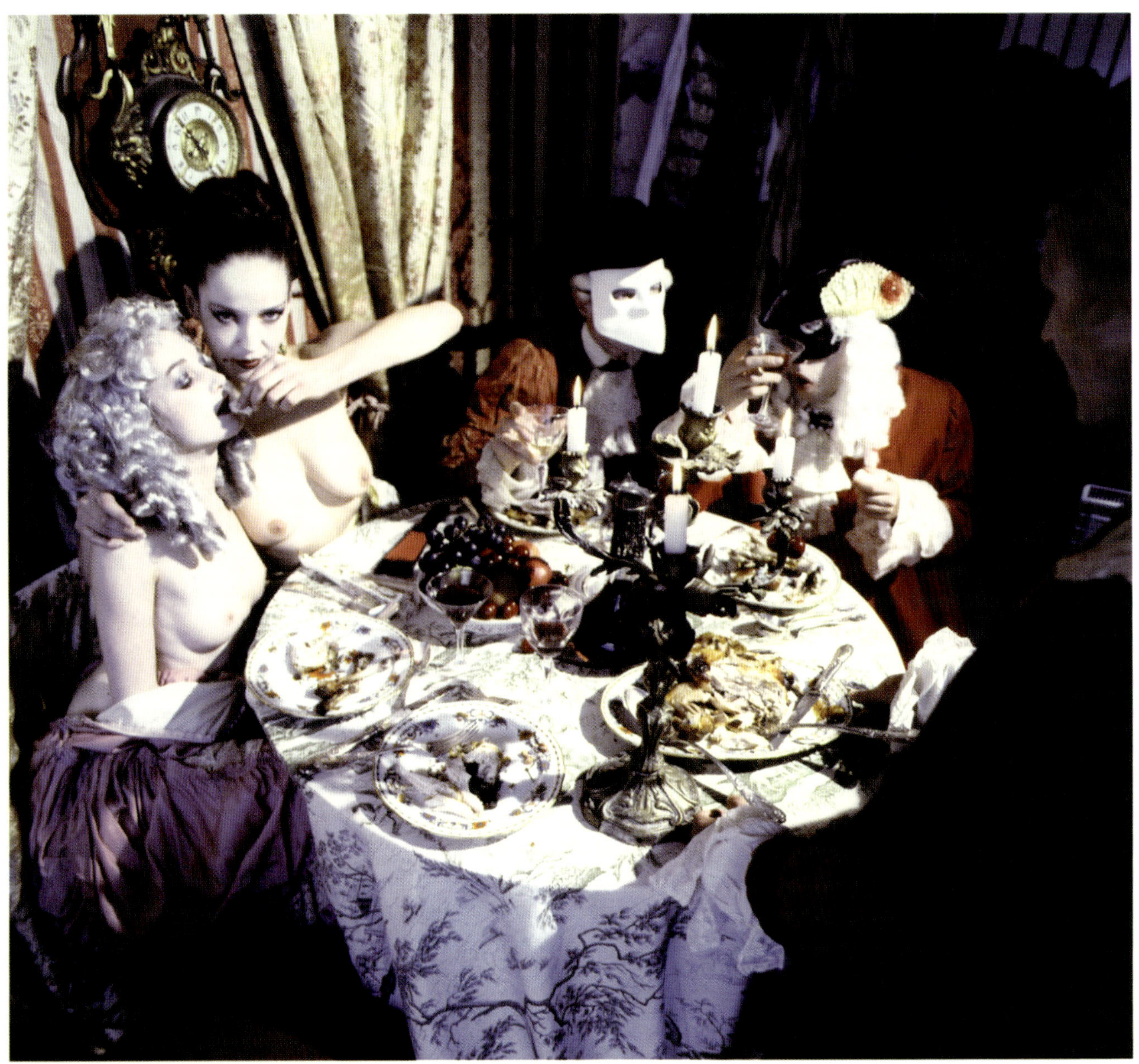

Il existait, sous le nom d'Aphrodites, une société de voluptueux des deux sexes, voués au culte de Priape, et qui renouvelaient dans leurs secrètes orgies toutes les débauches antiques dont nous avons une légère connaissance par les écrits et les monuments qui se sont conservés jusqu'à nous.
Andrea de Nerciat, *Le diable au corps*, 1793

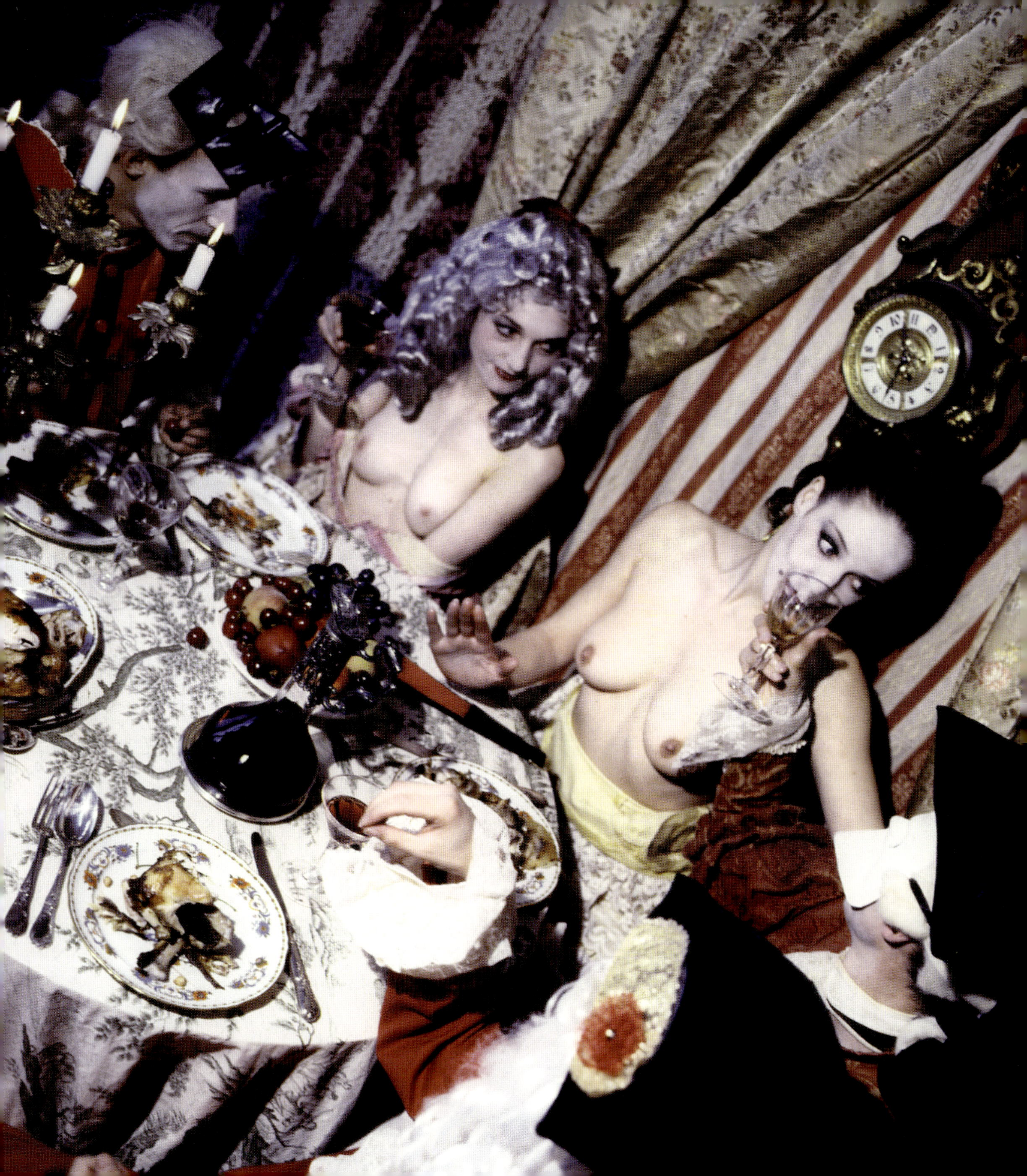

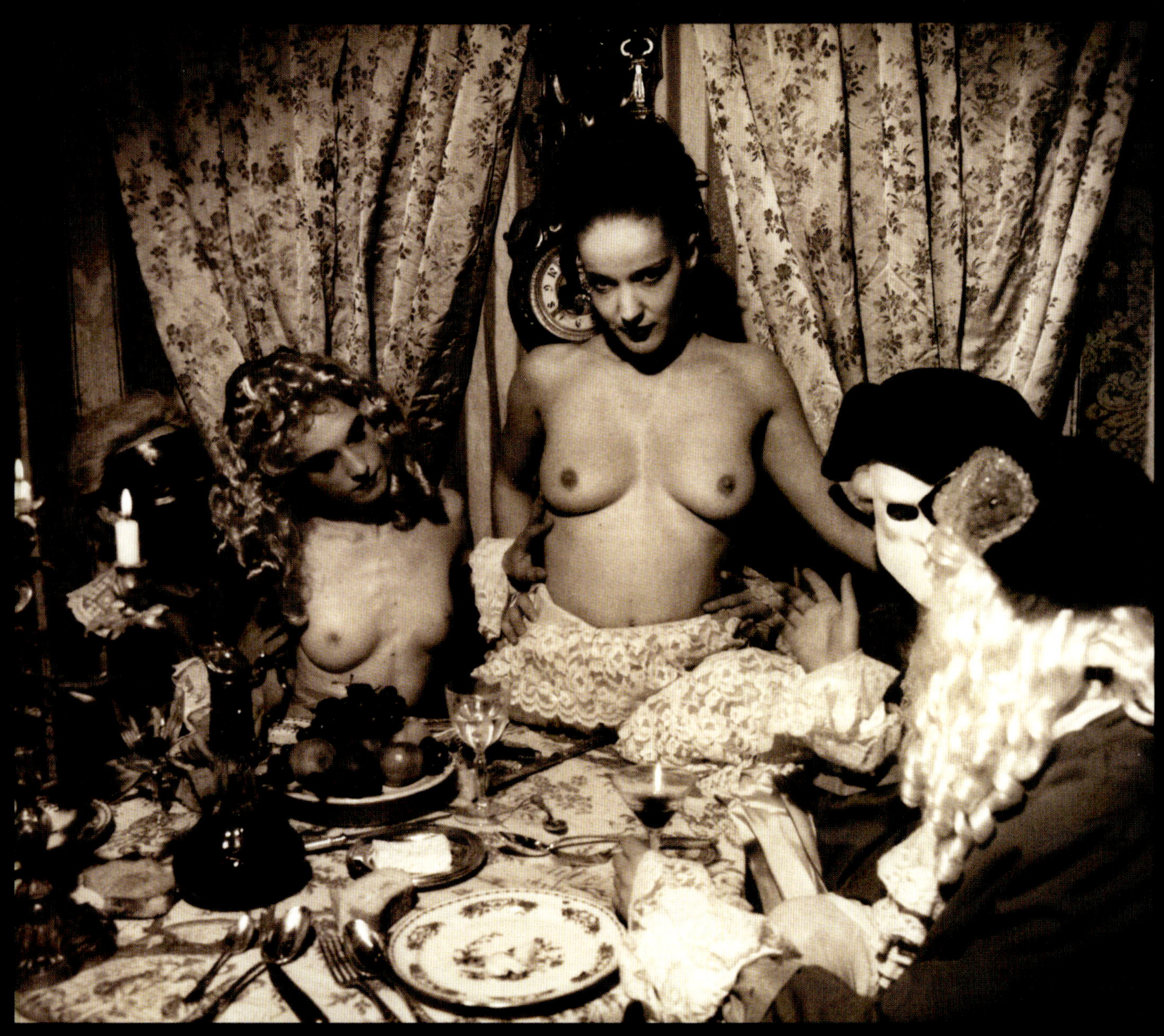

Quoique le chevalier est fait passablement des siennes, il se sent déjà des velléités pour cette friponne de Célestine, dont il est voisin, et qui joue avec lui de la prunelle à faire sauter le bouchon.
Andrea de Nerciat, Les Aphrodites, *1793*

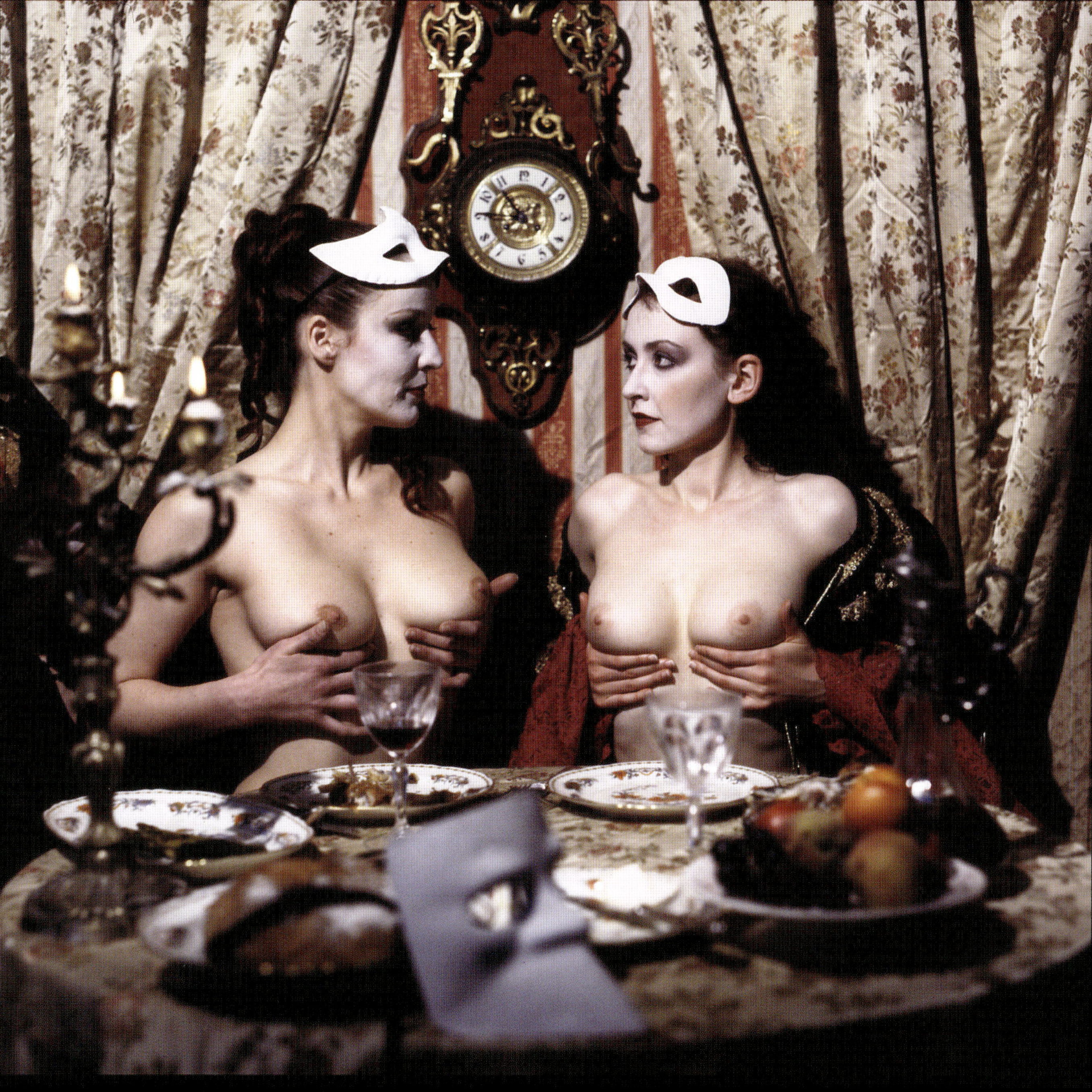

— Ta gorge, lui dis-je, doit en neuf mois être arrivée à sa perfection.
— Elle est comme la mienne, dit M. M. ; veux-tu en juger ?
N'ayant pas dit non, elle se met en besogne, elle délace son amie, qui n'oppose aucune résistance, et, agissant ensuite sur elle-même, en moins de deux minutes je contemplai quatre rivaux qui se disputaient la pomme comme les trois immortelles, et qui auraient défié le beau Pâris d'adjuger le prix sans injustice.
Mémoires de Jacques Casanova de Seingalt écrits par lui-même

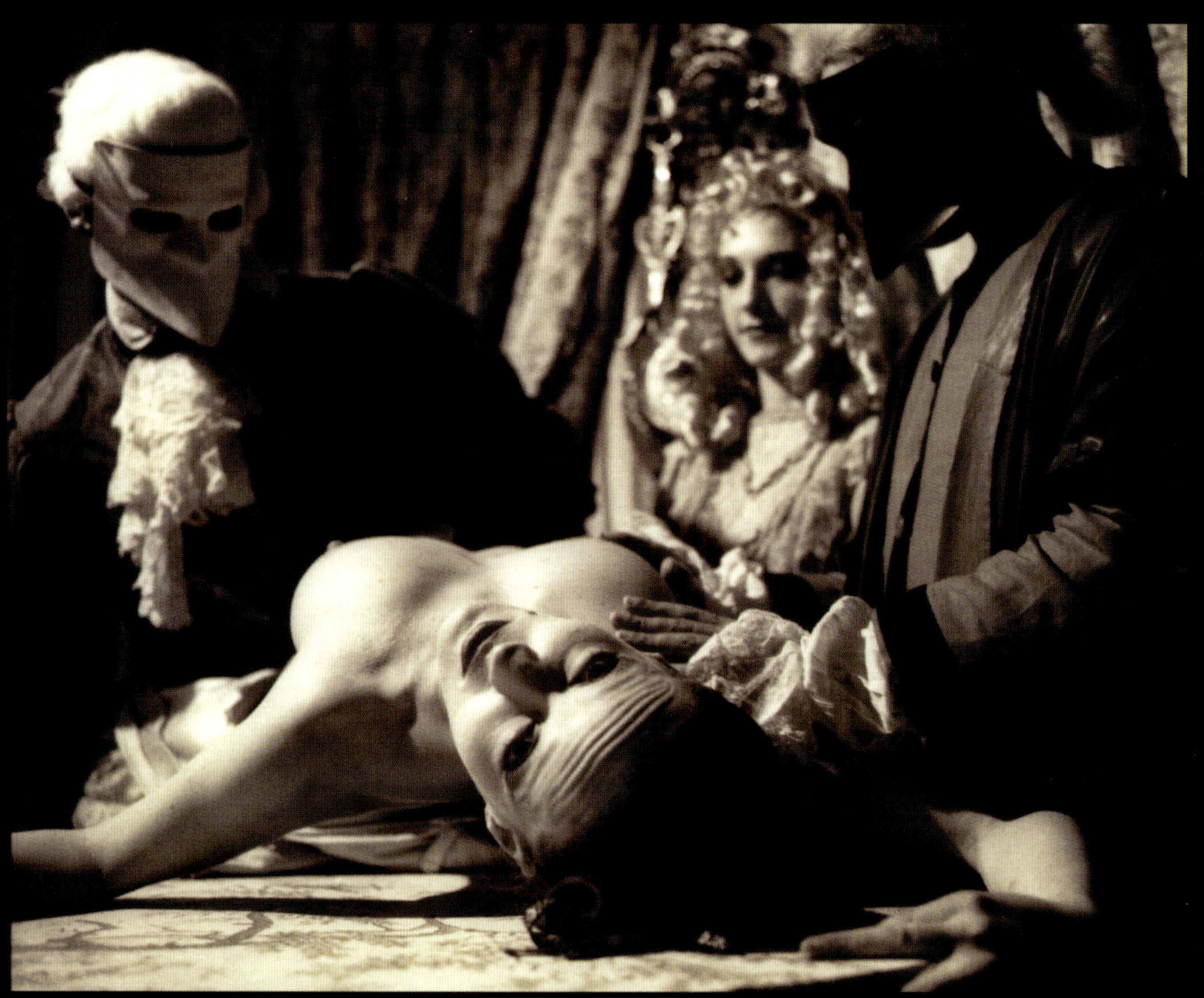

Sans doute que l'offrande lui parut douce ; car, m'étant offert en sacrificateur courageux pour la seconde offrande, elle me reçut avec une sorte de reconnaissance, et sa joie ne put se dissimuler dès qu'elle vit qu'elle était destinée à faire autant d'heureux que nous étions de convives.
Mémoires de Jacques Casanova de Seingalt écrits par lui-même

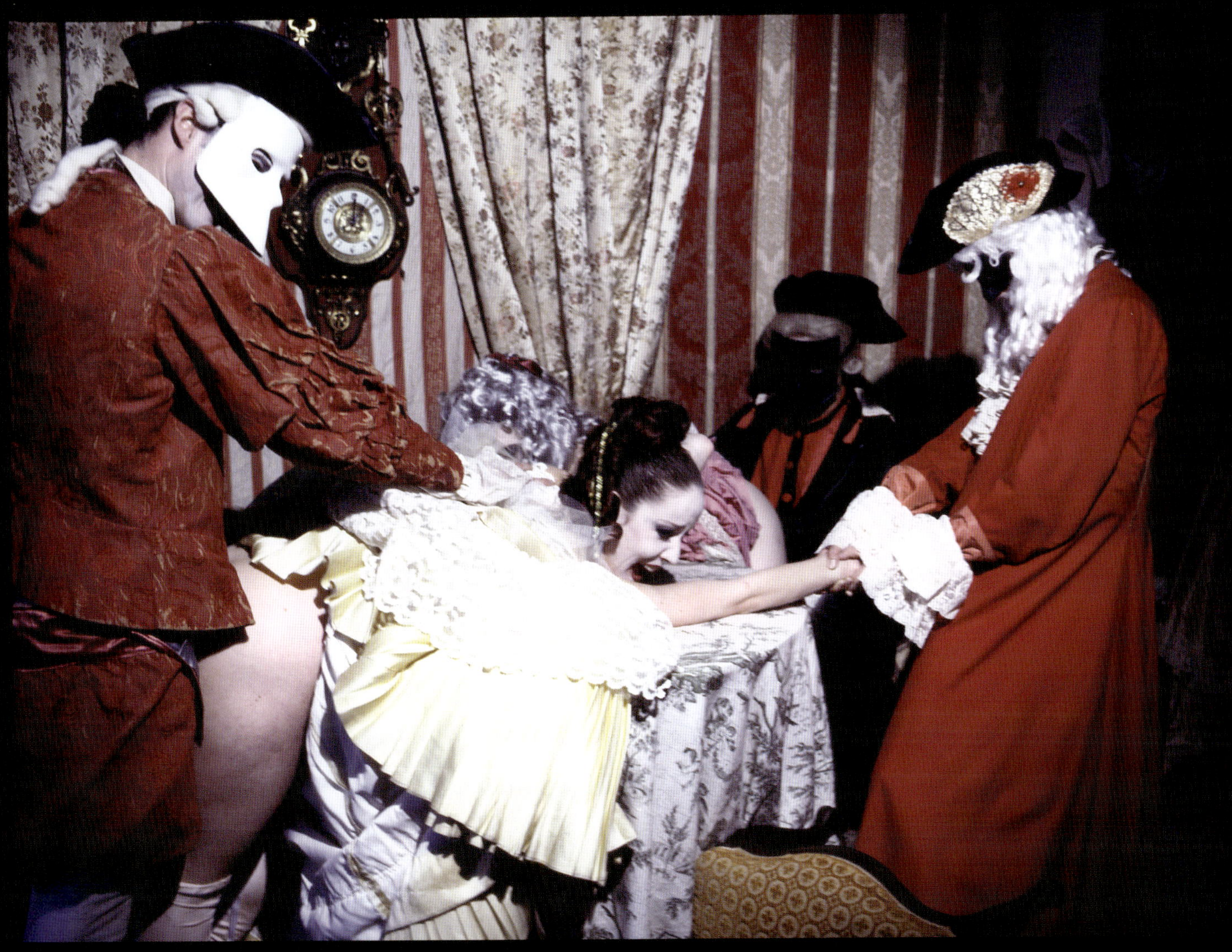

L'égrillard de chevalier profite de la posture de Célestine pour lui jeter ses jupons par dessus les hanches, et, sans dire gare, il lui plante·vigoureusement ce dont tout à l'heure elle venait de s'amuser.
Andrea de Nerciat, Les Aphrodites, *1793*

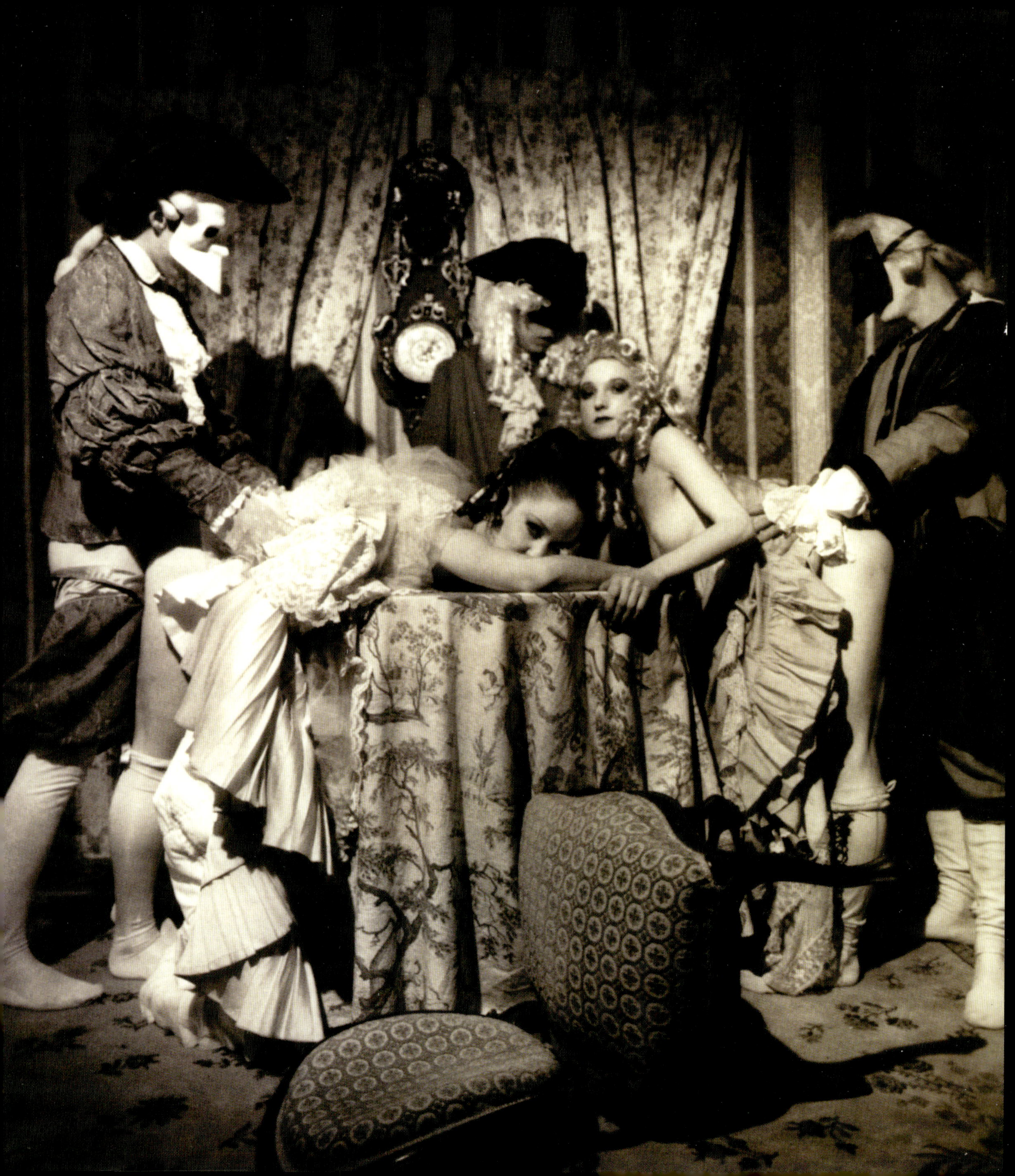

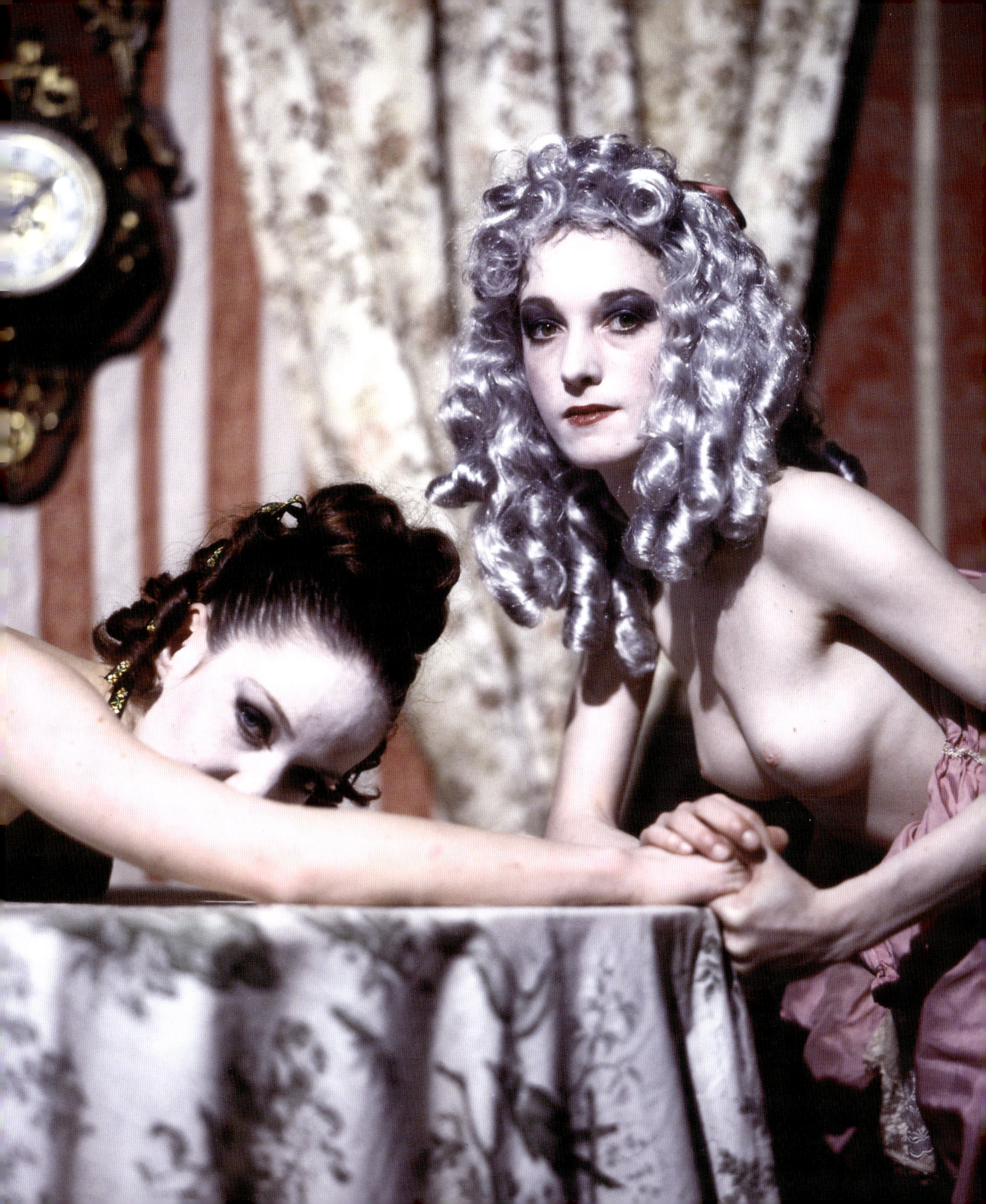

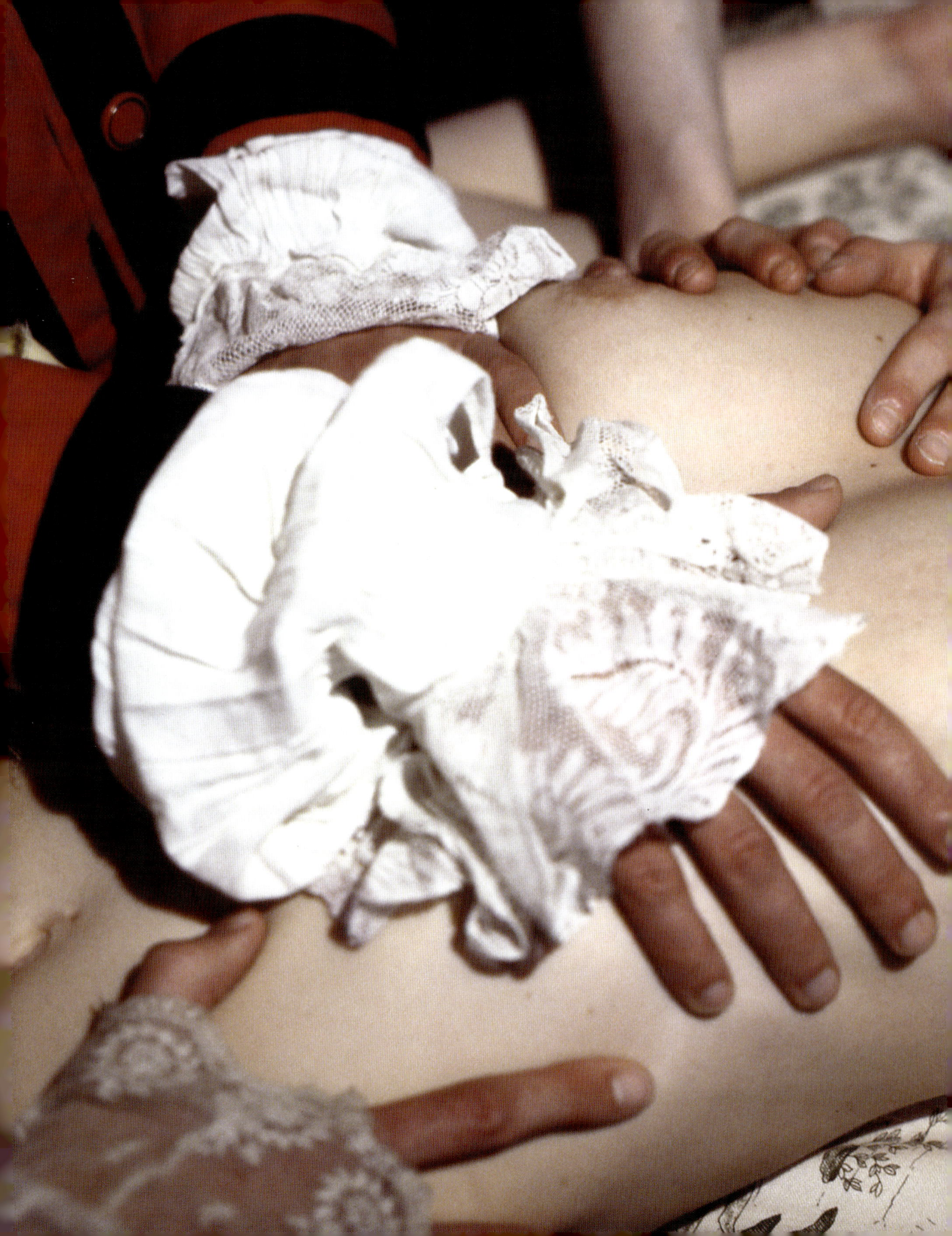

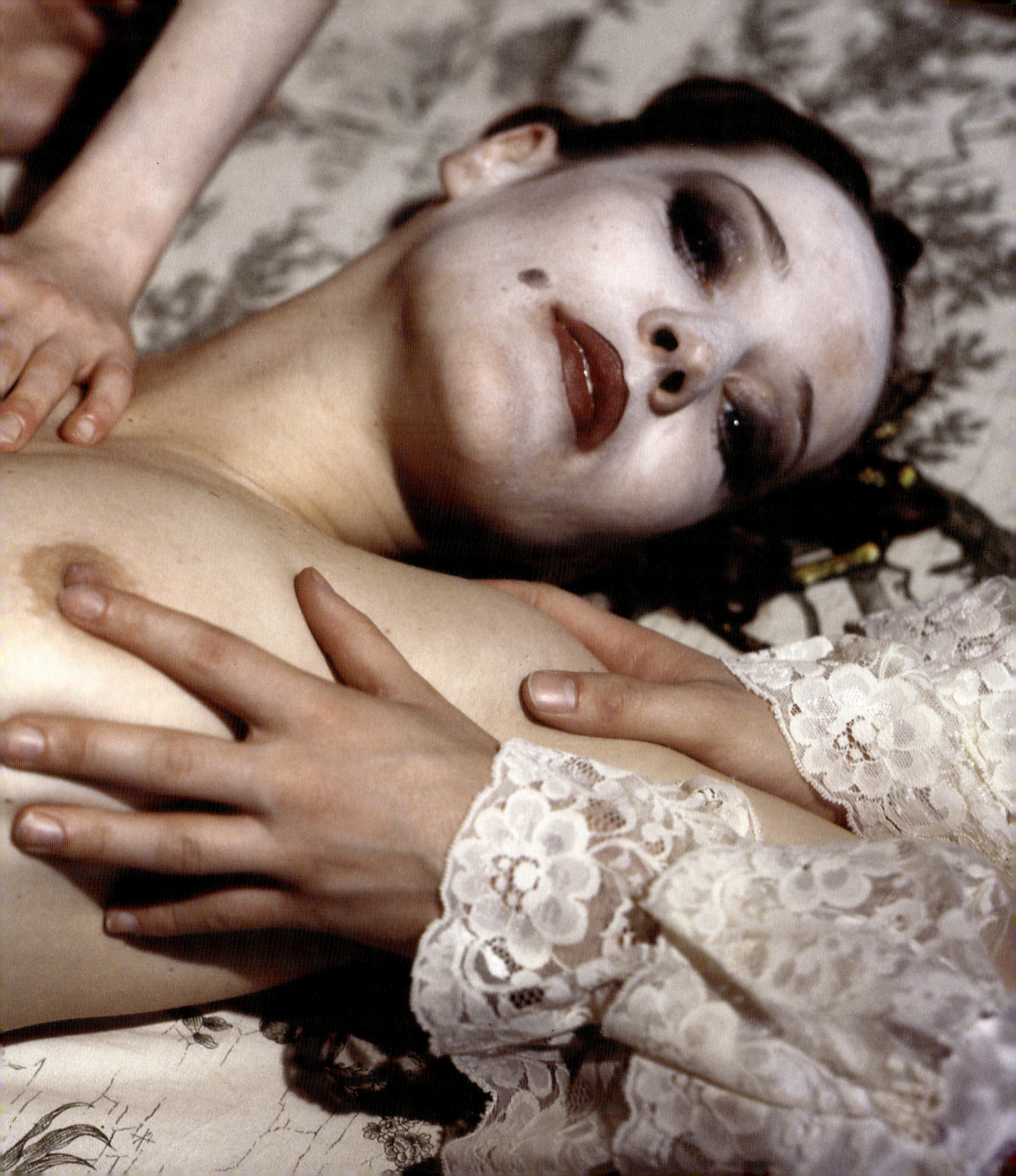

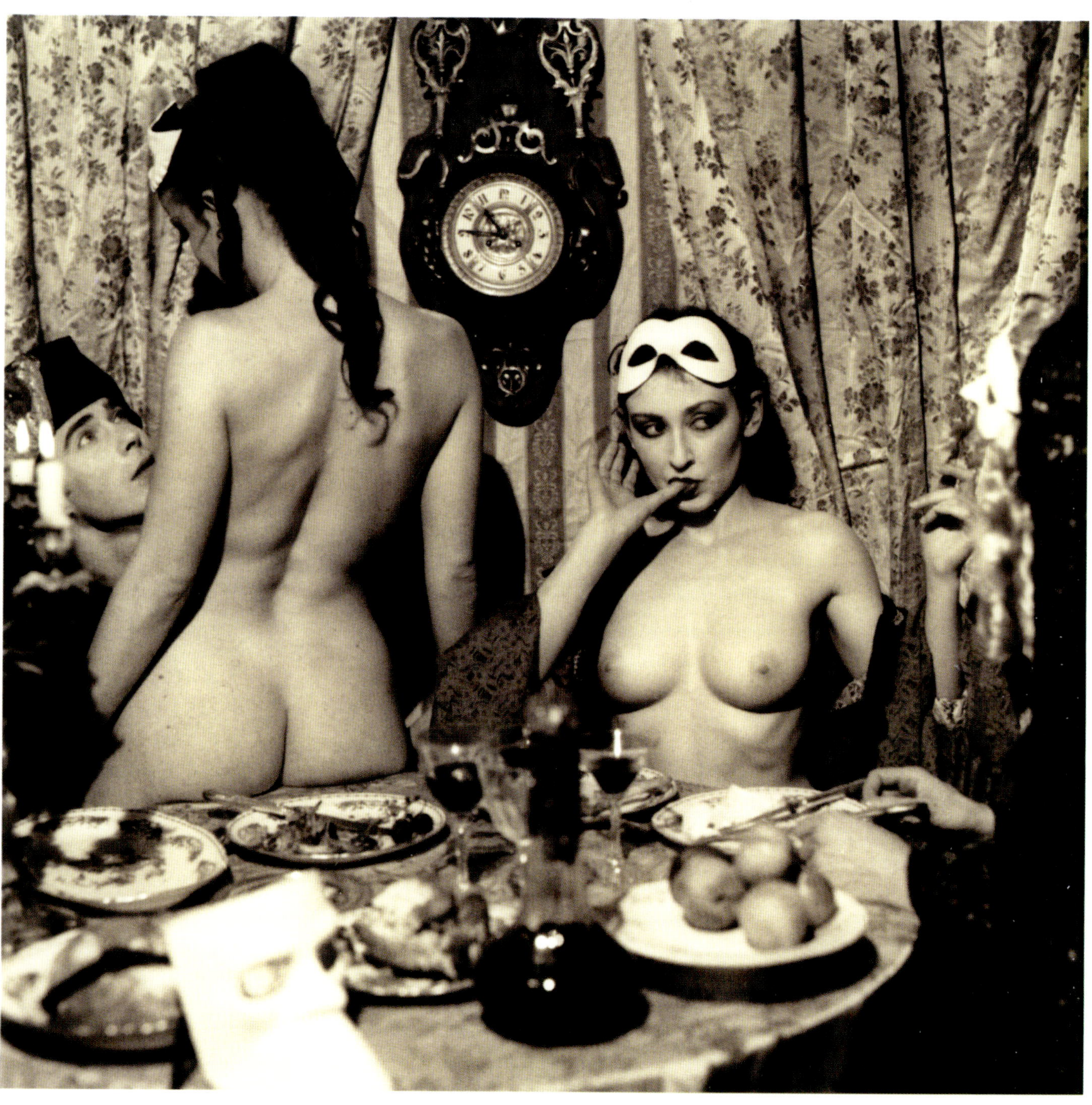

Mettez la vertu la plus farouche, le tempérament le plus engourdi vis-à-vis d'un groupe voluptueusement
enlacé, et il viendra un moment où le spectateur ne restera pas indifférent.
Mémoires de Jacques Casanova de Seingalt écrits par lui-même

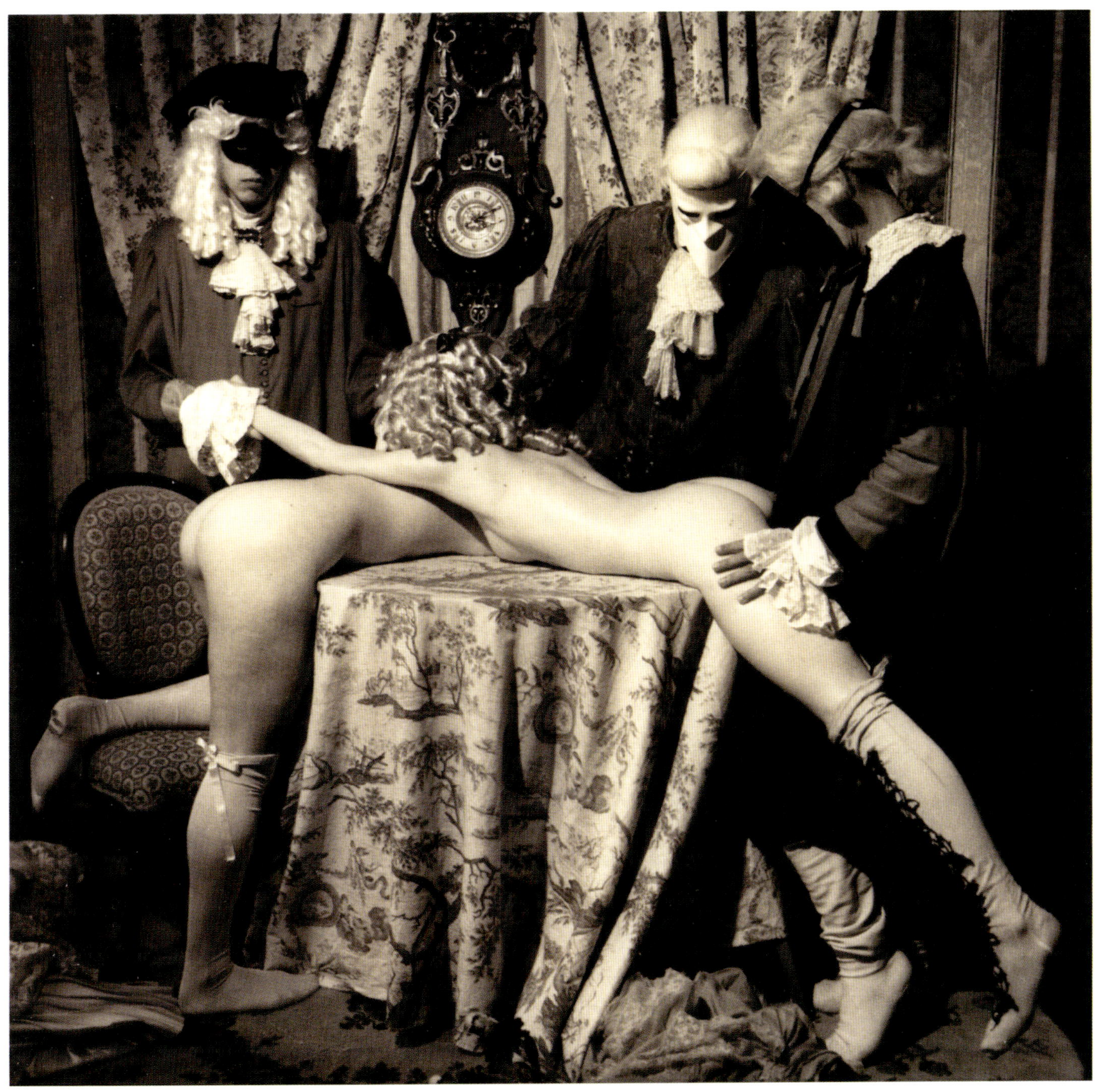

Ainsi chacun des quatre acteurs se partage presque également ; la volupté circule.
Andrea de Nerciat, Les Aphrodites, *1793*

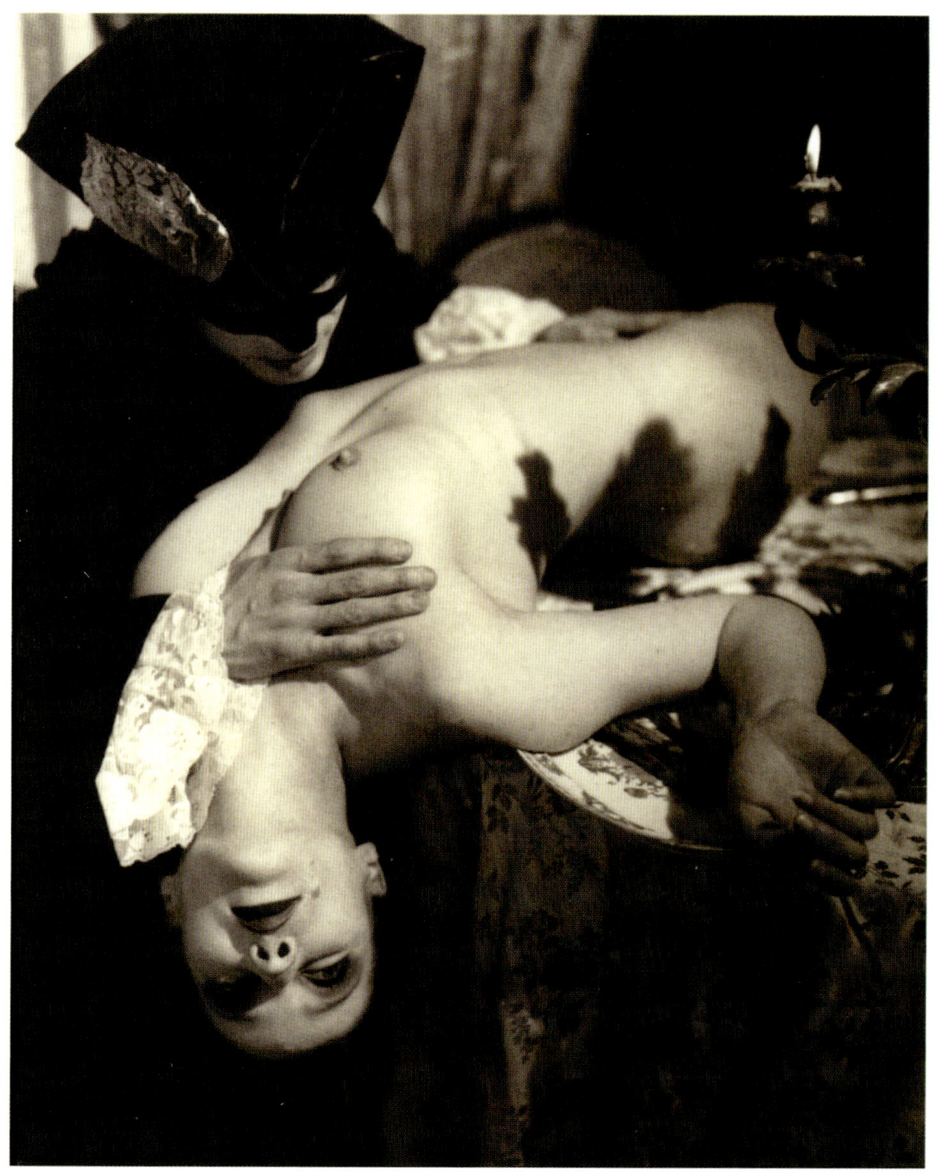

*Elle permit à ma main une indiscrète perquisition, et mes doigts
parcoururent avec délices le péristyle du temple de l'amour.*
Mémoires de Jacques Casanova de Seingalt écrits par lui-même

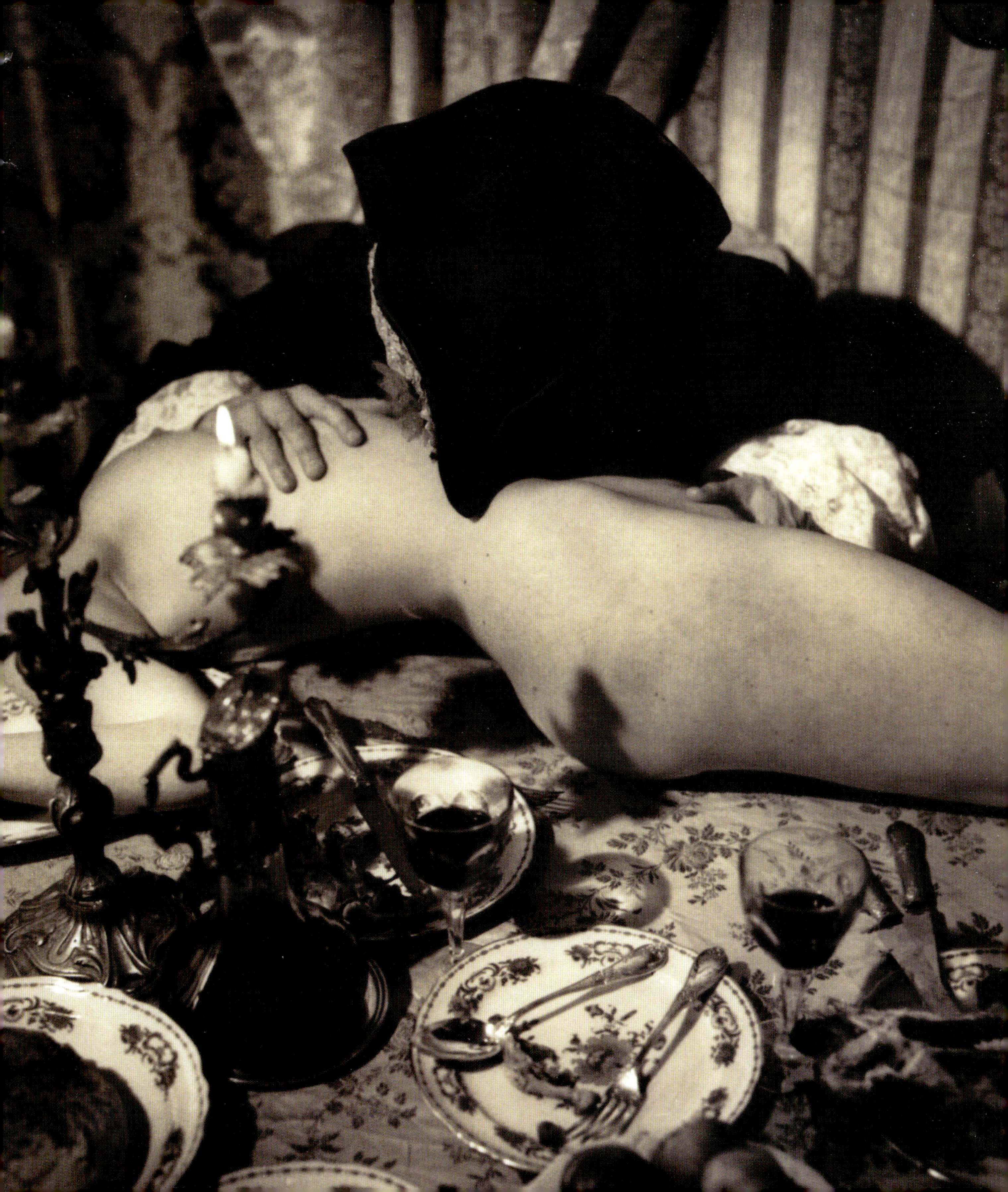

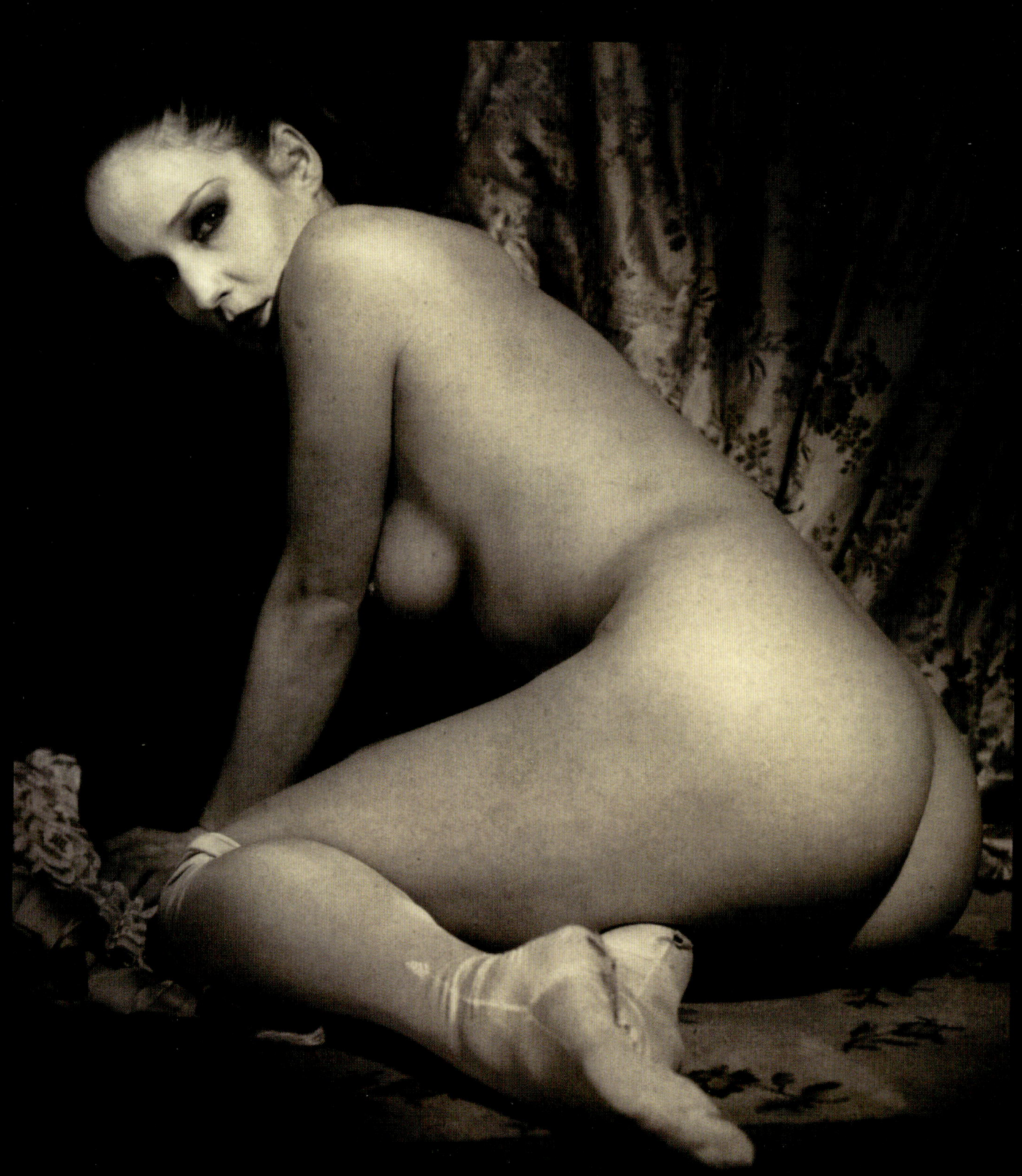

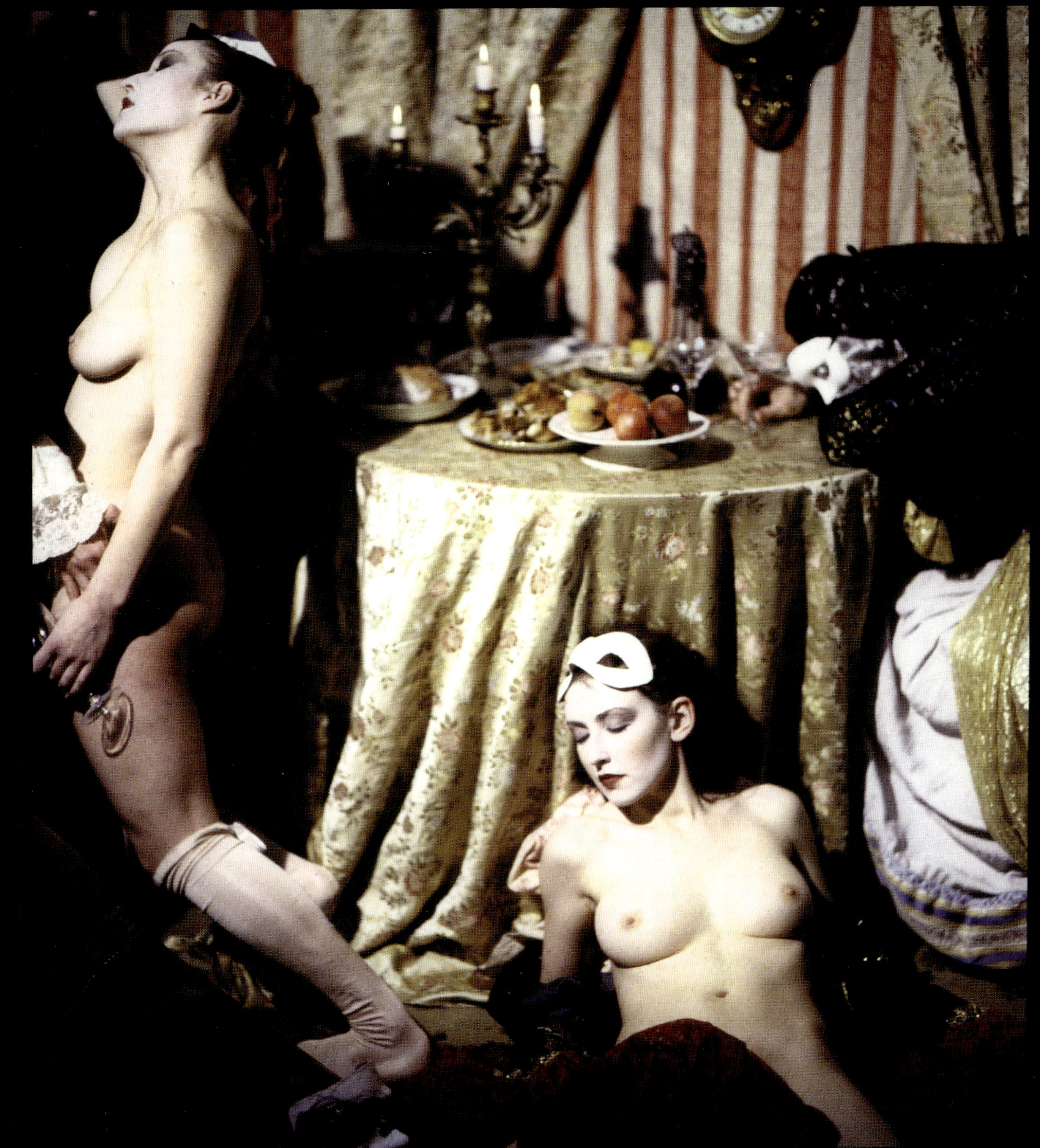

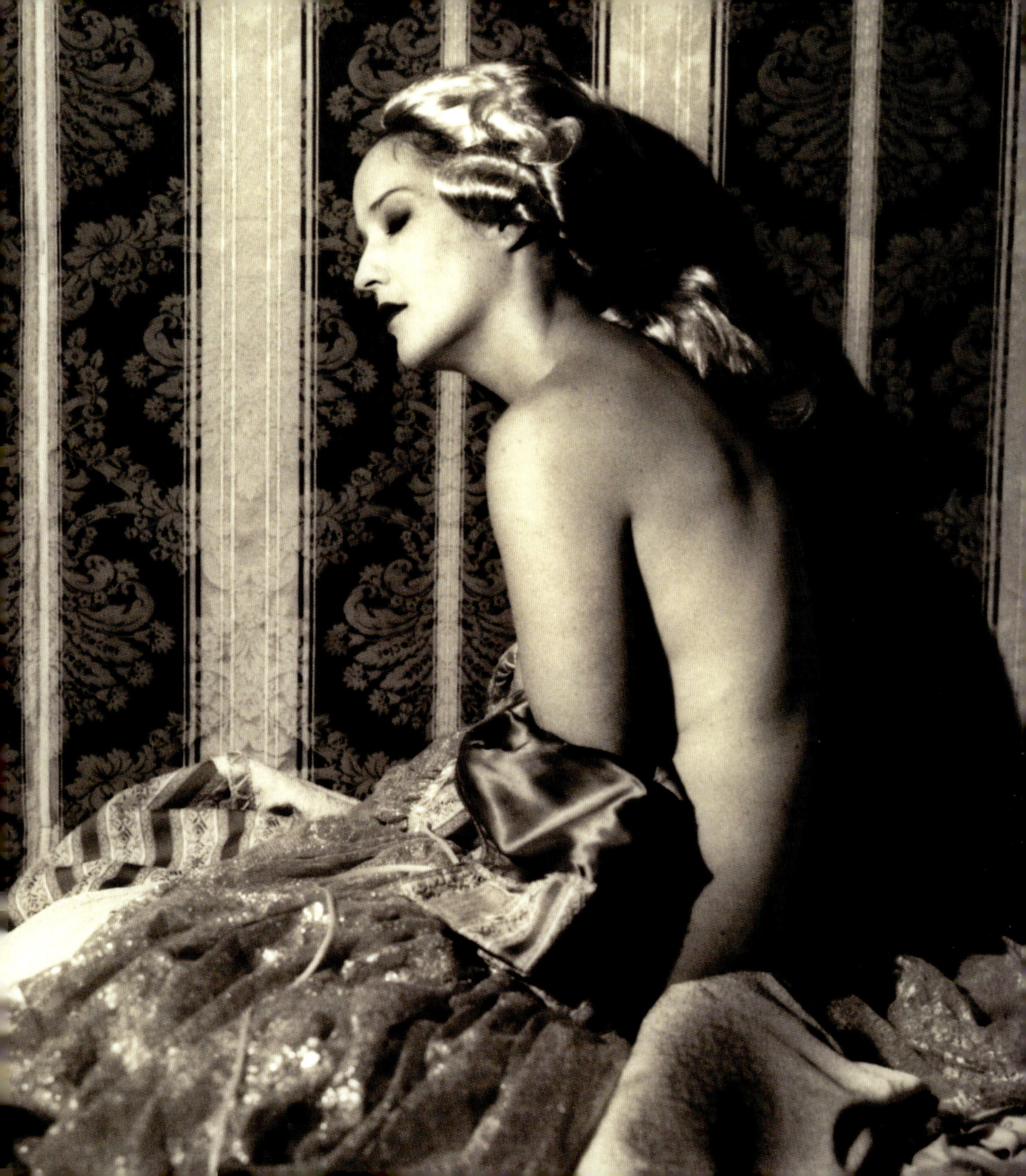

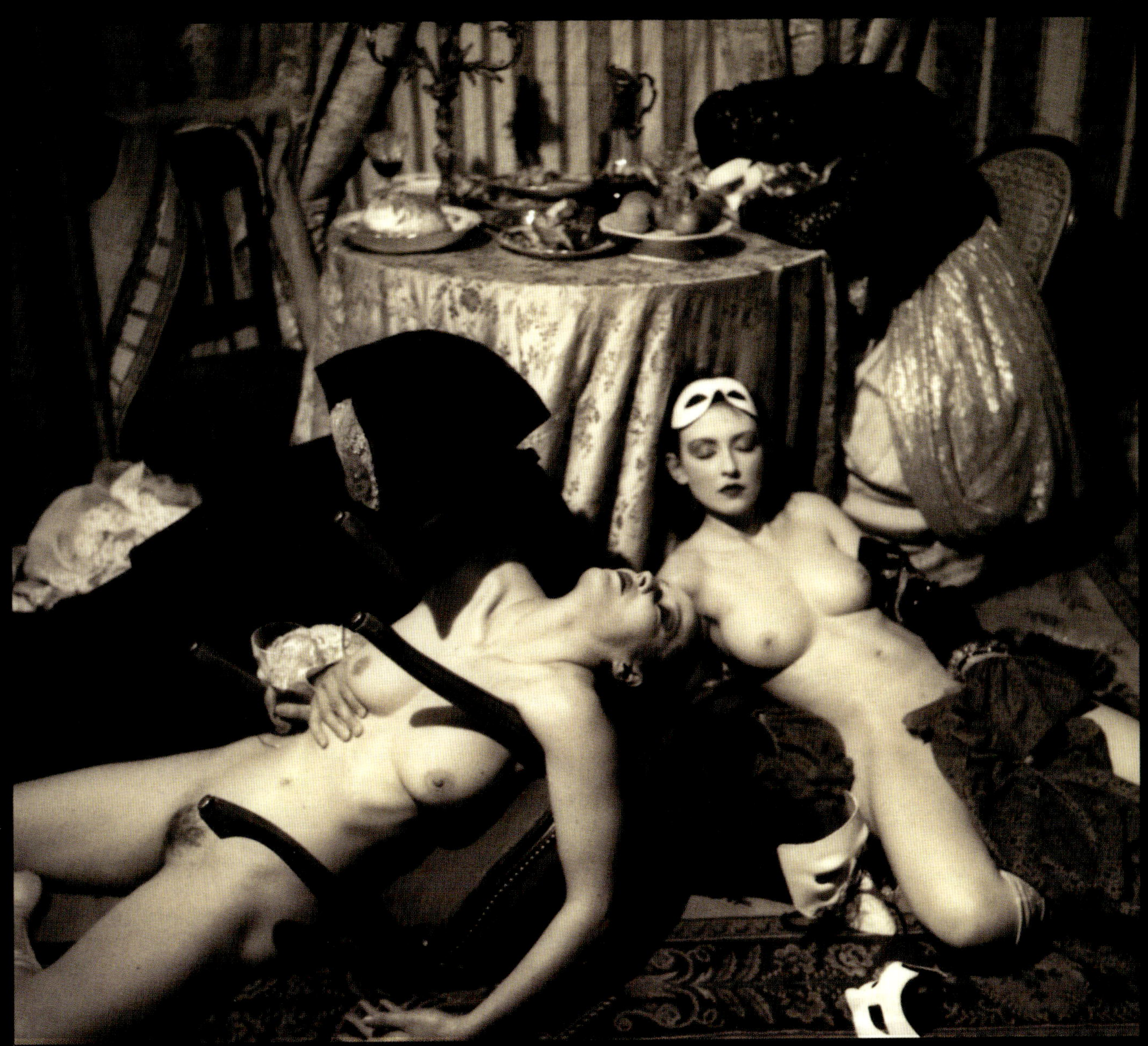

Il est inutile d'apprendre aux lecteurs comment finit, pour l'assemblée de la rotonde, une fête dont la farce infernale de la résurrection était le dernier acte. Chacun retourna chez soi, riche de plus ou moins de plaisir et de gloire. Heureux en pareil cas celui qui ne s'est pas piqué de voir tout à fait le fond du sac !
Andrea de Nerciat, *Les Aphrodites*, 1793

Citations

Page 10 - I clearly heard said even though merely in a low voice and through a sigh: "Oh God, what attractions!" These words astonished me, I put my book down and tried to listen attentively in spite of the growing fear in me.
  Claude de Crébillon, *Le Sylphe,* (1730)

Page 14 - The unfortunate Juliet, oblivious of all feeling for her descent and good upbringing, depraved by awful advice and perilous books, eager to enjoy all by herself, to have a name, and to be without chains, now risked to formulate the criminal idea of shortening her husband's life.
  Marquis de Sade, *Justine ou les malheurs de la vertu,* (1791)

Page 18 - Tits of milk and cream cheese,
Small pâtés which ignite my fire
Sweet apples, the joy of life,
Tasty, little candies.
  Giorgio Baffo, *Eloge des tétins*

Page 22 - This fire had inflamed everything all at the same time the experienced countess for
she, with such a delicacy of a respectful lover,
removed triple the gauze of the breast cloth and with a careful touch
as with insect's legs excited the sensitive peaks of both mounds,
their supple strength having changed the milk into well-roundedness.
  Andréa de Nerciat, *Les Aphrodites,* (1793)

Page 32 - I want to sing a beauty's praises,
To the one, who can be called the most beautiful blonde,
But I don't know what piece I should start with,
With the nose, with the girdle or the buttocks.
  Giorgio Baffo

Page 34 - That was something, to see what I like to see best, namely the most interesting thing in the world from very close by: two pretty girls who were fondling each other.
  Andréa de Nerciat, *Les Aphrodites,* (1793)

Page 36 - Does it not mean, to be possessed with youth, beauty and grace, all the gifts nature has to offer, and to take pleasure in all imaginable enjoyments, to lead an extraordinary life?
  Andrea de Nerciat, *Les Aphrodites,* (1793)

Page 44 - Fringante gets passionate to such an extent that Célestine doubles her effort. One can hear her behaviour, which is meant to muffle the voice, mumbling those silly words which reveal that she is not only giving away lust but at the same time she is having her share of fun too.
  Andrea de Nerciat, *Les Aphrodites,* (1793)

Page 50 - Well, how must the patrician do it
in order to be respected by everyone
and to stand out against so many sluts?
I am there to teach them:
They should be bare naked and their fine cunts
Should be turned to gold at the fireside in their honour.
  Giorgio Baffo

Page 54 - Between her legs she had
A pretty and charming pussy
Which, on closer examination, looked
As if it were painted with a brush.
  Giorgio Baffo

Page 55 - What could take place in this mass more often,
And the right moment is not easy to catch,
That would be, to give the birdie a blow.
  Giorgio Baffo

Page 57 - Frigante, less chubby than Célestine, is also a bit taller. These dear colleagues love each other tenderly and they move about as much as they can, which is a blessing to the establishment.
  Andrea de Nerciat, *Les Aphrodites,* (1793)

Page 62 - I forgot myself like she did, we got lost together; what I remember is that we fell into some kind of abyss, in which I lost myself with her help and in which I would still be present, if one wouldn´t have to be so extremely strong in order to linger there longer.
  Godard d´Aucour, *Thémidore,* (1743)

Page 76 - I caressed, I kissed what you call your doctor: I excited him, which led you into ecstasy by robbing you, so to speak against your will, of that divine juice and which restored the tranquillity of your soul.
  Boyer d´Argens, *Thérèse philosophe,* (1748)

Page 80 - Oh, no good will come of it;
the establishment is pitifully going to the bad.
  Andrea de Nerciat, *Les Aphrodites,* (1793)

Page 81 - While rolling on to my back, she pulled up my shirt and started to spread my thighs apart when suddenly Mr. President said to her: "Hey, hey! That's not how it works, Madame; women always have this obsession to show their front. No, no! Let her turn around!"
  Boyer d´Argens, *Thérèse philosophe,* (1748)

Page 84 - Lia was passionate and flirtatious, Rachel naive and gullible: the sacrificial priest offered them on the same day.
  Giacomo Casanova, *The story of my life*

Page 88 - In the meantime, she deceived the gift she had been given. Argentine whom I advised imitated her splendidly. The president noticed it and had a little snigger; he knew like you and me that all women deceive and even when she wants to be faithful that the habit thwarts the intention.
  Godard d´Aucour, *Thémidore,* (1743)

Page 90 - The delight of the senses, the triumph of self-esteem, all this is expressed by a single fiery kiss, which crowns this passionate composition.
But not all has been said.
  Andrea de Nerciat, *Les Aphrodites*, (1793)

Page 93 - Limecœur storms ahead, presses his mouth against the lovely slit and gives her as master of his craft that alluring friction, which is preferred by very many ladies to the most respectable services.
  Andrea de Nerciat, *Les Aphrodites*, (1793)

Page 94 - By the way, she assumed that the novice Alphonse would be eager to learn and capable of stopping when she told him so. Furthermore the duchess for instance absolutely adores it when a willing and vigorous tongue electrifies her and makes her forget herself. She intended to use her handsome *protégé* solely for this dalliance.
  Andrea de Nerciat, *Les Aphrodites*, (1793)

Page 96 - Oh no! the poor devil had gone all soft, the precious thing which had called the tune was like a wet rag. My desperate friend made a really hard effort to revive her participant but even the most tender kisses, the most lascivious caresses were futile.
They couldn't restore the limp thing's elasticity.
  Boyer d´Argens, *Thérèse philosophe,* (1748)

Page 98 - There once existed, under the name of the aphrodites, a society of sensualists of both sexes who devoted themselves to the Priap cult and revived all ancient excesses during their secret orgies of which we have good knowledge of because of the works and monuments which have been preserved up to this time.
  Andrea de Nerciat, *Le Diable au corps,* (1803)

Page 100 - Although Chevalier is quite occupied with his family, he already feels desire towards that little rogue Célestine who lives next-door and who makes eyes at him that'll leave you speechless.
  Andrea de Nerciat, *Les Aphrodites*, (1793)

Page 101 - "Your breasts", I said to her, "must have reached perfection in the last nine months".
"They are like mine", said M.M., "do you want to decide?"
And because I didn't say no, she went about her business, unties her friend, who doesn't put up any resistance, does the same to herself and in less than two minutes I am studying four rivals who disputed their right to the apple like the three immortals and who would have asked the handsome Paris to be fair to them when awarding the prize.
  Giacomo Casanova, *The story of my life*

Page 102 - There was no doubt about it, the sacrifice seemed desirable to her; because when I offered my services as a courageous priest for the second sacrificial offering, she greeted me with a kind of thankfulness and she couldn't hide her delight as soon as she saw that she was designated to make as many happy as where seated at the table.
  Giacomo Casanova, *The story of my life*

Page 103 - The happy Chevalier profits greatly from Célestine's posture for he can pull her skirts up to her thighs and without any warning thrusts that into her with what she had just been amusing herself with.
  Andrea de Nerciat, *Les Aphrodites*, (1793)

Page 108 - Confront the strongest virtue, the most bitter temperament with a lusty entwined group and there will come a moment when the onlooker can not remain indifferent.
  Giacomo Casanova, *The story of my life*

Page 110 - She allowed my hand to ponder indiscreetly and my fingers crossed through the peristyle of the love temple with delight.
  Giacomo Casanova, *The story of my life*

Page 115 - It is of no use to inform the readers how a celebration ended for the assembly in the rotunda, its last act being the infernal farce of the resurrection. Everyone returned home more or less rich in lust and glory. Content is he who in the same state of affairs has not insisted on seeing the uttermost mystery opened up to him!
  Andrea de Nerciat, *Les Aphrodites*, (1793)

Zitate

Seite 10 - Ich hörte deutlich, obgleich nur halblaut und seufzend sagen: „O Gott, welche Reize!" Diese Worte frappierten mich, ich trennte mich von meinem Buch und bemühte mich trotz der in mir aufkeimenden Furcht, aufmerksam zuzuhören.
 Claude de Crébillon, *Le Sylphe,* (1730)

Seite 14 - Die unselige Juliette, alles Gefühl für ihre Herkunft und gute Erziehung vergessend, verdorben von schlimmen Ratschlägen und gefährlichen Büchern, begierig, allein zu genießen, einen Namen zu haben und keine Ketten, wagte es jetzt, den verbrecherischen Gedanken zu fassen, die Tage ihres Gatten zu verkürzen.
 Marquis de Sade, *Justine ou les malheurs de la vertu,* (1791)

Seite 18 - Titten aus Milch und Weichkäse,
Kleine Pasten, die ihr mein Feuer erregt,
Süßäpfel, Freude des Lebens,
Gute, kleine Zuckerschlecken.
 Giorgio Baffo, *Eloge des tétins*

Seite 22 - Dieses Feuer hat die erfahrene Gräfin über-
all zugleich entzündet, indem sie mit der ganzen Delikatesse eines respektvollen Liebhabers die drei-
fache Gaze des Brusttuchs entfernt und mit einem leichten Tasten wie von Fliegenfüßen die reizbaren Spitzen der beiden Hügel kitzelt, deren Elastizität die Milch in Prallheit verwandelt hat.
 Andrea de Nerciat, *Les Aphrodites,* (1793)

Seite 32 - Ich möchte das Loblied auf eine Schönheit singen,
Auf jene, die man die des schönsten Blonds nennen kann,
Aber ich weiß nicht, mit welchem Stück ich beginnen soll,
Mit der Nase, mit dem Mieder oder mit den Pobacken.
 Giorgio Baffo

Seite 34 - Das war etwas, um aus nächster Nähe die interessanteste Sache der Welt, die ich am liebsten sehe, zu beobachten: zwei hübsche Frauen, die sich liebkosen.
 Andrea de Nerciat, *Les Aphrodites,* (1793)

Seite 36 - Heißt nicht, Jugend, Schönheit und Anmut besitzen, alle Gaben, die die Natur verleihen kann, und alle erdenklichen Freuden genießen, eine übermen-
schliche Existenz führen?
 Andrea de Nerciat, *Les Aphrodites,* (1793)

Seite 44 - In dem Maße, wie Fringante in Leidenschaft gerät, verdoppelt Célestine ihren Eifer. Man hört sie bei ihrem Verhalten, das so dazu angetan ist, die Stimme zu ersticken, jene närrischen Worte murmeln, die ver-
raten, daß sie nicht nur Lust verschenkt, sondern zugleich mächtig davon kostet.
 Andrea de Nerciat, *Les Aphrodites,* (1793)

Seite 50 - Wie müssen es denn die Patrizierinnen machen,
Um sich von jedermann respektieren zu lassen
Und abzustechen von soviel liederlichen Frauenzimmern?
Ich bin da, um es ihnen beizubringen:
Sie sollten ganz nackt gehen und ihre edlen Vötzchen
Zu ihrer Ehre am Feuer vergolden lassen.
 Giorgio Baffo

Seite 54 - Zwischen den Beinen hatte sie
Ein schönes und graziöses Vötzchen,
Das mir bei meiner Betrachtung
Wie mit dem Pinsel gezeichnet schien.
 Giorgio Baffo

Seite 55 - Was noch mehr in dieser Menge geschehen könnte,
Und der Moment ist nicht leicht zu erhaschen,
Das wäre, dem Vögelchen einen Schock zu geben.
 Giorgio Baffo

Seite 57 - Ich vergaß mich wie sie, wir verirrten uns gemeinsam; was ich weiß, ist, daß wir in eine Art Abgrund stürzten, in dem ich mit ihrer Beihilfe versank und in dem ich noch wäre, wenn man nicht im Gegensatz zu dem, was gewöhnlich geschieht, äußerst stark sein müßte, um dort lange zu verweilen.
 Godard d'Aucour, *Thémidore,* (1743)

Seite 62 - Fringante, etwas weniger im Fleisch als Célestine, ist auch etwas größer. Diese werten Kolleginnen lieben sich zärtlich und regen sich um die Wette, zum größten Segen des Etablissements.
 Andrea de Nerciat, *Les Aphrodites,* (1793)

Seite 76 - Ich streichelte, ich küßte, was ihr euren Doktor nennt: ich brachte ihn in eine Wallung, die euch zur Wollust führte, indem sie euch gleichsam wider Willen jenen göttlichen Saft raubte, und die die Ruhe eurer Seele wiederherstellte.
 Boyer d'Argens, *Thérèse philosophe,* (1748)

Seite 80 - Oh, all dies wird schlimm ausgehen; das Etablissement verkommt zum Erbarmen.
 Andrea de Nerciat, *Les Aphrodites,* (1793)

Seite 81 - Mich auf den Rücken wälzend, hob sie mein Hemd hoch und machte sich daran, meine Schenkel zu spreizen, als der Herr Präsident barsch zu ihr sagte:
„He,he! das ist es nicht, Madame; die Frauen haben stets die Manie, ihr Vorderteil zu zeigen. Nein, nein! Laßt sie sich umdrehen!"
 Boyer d'Argens, *Thérèse philosophe,* (1748)

Seite 84 - Lia war leidenschaftlich und kokett, Rachel naiv und leichtgläubig: der Opferpriester brachte sie am gleichen Tag dar.
  Casanova, *Geschichte meines Lebens*

Seite 88 - Indes betrog sie dem Talent gemäß, das sie dafür mitbekommen hatte. Argentine, die ich beriet, imitierte sie aufs beste. Der Präsident bemerkte es und lachte sich ins Fäustchen; er wußte wie ihr und ich, daß jede Frau betrügt und daß selbst, wenn sie treu sein will, die Gewohnheit die Absicht vereitelt.
  Godard d'Aucour, *Thémidore,* (1743)

Seite 90 - Das Entzücken der Sinne, der Triumph der Selbstachtung, all das drückt sich vielsagend durch einen einzigen feurigen Kuß aus, der dieses leidenschaftliche Impromptu krönt. Aber alles ist noch nicht gesagt.
  Andrea de Nerciat, *Les Aphrodites,* (1793)

Seite 93 - Limecœur stürzt los, preßt seinen Mund auf die reizende Furche und gibt ihr als Meister jene magnetische Friktion, die sehr viele Damen den solidesten Diensten vorziehen.
  Andrea de Nerciat, *Les Aphrodites,* (1793)

Seite 94 - Übrigens nahm sie an, daß der Novize Alphonse gelehrig wäre und fähig, anzuhalten, wo sie es ihm vorschriebe. Weiterhin liebt die Herzogin beispielsweise bis zur Raserei, daß eine gefällige und lebhafte Zunge sie elektrisiere und sie ihr Sein vergessen lasse. Sie nahm sich vor, ihren schönen Schützling allein für diese Tändelei zu gebrauchen.
  Andrea de Nerciat, *Les Aphrodites,* (1793)

Seite 96 - Aber ach! der arme Teufel war weich geworden, das gute Stück, das den Takt schlug, war nur noch ein Lappen. Meine verzweifelte Freundin machte unglaubliche Anstrengungen, ihren Akteur wiederzubeleben; doch die zärtlichsten Küsse, die laszivsten Berührungen waren vergebliche Liebesmüh. Sie konnten dem kraftlosen Teil nicht die Elastizität wiedergeben.
  Boyer d'Argens, *Thérèse philosophe,* (1748)

Seite 98 - Es bestand, unter dem Namen der Aphroditen, eine Gesellschaft von Wollüstigen beiderlei Geschlechts, die sich dem Kult des Priap widmeten und in ihren geheimen Orgien alle antiken Ausschweifungen erneuerten, von denen wir zwanglos Kenntnis haben durch die Schriften und Monumente, die bis zu uns erhalten geblieben sind.
  Andrea de Nerciat, *Le diable au corps,* (1803)

Seite 100 - Obgleich der Chevalier von den Seinen einigermaßen in Beschlag genommen ist, verspürt er bereits Gelüste für diese Schelmin Célestine, die seine

Nachbarin ist und ihm Augen macht, daß der Propfen knallt.
  Andrea de Nerciat, *Les Aphrodites,* (1793)

Seite 101 - „Deine Brust", sagte ich zu ihr, „muß in neun Monaten zur Vollkommenheit gelangt sein." „Sie ist wie die meine", sagte M.M., „willst du es entscheiden?"
Da ich nicht nein gesagt habe, macht sie sich an das Geschäft, schnürt ihre Freundin auf, die keinerlei Widerstand leistet, macht es dann bei sich selber, und in weniger als zwei Minuten betrachtete ich vier Rivalinnen, die sich den Apfel streitig machten wie die drei Unsterblichen und die den schönen Paris aufgefordert hätten, den Preis gerecht zu vergeben.
  Casanova, *Geschichte meines Lebens*

Seite 102 - Kein Zweifel, die Opfergabe erschien ihr süß; denn als ich mich als mutiger Priester für die zweite Opfergabe anbot, empfing sie mich mit einer Art Dankbarkeit, und ihre Freude konnte sich nicht verbergen, sobald sie sah, daß sie bestimmt wäre, so viele glücklich zu machen, wie wir Tischgenossen waren.
  Casanova, *Geschichte meines Lebens*

Seite 103 - Der ausgelassene Chevalier profitiert von der Positur Célestines, um ihr die Röcke über die Hüften zu werfen, und pflanzt ohne Vorwarnung kraftvoll das in sie hinein, mit dem sie sich eben noch amüsiert hatte.
  Andrea de Nerciat, *Les Aphrodites,* (1793)

Seite 108 - Sie erlaubte meiner Hand eine indiskrete Erkundung, und meine Finger durchquerten freudig das Peristyl des Liebestempels.
  Casanova, *Geschichte meines Lebens*

Seite 109 - So verteilt sich jeder der vier Akteure beinahe in gleicher Weise; die Wollust zirkuliert.
  Andrea de Nerciat, *Les Aphrodites,* (1793)

Seite 110 - Stellen Sie die strengste Tugend, das kälteste Temperament einer wollüstig verschlungenen Gruppe gegenüber, und es wird ein Augenblick kommen, wo der Zuschauer nicht gleichgültig bleiben kann.
  Casanova, *Geschichte meines Lebens*

Seite 115 - Es ist überflüssig, den Lesern zu berichten, wie für die Versammlung in der Rotunde ein Fest endete, dessen letzter Akt die infernalische Farce der Auferstehung war. Jeder kehrte heim, reich an mehr oder weniger Lust und Ruhm. Glücklich in dergleichen Fall derjenige, der sich nicht darauf kapriziert hat, das Allergeheimste eröffnet zu sehen!
  Andrea de Nerciat, *Les Aphrodites,* (1793)

UN SUPPLÉMENT

Eine Zugabe für die Neuausgabe

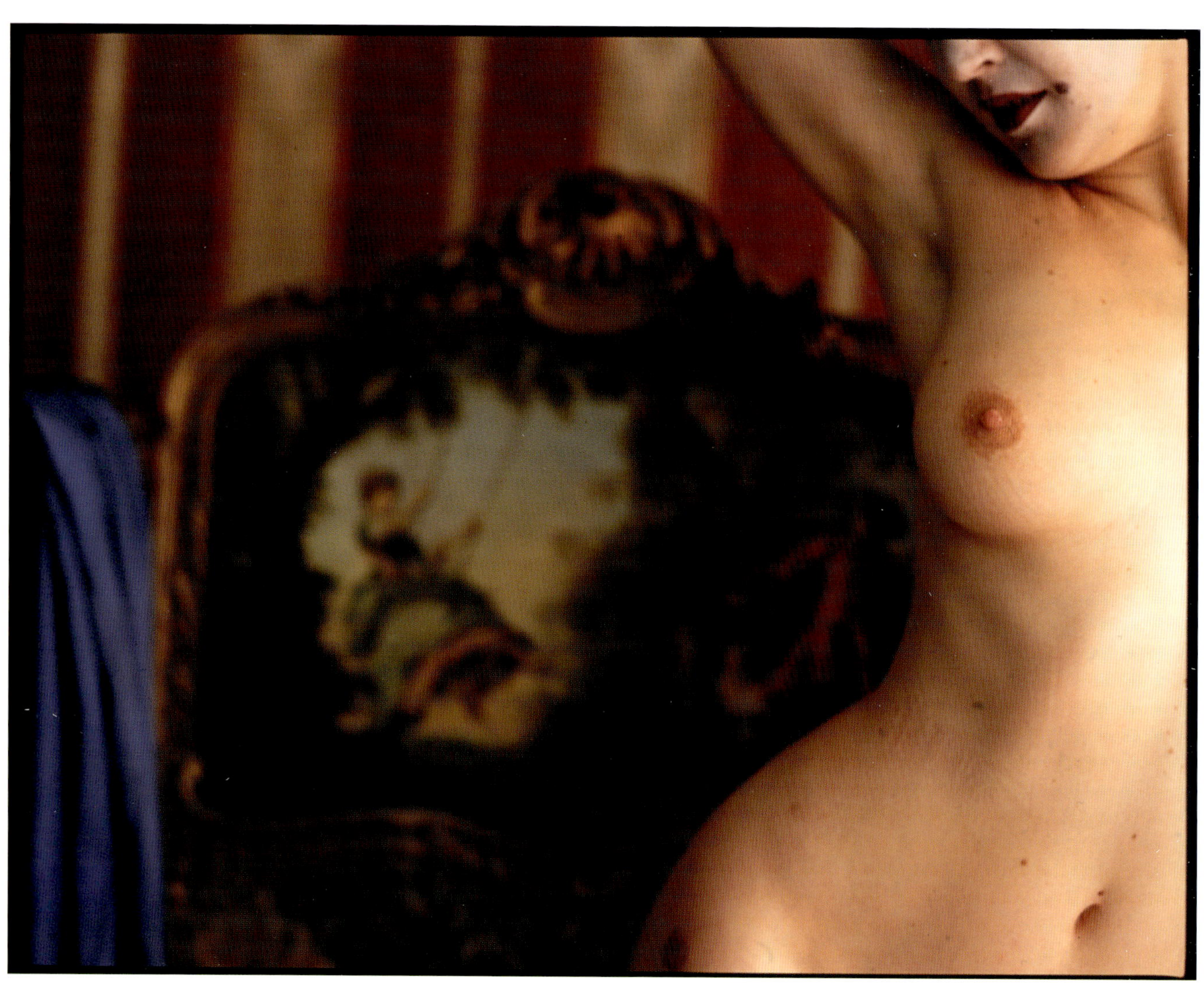

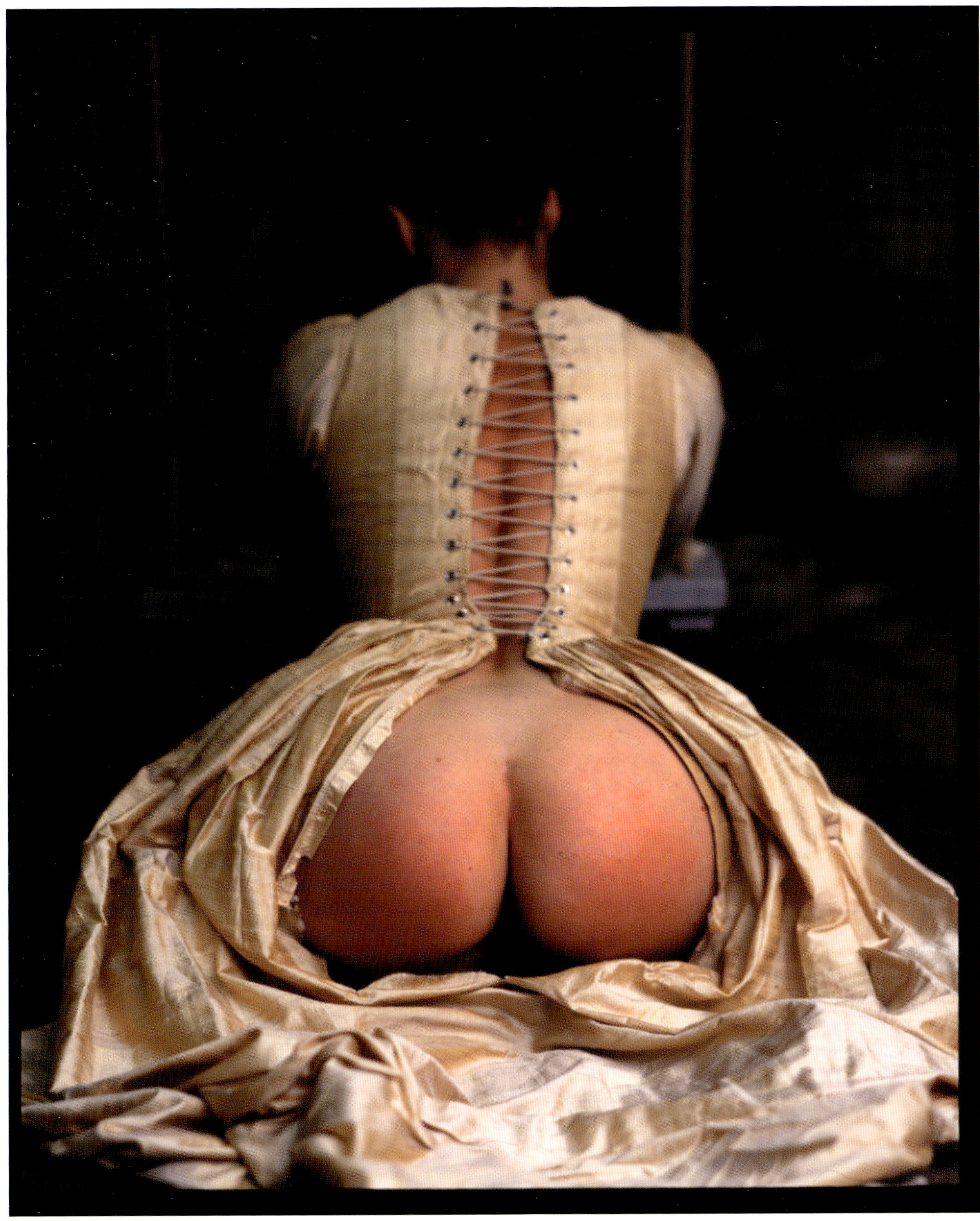

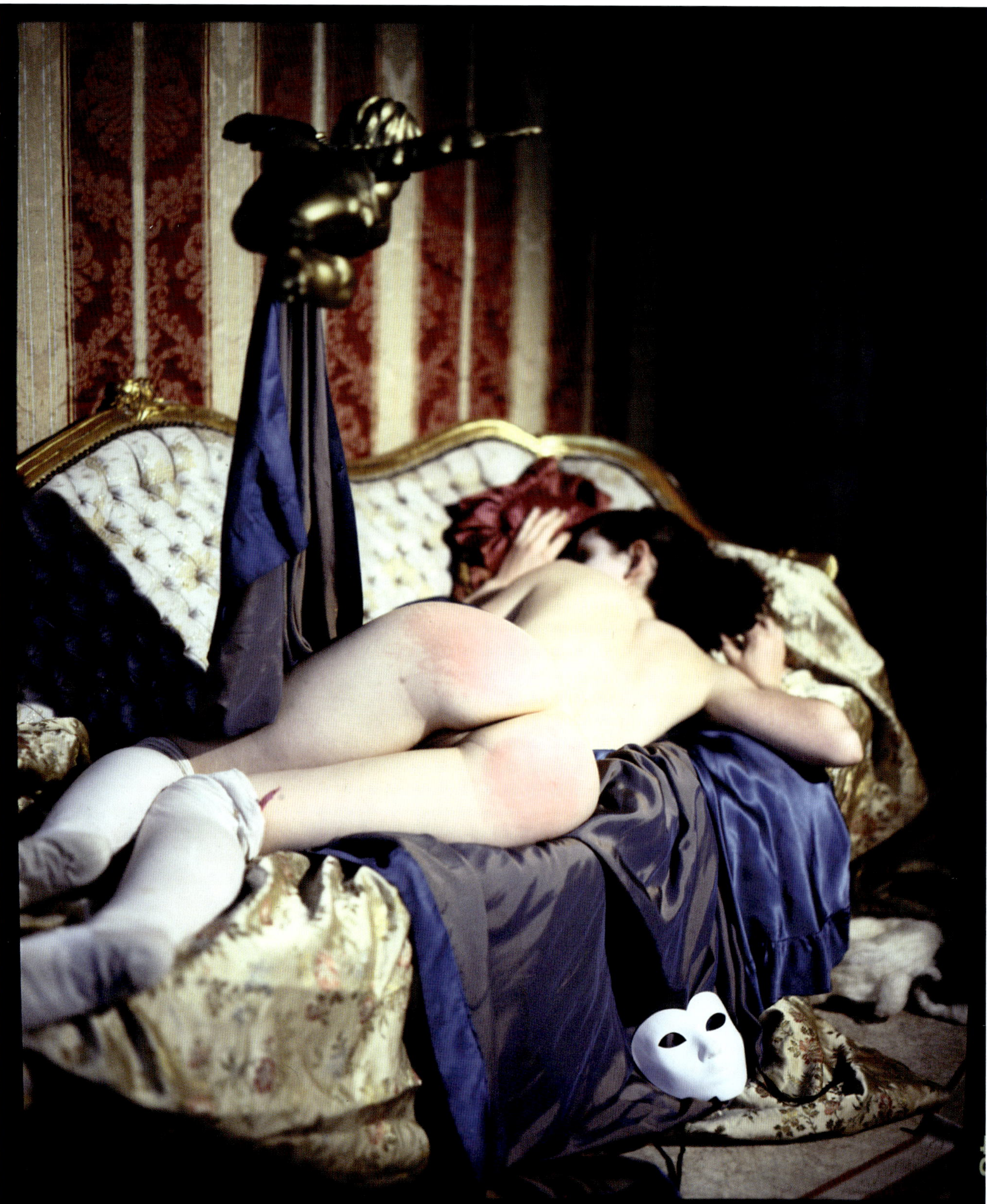

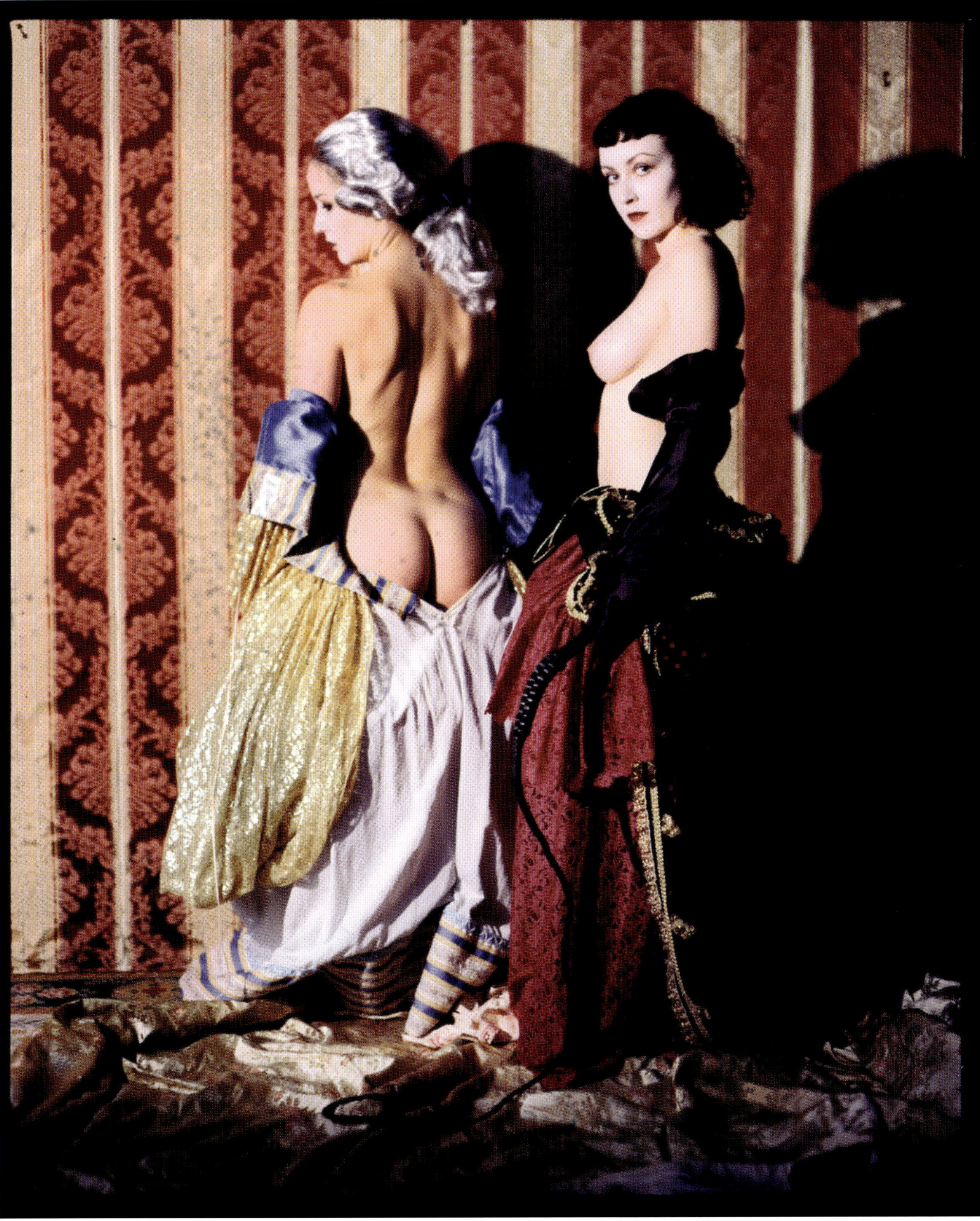

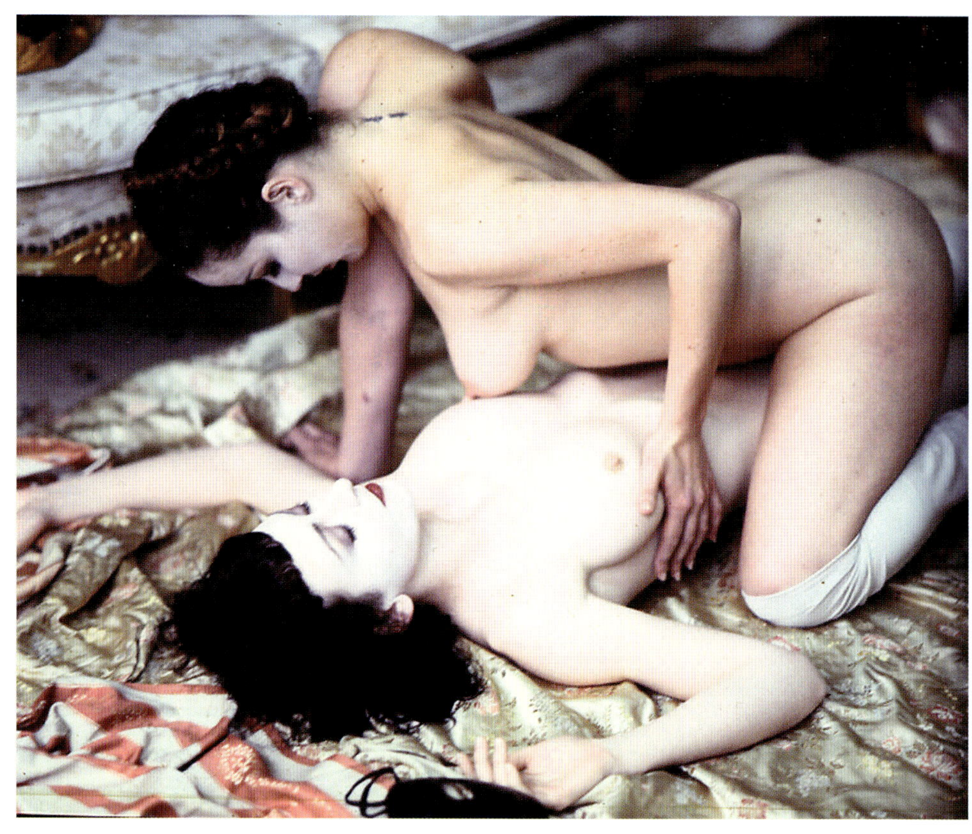

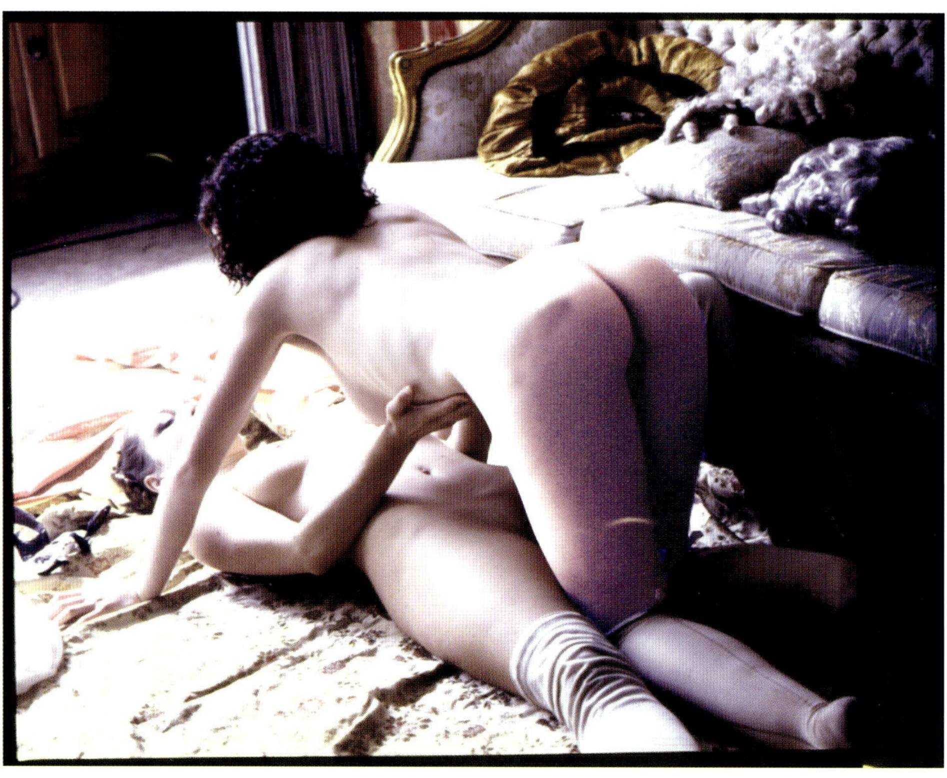

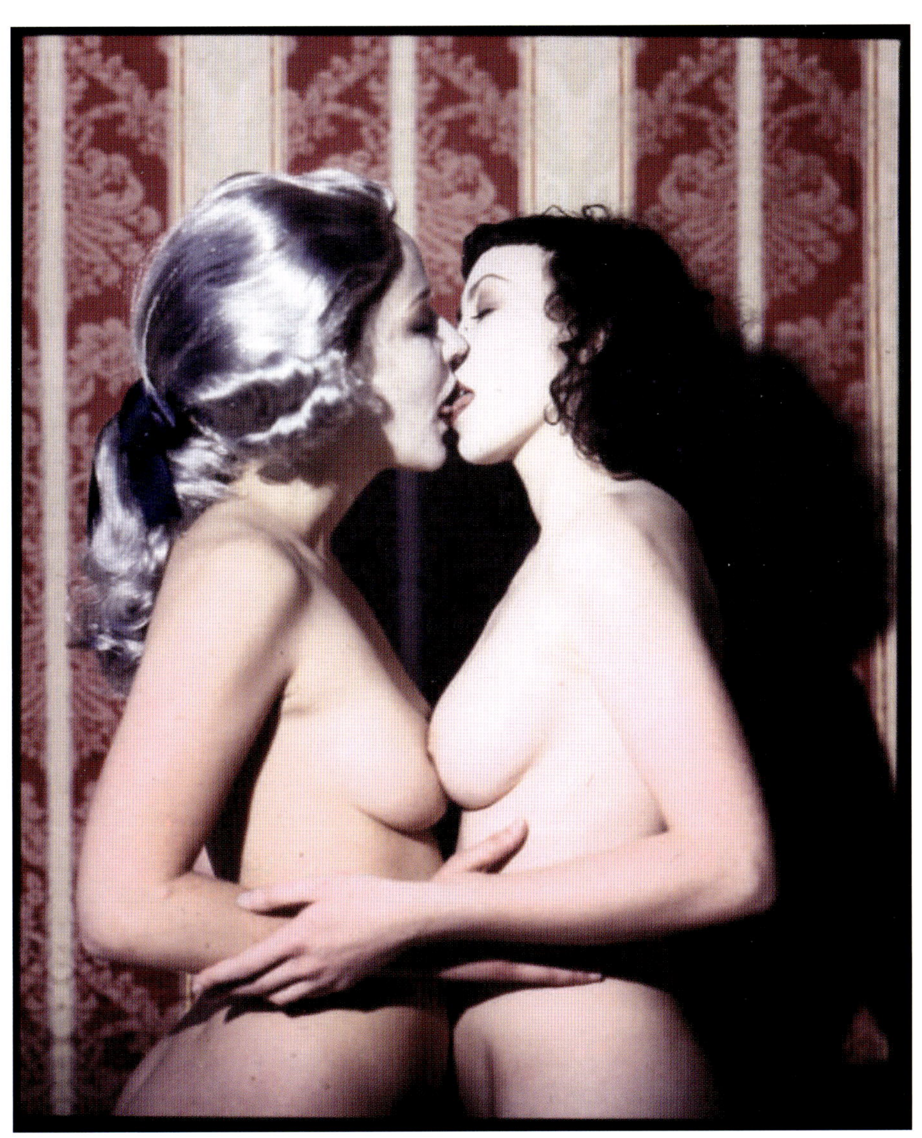

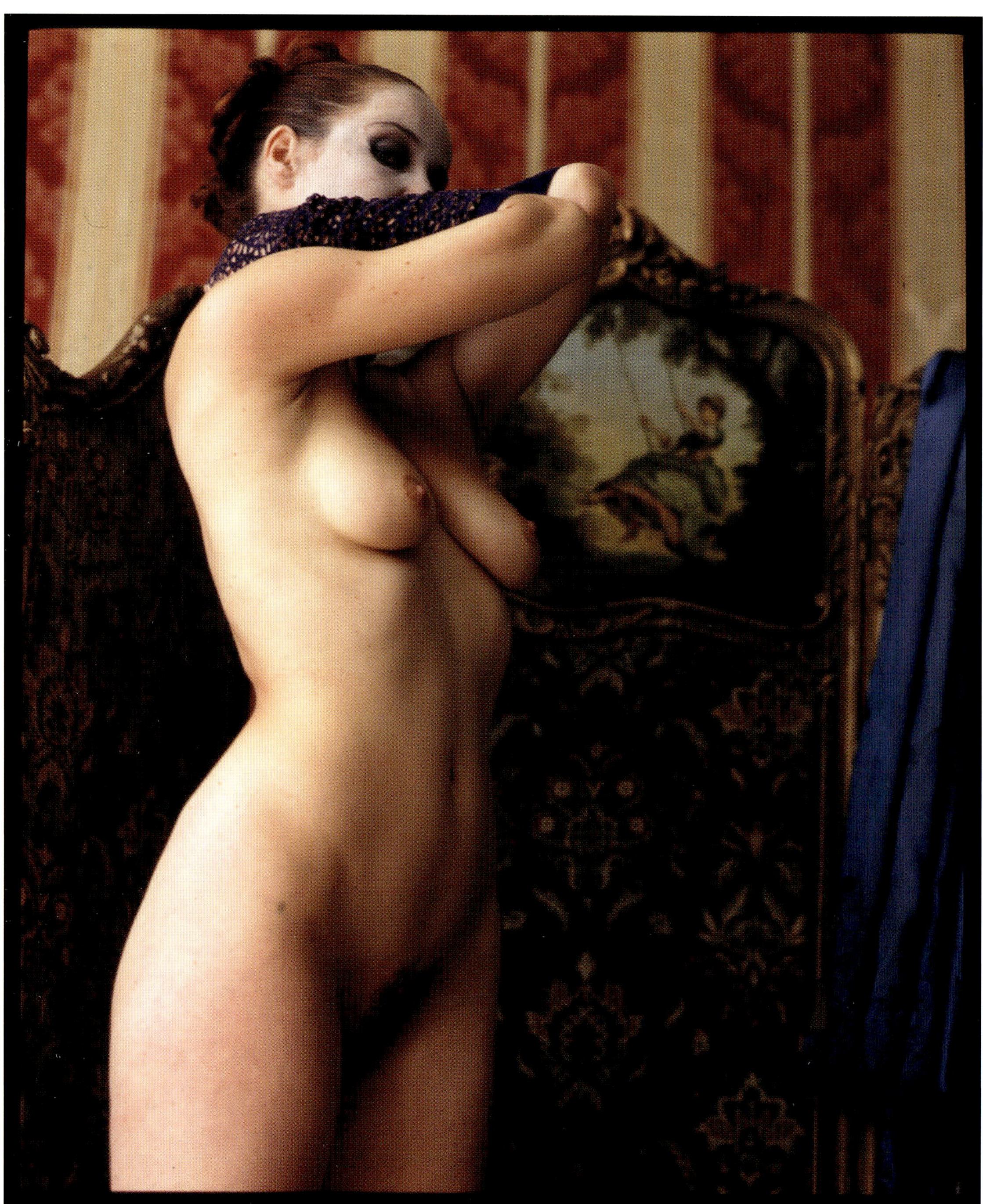

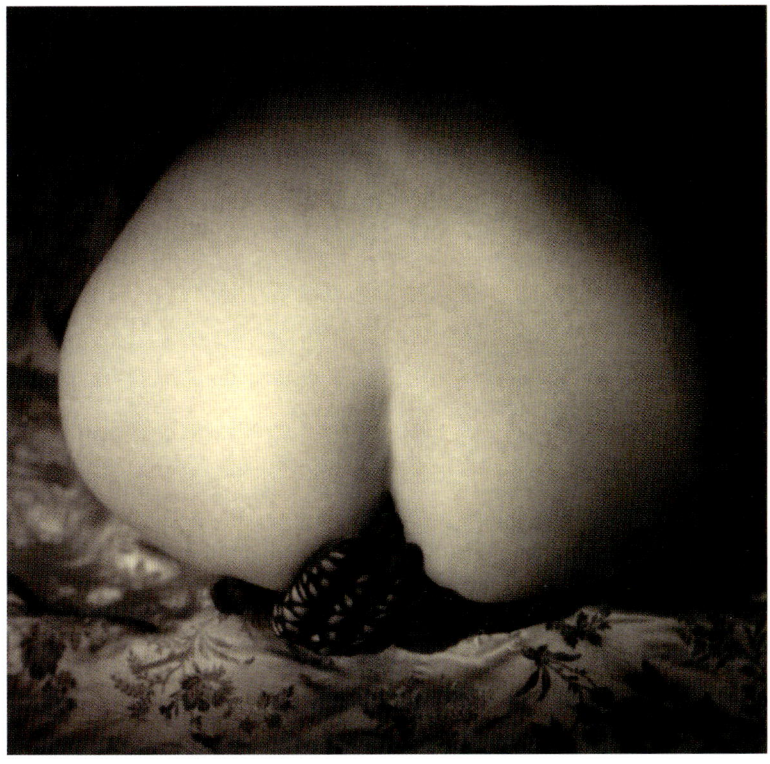

Ce livre a été publié pour la première fois en 2003. Inspirées de photographies historiques, les photographies en noir et blanc ont été colorées, pour la première fois pour ce volume à l'aide d'un computer (contrairement aux deux premiers livres de la série, SCÈNES D'INTÉRIEUR et SCÈNES ORIENTALES, où les photos étaient colorées à la main).

Dieses Buch erschien 2003 zum ersten Mal. Inspiriert von historischen Fotografien, wurden die Schwarzweiß-Fotografien coloriert, für diesen Band erstmals mit dem Computer (anders als in den ersten beiden Büchern der Serie, SCÈNES D'INTÉRIEUR und SCÈNES ORIENTALES, für die die Fotos handcoloriert wurden).

Andere Fotobücher / Autres livres de photos   konkursbuch.de

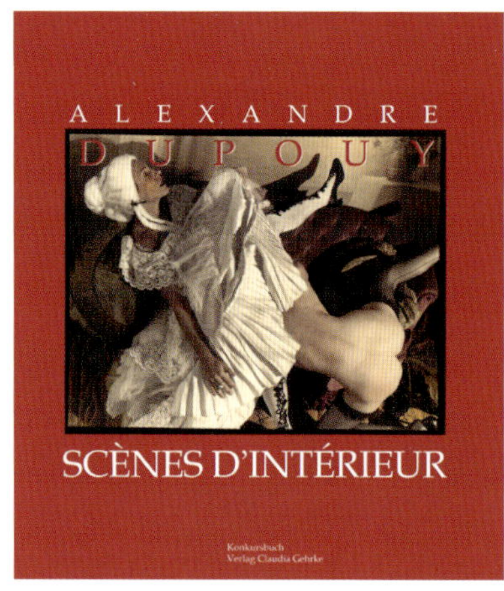

978-3-88769-091-5

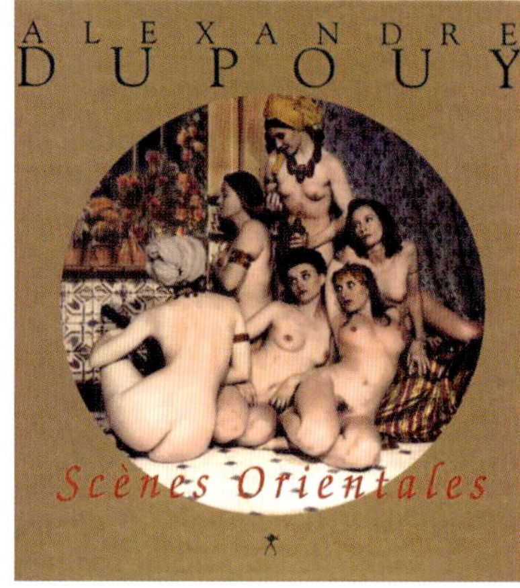

978-3-88769-123-3

Übersetzungen: Sylvie Dutil und Victoria Bolik

Cet ouvrage a été réalisé avec la complicité ludique de Lisa y ses amis, Alice, Sabine, Vincent, Josselin, Paul et Yann, que tous soient remerciés ainsi que Sandrine, Sandrine, Arina, Naïma, Sophie, Cathy, ses amis et Pierrot pour sa participation artistique.

Impressum

Neuausgabe 2022
© Konkursbuch Verlag Claudia Gehrke
Tel. 0049 (0) 7071 66551 und (0) 172 7233958
PF 1621, D-72006 Tübingen
gehrke@konkursbuch.com
konkursbuch.de

ISBN 978-3-88769-317-6

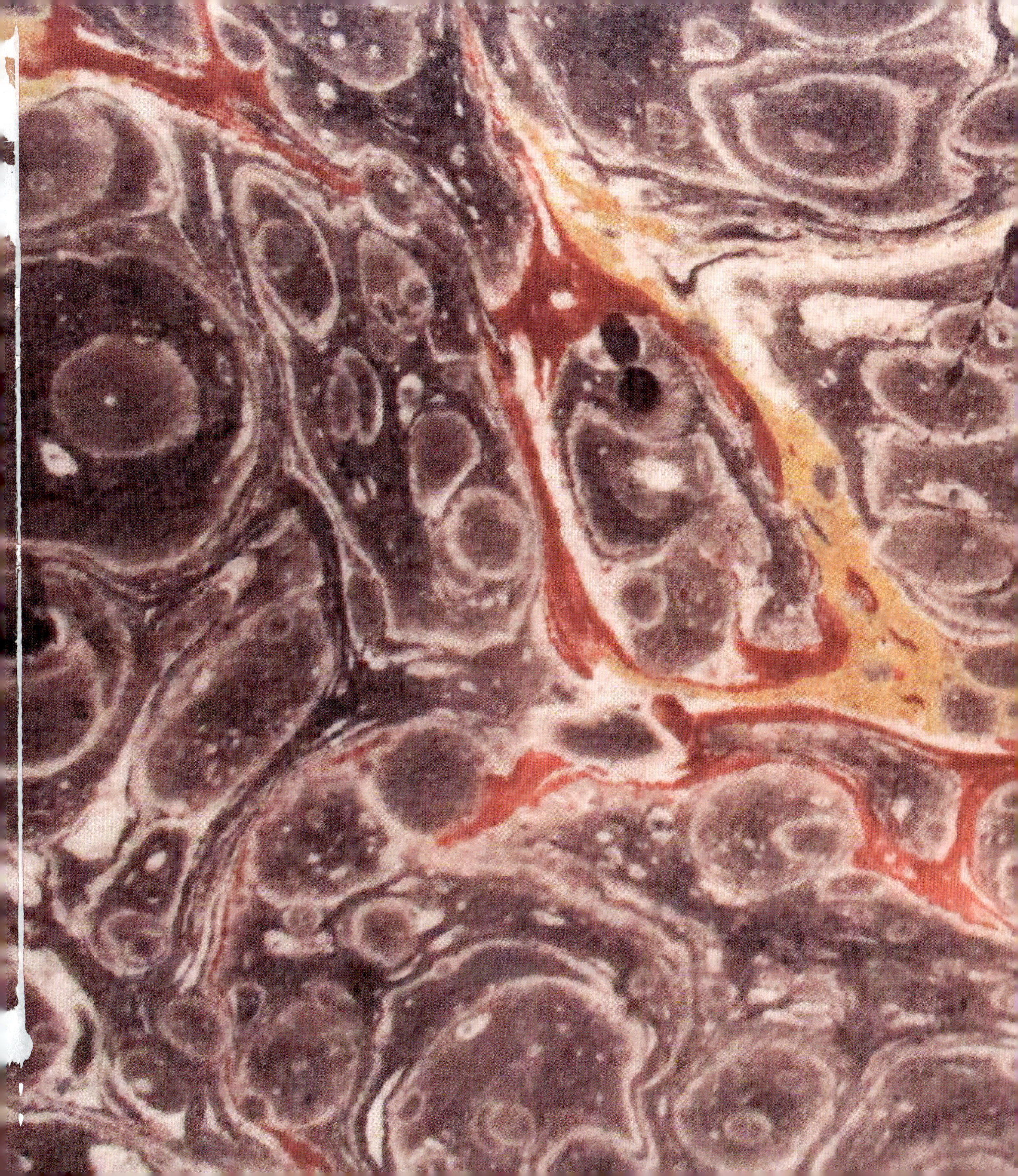

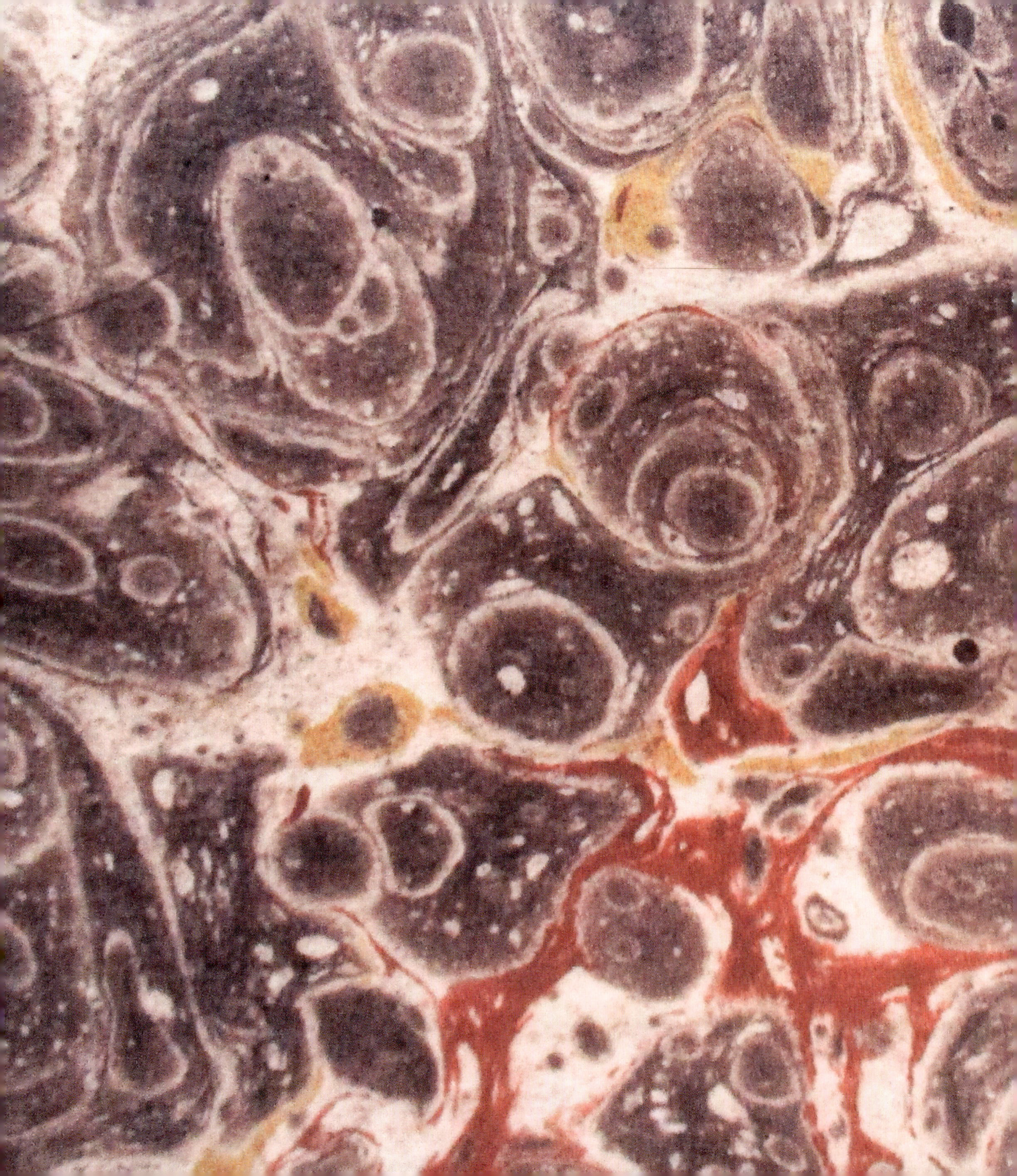